Anna Seghers

LITERATURSTUDIUM

Sonja Hilzinger

Anna Seghers

Philipp Reclam jun.
Stuttgart

Mit 12 Abbildungen

Die Deutsche Bibliothek – CIP-Einheitsaufnahme

Hilzinger, Sonja:
Anna Seghers / Sonja Hilzinger. – Stuttgart : Reclam, 2000
(Universal-Bibliothek ; 17623 : Literaturstudium)
ISBN 3-15-017623-9

Universal-Bibliothek Nr. 17623
Alle Rechte vorbehalten
© 2000 Philipp Reclam jun. GmbH & Co., Stuttgart
Gesamtherstellung: Reclam, Ditzingen. Printed in Germany 2000
RECLAM und UNIVERSAL-BIBLIOTHEK sind eingetragene Marken
der Philipp Reclam jun. GmbH & Co., Stuttgart
ISBN 3-15-017623-9

Inhalt

Leben

»Artemis, die keiner erkennt«

Anna Seghers: Deutsche, Jüdin, Kommunistin, Schriftstellerin, Frau, Mutter: Jedem dieser Worte denke man
nach. So viele einander widersprechende, scheinbar
einander ausschließende Identitäten, so viele tiefe,
schmerzliche Bindungen, so viele Angriffsflächen, so
viele Herausforderungen und Bewährungszwänge, so
viele Möglichkeiten, verletzt zu werden, ausgesetzt zu
sein, bedroht bis zur Todesgefahr. Ein Mensch wie sie,
ihre Überzeugung, ihr Gewissen mußten in diesem
Jahrhundert zum Kampffeld scheinbar oder wirklich
entgegengesetzter Kräfte werden, die ihr öfter gleich
stark vorgekommen sein mögen, so daß jede Wahl eine
bittere Entscheidung wurde und ein Stück ihrer selbst
mit ausschloß. (Wolf, B 4: 1992)

Dieses vielschichtige und widersprüchliche Bild, das
Christa Wolf aufgrund ihrer jahrzehntelangen Freundschaft
von dem Menschen Seghers zeichnet, hat seine Entspre-
chungen in Seghers' erzählerischem Werk. Es ist, Seghers'
eigenem Verständnis zufolge, *auch* als Biographie zu lesen.
In einem Interview aus dem Jahr 1965 antwortete Seghers
auf die Frage Wolfs nach der Bedeutung des Biographischen
in ihrem Werk: »Die Erlebnisse und die Anschauungen eines Schriftstellers, glaube ich, werden am allerklarsten aus
seinem Werk, auch ohne spezielle Biographie« (zit. nach:
Wolf, B 4: 1999b). Von allen ihren Figuren ist die Artemis
der 1937 entstandenen *Sagen von Artemis* die, deren Geheimnis und Wandelbarkeit, Ungebundenheit und Schutz-
losigkeit zugleich die vielen verschiedenen Aspekte der Per-

sönlichkeit ihrer Autorin am ehesten in sich vereinigt –
»Artemis, die keiner erkennt« (Wolf).

Meine Annäherung an Biographisches, die ich hier versuchen will, stützt sich im Wesentlichen auf das erzählerische
Werk. Sie beginnt nicht voraussetzungslos. Welches ›Material‹ im weitesten Sinne steht zur Verfügung? Tagebuchaufzeichnungen und Kalendereintragungen scheint es nicht zu
geben, die Privatbriefe sind zum weitaus größten Teil nicht
zugänglich. Allerdings zeugen die publizierten Briefe und
Briefwechsel vor allem der Exilzeit von einer großen Offen-
heit Seghers', so dass die Kenntnis weiterer Briefe zweifellos zur Vertiefung der Erkenntnisse über ihre Lebens-
und Arbeitsbedingungen beitragen würde (vgl. B 1 b). Der
Nachlass (zum überwiegenden Teil in der Stiftung Archiv
der Berliner Akademie der Künste) enthält umfangreiches
Material insbesondere zum in der DDR entstandenen erzählerischen und publizistischen Werk, und Seghers' und
ihres Mannes Bibliothek sowie die ehemalige Wohnung in
Berlin-Adlershof (jetzt Gedenkstätte) vermitteln neben
atmosphärischen Eindrücken wichtige Erkenntnisse über
Lektüren.[1] Selbstaussagen Seghers' sind spärlich und oft ir-
reführend durch ihre Ungenauigkeit und Widersprüchlichkeit; sie legte Spuren und verwischte andere, listig und sub-
versiv. So schickte sie zum Beispiel am 19. Januar 1944 einem nicht identifizierten Briefpartner in New York die neu
geschriebenen letzten beiden Seiten des Romans *Transit* mit
dem Hinweis:

---

[1] Vgl. Sonja Hilzinger, »Werkstattbericht Seghers-Monographie«, unveröff.
Typoskript, Vortrag Universität Essen, Januar 1998. – Im Rahmen meiner Recherchen für das vorliegende Buch habe ich auch eine systematische
Auswertung des in der Gedenkstätte vorhandenen Bücherbestandes unternommen. Dadurch ergaben sich u. a. interessante Fragen, so z. B. durch ein
Exemplar von Ernst Tollers *Schwalbenbuch*, Potsdam 1924, das er im Fes-
tungsgefängnis Niederschönenfeld niedergeschrieben und nach Erscheinen
handschriftlich »für Netty Reiling / im Frühling 1924« gewidmet hat. Wann
und in welchem Kontext lernte Seghers den damals bereits berühmten Toller
kennen?

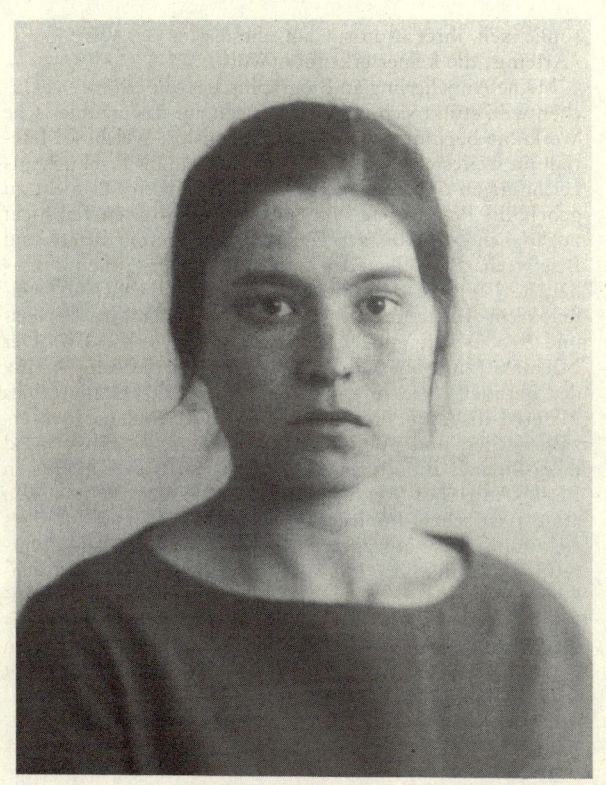

Seghers als Studentin

Vielleicht wäre es gut, wenn Du vor der Veröffentlichung meines Buches *Transit* der Presse die Information gibst, daß ich dieses Buch in Marseille angefangen habe zu schreiben[,] als ich auf meine Visa gewartet habe, auf dem Schiff nach Amerika weitergeschrieben habe, dann in dem Konzentrationslager [!] auf der Isla Martinique und in Santo Domingo, dann auf Ellis Island und es schließlich in Mexiko abgeschlossen habe.   (Zit. nach: Stephan, B 4: 1993)

Die Vermutung liegt nahe, dass die Autorin durchaus marktstrategisch dachte, als sie den Winter 1940/41 als Beginn der Arbeit am Roman nannte; hingegen berichtete ihr Sohn, Pierre Radvanyi: »Die Idee zu dem Buch hatte sie [...] auf dem Schiff, auf der Überfahrt. Sie wollte sich distanzieren von den schlimmen Erlebnissen. [...] In Mexiko hat sie das Buch erst richtig geschrieben« (zit. nach: Albrecht, B 4: 1990).

Dieses Beispiel von vielen kann als symptomatisch für Seghers' Art der Selbstinszenierung gelten: sie erhielt das Geheimnis, die Legende aufrecht. Mit Nachdruck hat Seghers von ihrer Person weg und auf ihr Werk verwiesen, gerade auch was das Biographische betrifft. Und tatsächlich ist die Verwandlung biographischer Erfahrung im Vorgang des Erzählens eine Spur, die, wie noch zu zeigen sein wird, durchaus neue Perspektiven eröffnet. Aber auf welche Weise geschieht diese Verwandlung, welche Muster lassen sich darin erkennen? Zwei unterschiedliche Möglichkeiten solcher Verwandlung möchte ich am Beispiel der späten Erzählung *Überfahrt* zeigen. Wenn Seghers dort die Erschütterung des Remigranten Triebel beim Anblick der völlig zerstörten deutschen Städte in Worten und Bildern beschreibt, die nahezu identisch sind mit Formulierungen in Briefen unmittelbar nach ihrer Rückkehr nach Deutschland oder in dem kurzen Text *Der Besuch*, dann liegt es nahe, von einer Übereinstimmung zwischen eigener Erfahrung der Autorin und der Gestaltung aus Figurenperspektive auszugehen. Wenn Seghers hingegen am Beispiel Triebels seinen Schmerz über den Verlust der gemeinsamen Lebensperspektive mit seiner Geliebten Maria Luisa gestaltet, ist darin der Reflex einer persönlichen Erfahrung der Autorin nur verdeckt zu erkennen – aber durchaus plausibel, wenn man biographische Fakten wie die zeitweilige Trennung zwischen Seghers, die 1947 nach Berlin zurückkehrte, und ihrem Mann, der ihr erst 1952 folgte und in Mexiko eine andere Liebesbeziehung eingegangen war, berücsichtigt und darüber hinaus ein sich wiederholendes Schreibmuster einbezieht: Seghers hat häufig eigene Erfahrung in der Verfremdung durch eine männliche Figur (wie z. B. den Jason im *Argonautenschiff*) oder einen männlichen Ich-Erzähler (wie in *Transit*) gestaltet. Das bedeutet, dass die Verwandlung von lebensgeschichtlicher Erfahrung in poetische Gestaltung sowohl in unmittelbarer Übereinstimmung wie auch in verfremdender, verdeckter Weise geschehen kann. Weitere Facetten der Persönlichkeit und der Biographie Seghers' sind rekonstruierbar aus zeitgeschichtlichen Dokumenten, Autobiographien von Zeitgenossen, Berichten von Genossen, Kollegen und Freunden, die Seghers-Kinder eingeschlossen, aus bereits vorliegenden biographischen Studien (vgl. B 3 und 4).

Mich interessiert hier nicht das Biographische an sich, sondern die *innere Biographie* in ihrer Widersprüchlichkeit und ihren Veränderungen, die den Texten Seghers' eingeschrieben ist. Die Seghers-Forschung hat bisher stets eine Einheit von Leben und Werk behauptet und als einheitsstiftendes Moment die politische Identität der Autorin herangezogen. Diese Konstruktion wurde natürlich durch die Selbstinszenierung Seghers' befördert und unterstützt. Andere identitätsstiftende Momente und vor allem der Eigensinn von Seghers' vielschichtiger erzählerischer Gestaltung gerieten dabei aus dem Blick.

Die Versuchung, ein neues Seghers-Bild zu konstruieren, ist groß; allenfalls geht es jedoch um eine Annäherung. Meine Aufgabe sehe ich darin, eine wechselseitige Kontextualisierung von Leben und Werk vorzunehmen, dabei weder der Autorintention noch der oberflächlichen Textaussage unmittelbar zu vertrauen, sondern auch verschlüsselte, verfremdete und symbolische Ausdrucksformen anzunehmen. Das bedeutet, besondere Aufmerksamkeit biographischen Entscheidungssituationen und »Knotenpunkten« (Helmut Scheuer) zuzuwenden, Widersprüche und Brüche aufzuspüren, zentrale Einflüsse und Grundmuster zu beschreiben. Solche biographischen »Knotenpunkte« sind die Herkunft aus einer großbürgerlichen jüdischen Familie sowie aus der Region Rheinhessen (Kap. »Herkunft und Familie«); die Begegnungen mit emigrierten Kommunisten, darunter Seghers' späterem Mann, im Studienort Heidelberg (»Gefährten«); die Entscheidung, schreibend und unter einem neuen Namen die Welt verändern zu wollen (»Identität und Name«, »Passion und Erlösung«, »Schreibend die Welt verändern«); das Trauma der Vertreibung und Verfolgung durch die eigenen Landsleute (»Vaterlandsliebe«); der Schock des ›drôle de guerre‹ und des deutsch-sowjetischen Nichtangriffspaktes und die Flucht nach Übersee (»Verratsschock und Krise«); die Verzweiflung über die Ermordung der Mutter und der eigene Weg zurück ins Leben nach Unfall und Krankheit (»Deutschjüdische Identität angesichts der Shoah«); die Ambivalenz der Rückkehr aus dem mexikanischen Exil nach Berlin und die Erfahrung des Stalinismus in den frühen DDR-Jahren (»Eiszeit«); innerer Rückzug, Resignation und Desillusionierung als Haltung in der DDR-Zeit (»Trauer um die Verluste«). Was Umfang und Gewichtung der hier genannten Schwerpunkte betrifft, so verhalten sie sich umgekehrt proportional zum vorhandenen Material, das, die Kindheit und Jugend betreffend, ganz spärlich, für die Exiljahre und die Zeit in der DDR hingegen reichhaltiger ist. Die Schwerpunktsetzung auf die ›innere Biographie‹ bringt es mit sich, dass den frühen Einflüssen ein besonderes Gewicht zukommt; sie bleiben im Verlauf der weiteren Entwicklung erhalten, auch wenn sie sich modifizieren und neue Einflüsse hinzukommen. Diese Schwerpunktsetzung bringt es weiter mit sich, dass ich – entgegen der einsinnigen biographischen Konstruktion, die Leben und Werk als intentional gleichgerichtet darstellt – erstens den Texten eine größere Eigenständigkeit in Bezug auf die ihnen eingeschriebenen Erfahrungen ihrer Autorin einräume, und zweitens auch ein widersprüchliches, jedenfalls jedoch mehrdeutiges Verhältnis von Werk und Leben in Erwägung ziehe.

Ein methodisches Problem habe ich nicht wirklich zufriedenstellend lösen können, nämlich die Verwendung des bzw. der Namen in den einzelnen Kapiteln. Über die Bedeutung des Namens und der Identität, die er bezeichnet, gibt das entsprechende Kapitel Auskunft. Ich werde durchgängig den Namen ›Seghers‹ benutzen, auch da, wo ich über Netti (bzw. Netty) Reiling oder über Netty Radvanyi schreibe. Ich benutze ›Seghers‹, ohne den Vornamen Anna, als Chiffre für diejenige Identität, mit der die junge Schriftstellerin zum ersten Mal an die Öffentlichkeit trat.

Herkunft und Familie

Bindungen an ihre Familie und ihre engere Heimat haben Seghers ihr Leben lang begleitet. Mainz, wo sie am 19. November 1900 (am ersten Hochzeitstag der Eltern) unter dem Namen Netti Reiling[2] geboren wurde, war damals die

---

2 Der Name ›Netti‹ ist so im Familienregister eingetragen; vermutlich geht er auf den Vornamen der Großmutter väterlicherseits, Jeannette Schmalkalden, zurück. Seghers änderte später ihren Vornamen in ›Netty‹. Dass dieser

Hauptstadt der Provinz Rheinhessen, ehemalige Residenz
der Erzbischöfe und Kurfürsten von Mainz, ursprünglich
eine Römergründung.

Die Bindung an die Stadt am Rhein und die Region
Rheinhessen hatte für Seghers nie eine nationale, sondern
stets eine soziale und historische Komponente; wann immer
sie darauf zu sprechen kam, in Reden, Aufsätzen oder in ihren Erzählungen und Romanen, betonte sie die wechsel-
hafte Geschichte dieser Gegend, zu der das keltische Son-
nenrad, der Limes, der Landsitz Karls des Großen in Ingel-
heim, die Völkerwanderungen, die Nibelungen, der Dom,
die Jakobiner und die Mainzer Republik gehörten. Keine
andere Landschaft hat in Seghers' Erzählungen jemals eine
ähnlich sinnliche Intensität und Anschaulichkeit erhalten
wie die Rheinebene und der Taunus, der Fluss und die Stadt
ihrer unmittelbaren Heimat.

Um 1900 zählte Mainz rund 84 000 Einwohner, von denen die überwiegende Mehrheit katholisch war und Mitglieder protestantischer, mennonitischer, anglikanischer und
israelitischer Religionsgemeinschaften Minderheiten bildeten. Seit der Jahrhundertwende waren Juden aus Russland
und später aus Polen nach Mainz eingewandert, die einen
eigenen Verein der Ostjuden gründeten. Zwischen ihnen
und dem assimilierten deutschen Judentum, dem liberalen
wie dem orthodoxen, gab es Spannungen. Wenn auch gele-
gentlich ein besonders hohes Maß von Integration vor allem
für das rheinische Judentum geltend gemacht wird (vgl.
Keim, B 4: 1997), so stehen demgegenüber sowohl die
»lange Tradition gesellschaftlicher Ausgrenzung«, welche
später die nazistische Propaganda erleichtert hat, wie auch
die »Illusion der jüdischen Integration, spät erworben
durch Emanzipation und Assimilation im 19. Jahrhundert«
(Benz, B 4: 1997).

Vorname innerhalb der jüdischen Gemeinde nicht ungewöhnlich war, belegt
sein Vorkommen auf den Grabsteinen des neuen jüdischen Friedhofs in
Mainz.

Hedwig und
Isidor Reiling,
etwa 1935 in Mainz

Die Familie Reiling gehörte zum jüdischen Großbürger-
tum in Mainz. Wie Brecht behielt auch Seghers den großbürgerlichen Lebensstil des Elternhauses zeitlebens bei,
auch in der Emigration, wozu auch Hausangestellte gehörten.[3] Die Familien von Seghers' Eltern stammten von der
Bergstraße, aus Mainz und Frankfurt. Die Mutter Hedwig,
1880 als Tochter des Kaufmanns Salomon Fuld und seiner Frau Helene, geb. Goldschmidt, in Frankfurt geboren,
und der Vater Isidor heirateten 1899. Isidor, 1867 als Sohn
des Kaufmanns David Reiling und seiner Frau Jeannette,
geb. Schmalkalden, in Mainz geboren, führte seit 1898
zusammen mit seinem ältesten Bruder Hermann die groß-
väterliche Kunst- und Antiquitätenhandlung. Die Eltern
Reiling gehörten zur orthodoxen »Israelitischen Religionsgemeinde« und waren Mitglieder jüdischer Wohlfahrtsorga-
nisationen. Den überlieferten Zeugnissen zufolge hat ihre

3 1926–38 lebte zum Beispiel Katharina Schulz, von den Kindern ›Gaya‹ genannt, fast ununterbrochen mit der Familie Radvanyi, betreute die Kinder
und führte den Haushalt.

Tochter eine traditionelle jüdische Erziehung genossen, die
das Hebräischlernen einschloss, die Vertrautheit mit den biblischen Geschichten und mit den rituellen Festen.[4] Soweit
sich in der Bibliothek Seghers' und ihres Mannes noch Bücher aus ihrem Elternhaus bzw. ihrer Kindheit und Jugend
(erkennbar an den Exlibris »Hedwig Reiling« und »Netty
Reiling«) erhalten haben, geben diese einige Hinweise auf
besondere Interessen der jungen Netty Reiling, die im Üb-
rigen durchaus typisch für ihre Herkunft aus einem groß-
bürgerlich-assimilierten Elternhaus sind: sie interessierte
sich insbesondere für die friderizianische und die napoleo-
nische Epoche und las entsprechende historische Werke, historische Romane, Biographien, Briefsammlungen und Ta-
gebücher; aus der deutschsprachigen Literatur sind schwer-
punktmäßig Klassik, Romantik und Realismus repräsentiert
mit Werken von Brentano, Fontane, Goethe, Hauff, Heine,

---

4 In der zweiten Hälfte der 1960er-Jahre hat Christa Wolf, die damals mit der
Herausgabe der Seghers-Essays beschäftigt war und an einem biographischen Essay (*Glauben an Irdisches*) arbeitete, mehrere Gespräche mit
Seghers geführt. Seghers wollte äußerste Verschwiegenheit ihren Gesprächs-
partnern gegenüber den Informationen über ihre Kindheit und Jugend im
Elternhaus gewahrt wissen. Ihre Großeltern habe sie nicht gekannt, nur eine
Großmutter mütterlicherseits, die früh Witwe wurde und ihre vier Kinder
alleine großzog. Seghers erinnerte sich an eine damals schon sehr alte Urgroßmutter, die bei den Besuchen des Kindes immer in einem bodenlangen
Kleid auf einem Lehnstuhl saß, so dass das Kind glaubte, sie habe keine
Beine. »Da fällt mir im Zusammenhang mit dieser Urgroßmutter eine
schöne Familiengeschichte ein, die aber kaum zu verwenden ist. Sie ist ganz
jüdisch. Zum jüdischen Neujahrsfest kam immer das Familienoberhaupt der
Familie zu ihr mit der ganzen Familie – ein Sohn oder Neffe oder Enkel
von ihr –[,] verbeugte sich feierlich und bat sie, falls er sie das letzte Jahr gekränkt haben sollte, um Verzeihung. Sie aber sagte immer, nein, er habe sie
nie gekränkt, sondern ihr nur Liebe erwiesen. Dann küßte sie ihn. – Das ist
schön, nicht? Sie sprach zum erstenmal von jüdischen Traditionen in ihrer
Familie. Ich [d. i. Christa Wolf] fragte sie, ob sie selbst noch solche Bräuche
kennengelernt habe. Ja, erwiderte sie. Aber weniger als religiöse Handlung,
mehr als Familienbrauch. Sie bestätigte, daß sie die in *Post ins Gelobte Land*
beschriebenen Riten gekannt habe« (zit. nach: Christa Wolf, *Essays, Gespräche, Reden, Briefe 1959–1974*, hrsg. von Sonja Hilzinger, München 1999). –
Vgl. außerdem Einhorn, B 4: 1997.

Hölderlin, Keller, Lenau, Schiller, Schlegel-Schelling. Die
europäische Literatur des 17.–19. Jahrhunderts, der Jahr-
hundertwende und des frühen 20. Jahrhunderts ist beispiels-
weise vertreten durch Werke von Baudelaire, Björnson,
Cervantes, de Coster, Dickens, Dostojewski, Dumas d. Ä.,
Flaubert, Gorki, Jacobson, Kipling, Lagerlöf, Liliencron,
Rilke, Rousseau, Scott, Shakespeare, Schnitzler, Stendhal,
Strindberg, Toller, Villon, Voltaire, Werfel, Wilde, George-
Übertragungen zeitgenössischer Dichter sowie eine von
Wolfenstein herausgegebene Anthologie expressionistischer
Literatur. Die Werke der französischen Autoren sind überwiegend in der Originalsprache präsent. Seghers liebte die
französische Sprache, fühlte sich dem Land der Revolution
überhaupt sehr verbunden und kannte Paris seit ihrer Jugend. Auch die aus den Selbstaussagen bekannte Vorliebe
für Märchen und Mythen spiegelt sich im nachweislich frühen Bestand der Bibliothek.

Über die politische Einstellung der Eltern ist nichts Nä-
heres bekannt. Während des Ersten Weltkriegs arbeitete
Hedwig Reiling als Rot-Kreuz-Schwester, und die Familie
beteiligte sich an der Nagelung des Kriegswahrzeichens auf
dem Liebfrauenplatz am Dom, der so genannten Nagel-
säule, deren Erlös verwundeten Soldaten zugute kam. Im
Dezember 1918 war kurzzeitig ein französischer Offizier
im Speisezimmer der Reilings einquartiert. Was der Erste
Weltkrieg, der Zusammenbruch des Kaiserreiches und die
revolutionären Wirren der Nachkriegszeit für Netty Reiling
und ihre Eltern bedeuteten, darüber wissen wir nichts. Erst
aus dem Abstand von mehreren Jahrzehnten, wie etwa in
dem Essay *Woher sie kommen, wohin sie gehen* (1963), reflektiert Seghers rückblickend die Eindrücke und das Lebensgefühl jener Jahre. Im Nachlass überliefert ist eine an
Netty Reiling adressierte Feldpostkarte vom Februar 1918,
die eine Zusammenkunft zwischen deutschen und russischen Soldaten an der Ostfront im Januar 1918 zeigt. In der
zum Jahrestag der Oktoberrevolution entstandenen Erzäh-

lung *Vierzig Jahre der Margarete Wolf* wird die Erinnerung
an dieses Bild in verwandelter Form eingehen.

Der Kontakt zu ihren Eltern riss jedenfalls nicht ab, auch
als Seghers in Berlin und später im französischen Exil lebte.
In der Pogromnacht 1938 wurden die Antiquitätenhand-
lung Reiling Am Flachsmarkt und die Privatwohnung am
Fischtorplatz beschädigt. Überliefert ist die Liste, auf der
Hedwig Reiling Schmuck, Silber, Bestecke, Tabletts, Schüs-
seln, Münzen aufführte, als diese eingezogen wurden. Rei-
lings lebten in einem der so genannten Judenhäuser in der
Taunusstraße. Zwei Tage nach dem erzwungenen Verkauf
des Hauses Am Flachsmarkt, im März 1940, starb Isidor
Reiling. Seine Frau wurde im März 1942 in das Ghetto
Piaski bei Lublin deportiert, das im November liquidiert
wurde (vgl. Schütz, B 4: 1993; Wagner, B 4: 1994). Seghers'
Haltung zu ihrer jüdischen Herkunft wird im folgenden
Kapitel thematisiert. In nicht wenigen Erzählungen ist der
Reflex auf jüdische Geschichte, auf die Rolle von Juden im
Marxismus, auf Assimilation und Zionismus, auf Pogrome
und auf die Shoah erkennbar (*Transit, Ausflug der toten
Mädchen, Post ins gelobte Land, Die Hochzeit von Haiti,
Zwei Denkmäler, Überfahrt*).

Seghers hat nach dem Beginn des Nazi-Regimes die Ausgrenzung und Vertreibung, die sie am eigenen Leib erfuhr,
weniger mit ihrem Judentum als mit ihrer politischen Gegnerschaft zu den Nationalsozialisten in Verbindung gebracht. Erst unter der Perspektive der möglichen Rückkehr
aus dem Exil scheint sie sich mit der Ambivalenz ihrer
Identität als deutschjüdische Schriftstellerin explizit beschäftigt zu haben, deren Bücher man verbrannt, deren Namen man ausgelöscht hatte in ihrer Heimat. Das lebensgeschichtliche Trauma, dass sie, die Tochter, ihre Mutter nicht
hat retten können, obwohl ihr selbst und ihrer Familie die
Flucht vor den Nazis gelungen war, hat die Erzählerin
Seghers in verschiedenen Konstellationen immer wieder
thematisiert. Die Ermordung der Mutter bedeutete aber

auch die unumstößliche Erkenntnis, dass es unmöglich war, der jüdischen Herkunft zu entkommen (vgl. Walter, B 4: 1990). Über das Ausmaß, in dem Familie und Verwandte Opfer der Shoah wurden, wissen wir wenig. Allerdings sind Briefe erhalten, die Seghers aus dem mexikanischen Exil mit gleichfalls emigrierten Verwandten der Familien Fuld, Cramer, Szondi u. a. wechselte (vgl. Stephan, B 4: 1993).

Kindheit und Jugend in einer assimilierten Familie des Großbürgertums werden für Seghers ähnliche Prägungen und Erfahrungen bedeutet haben, wie wir sie aus den Biographien jüdischer Frauen ihrer Generation kennen, z. B. von Hannah Arendt, Lea Grundig, Käte Hamburger, Gertrud Kolmar, Alice Rühle-Gerstel, Helene Weigel, Charlotte Wolff, um nur einige Namen zu nennen.[5] Sie gehörten zur ersten Generation von Studentinnen, die nicht mehr wie Rosa Luxemburg oder Sabina Spielrein zum Studium in die Schweiz gehen mussten, sondern die auch an deutschen Universitäten studieren konnten. Gerade die Universität Heidelberg, an der auch Seghers im April 1920 ihr Studium aufnahm, war eine Hochschule, mit der sich seit dem 18. Jahrhundert eine Tradition akademischer Bildung für Juden verband, und außerdem war es die Universität der Neckarstadt, die als eine der Ersten in Deutschland Frauen zum regulären Studium zuließ.[6] Das Gemeinsame dieser weiblichen Lebensgeschichten ist der für die damaligen Verhältnisse hohe Grad an Bildung, die Selbstverständlichkeit einer akademischen oder künstlerischen Ausbildung und Berufstätigkeit, den ihre Familien mit ihrem großzügigen kulturell und musisch orientierten, dabei materiell abgesicherten Hintergrund ihren Töchtern ermöglichten. So-

---

5 Vgl. »Erinnerungen deutsch-jüdischer Frauen 1900–1990«, hrsg. von Andreas Lixl-Purcell, Leipzig 1992; »Jüdische Frauen im 19. und 20. Jahrhundert. Lexikon zu Leben und Werk«, hrsg. von Jutta Dick und Martina Sassenberg, Reinbek 1993. – »Von einer Welt in die andere. Jüdinnen im 19. und 20. Jahrhundert«, hrsg. von Jutta Dick und Barbara Hahn, Wien 1993.
6 Vgl. »Apropos Selma Stern«, mit einem Essay von Martina Sassenberg, Frankfurt a. M. 1998.

weit Zeugnisse dafür vorhanden sind, handelte es sich aus-
nahmslos um ›Vatertöchter‹, um Frauen, die bereits als
junge Mädchen sich in dem klassischen Geschlechtsrollen-
konflikt sahen, ihre weibliche Identität auf das Vorbild ihrer
Mütter hin ausrichten zu sollen, aber dem Vorbild der Vä-
ter, denen qua Geschlecht die Welt offen zu stehen schien,
nachstreben wollen. Die wenigen Äußerungen Seghers'
über ihr Verhältnis zur Mutter und zum Vater lassen auf
dieselbe Disposition schließen. Seghers gelang jedoch, was
eher als Ausnahme gelten muss, eine Art Synthese: sie blieb
lebenslang die Partnerin ihres Mannes, zog zwei Kinder
groß und war als Schriftstellerin wie als Parteifunktionärin
eine Ausnahmefrau unter Männern (vgl. Zehl Romero, B 5:
1992).

Gefährten

Das Jahrzehnt zwischen ihrem zwanzigsten und ihrem drei-
ßigsten Lebensjahr war für die Persönlichkeitsentwicklung
Seghers' zweifellos das entscheidende. Der Zusammenbruch
des Kaiserreiches, der Krieg und die aus den Nachkriegs-
kämpfen entstandene erste deutsche Republik bildeten hierfür den äußeren Rahmen. In die ersten Jahre der Weimarer
Republik fiel Seghers' Studienzeit in Heidelberg und in
Köln. Ihr Vater war Kunsthändler und Antiquar, und außerdem auch Kustos des Mainzer Doms; so ist es nicht ver-
wunderlich, dass Seghers eine ausgeprägte Affinität zur
Kunst- und Kulturgeschichte mitbrachte, die ihre Studien-
wahl bestimmte. In der Immatrikulationsurkunde vom
April 1920 ist als Studienfach Philosophie eingetragen; das
Studienbuch gibt Auskunft über die tatsächliche, damals
nicht ungewöhnliche Breite und die Schwerpunkte des Stu-
diums (Kunstgeschichte, Geschichte und Sinologie), das

Seghers mit der Promotion zum Dr. phil. abschloss. Ihre
Dissertation schrieb sie zum Thema »Jude und Judentum im
Werk Rembrandts«;[7] ihr Interesse galt dabei dem hohen
Maß an sozialem Realismus, der Rembrandts biblischen
Motiven innewohnte, deren Modelle sephardische spanische
und polnische Ghetto-Juden seiner unmittelbaren Umge-
bung waren.

Seghers suchte offensichtlich weniger Freundschaften zu
Mitstudierenden, die wie sie aus dem wohlhabenden Bür-
gertum kamen. Eine ihrer wesentlichen Begegnungen und
vielleicht ihre erste große Liebe war der Sinologe Philipp
Schaeffer; über seine Bedeutung im Leben der jungen Frau
wissen wir nur aus ihren späteren eigenen Aussagen, die um
einige Daten und Fakten ergänzbar sind. Schaeffer, 1894 geboren, war baltischer Herkunft und während des Krieges in
russischer Internierung gewesen. Sein Sinologie-Studium in
Heidelberg verdiente er sich mit Arbeit in einem Stein-
bruch. Seghers nahm ihn mit zu ihren Eltern, wo sich das
Hausmädchen über seine Tätowierungen, die aus seiner
Matrosenzeit stammten, erschrak. Schaeffer wurde ein
Freund und Lehrer für Seghers, sein Urteil war ihr wichtig.
Er machte seine Freundin mit der Philosophie des Laotse
vertraut, und als Geschenk zum Doktorat schrieb er ihr eines ihrer Lieblingsmärchen in chinesischen Schriftzeichen
auf Seidenpapier. Die Geschichten dieser Märchensamm-
lung, »Wunderbare Geschichten aus der Studierstube ›Zu-
flucht‹«, der das Märchen entnommen war, »sprechen von
allem, worüber der Meister (damit ist Konfuzius gemeint)
nicht gesprochen hat. Der Meister hat nicht gesprochen
über Dämonen, Geister und wunderbare Dinge«.[8] Für die
spätere Schriftstellerin war die Kenntnis jener »Wunderbaren Geschichten« wegbereitend für ihre eigene, gegen viel-

7 Vgl. Christa Wolf, »Die Dissertation der Netty Reiling« (1980), in: Netty
Reiling (Anna Seghers), *Jude und Judentum im Werk Rembrandts*, Leipzig
1981. – Dorgerloh, B 4: 1996; Haller-Nevermann, B 4: 1997.
8 Anna Seghers, »Erinnerungen an Philipp Schaeffer« (1975), in: KuW 4.

Philipp Schaeffer, wahrscheinlich 1930 in Berlin

fach vorgetragene Kritik und Belehrungen der späteren Genossen behauptete besondere Schreibweise, in der sich
Träume, Märchen und Wirklichkeit auf eigentümliche Art
vermischten. Philipp Schaeffer war es auch, der Seghers mit
jungen Emigranten in Kontakt brachte, zu denen auch ihr
späterer Mann, der ungarische Kommunist und Jude Laszlo
Radvanyi, gehörte. Schaeffer wurde 1928 (im gleichen Jahr
wie Seghers) in Berlin Mitglied der KPD, zu deren illegaler
Bezirksleitung er seit 1933 gehörte. 1935 wurde er das erste
Mal verhaftet und zu fünf Jahren Zuchthaus verurteilt wegen Vorbereitung zum Hochverrat. Nach seiner Entlassung
1940 stieß er zu der Widerstandsorganisation »Rote Ka-
pelle«, wurde 1942 erneut verhaftet und im Mai 1943 in

Plötzensee enthauptet. Nach ihrer Rückkehr nach Berlin im Jahr 1947 hoffte Seghers darauf, Schaeffer zu finden; durch Zufall erfuhr sie von den Umständen seines Todes. Ihre Erinnerungen an ihn (eine Fotografie von Schaeffer aus den 20er-Jahren hing an einer Wand ihres Arbeitszimmers in ihrer späteren Berliner Wohnung, der heutigen Gedenkstätte) schrieb Seghers anlässlich seines 81. Geburtstags auf (vgl. Hilzinger, B 4: 1996).

Aber nicht nur die ›chinesische Spur‹ in ihrem Leben und Werk – wozu später auch die Freundschaft mit der chinesischen Genossin Hu Lanqi (vgl. Wagner, B 4: 1996) beitrug – bleibt mit Schaeffers Namen verbunden. Die Freundschaft mit Schaeffer, der einer ihrer ›Gefährten‹ war, sensibilisierte Seghers für jene Nahtstellen in der Geschichte, an denen es auf einen einzelnen, einen bestimmten Menschen ankam, auf seinen Mut und seine Integrität. Wenn sie später in ihren Erzählungen und Romanen, beginnend mit dem ersten Roman *Die Gefährten* (1932), solche Menschen gestaltete, dann schuf sie keine Heldenbilder, sondern erinnerte sich, wie Jason in *Das Argonautenschiff* oder die Erzählerin in *Der Ausflug der toten Mädchen*, an die Gefährten ihrer eigenen Jugend. Sowohl für Seghers' Beziehung zu Philipp Schaeffer wie zu Laszlo Radvanyi scheint zuzutreffen, dass eine ihrer Dimensionen eine Art Lehrer-Schüler-Verhältnis war – eine Konstellation, die sich in zahlreichen Erzählungen und Romanen Seghers' in Variationen wiederfindet, aber stets Freundschaften zwischen Männern betrifft.[9] Das

9 Die genaue Analyse und Interpretation dieser Figurenkonstellation, deren Dynamik und Komplexität mit dem Begriff Lehrer-Schüler-Verhältnis nur vordergründig zu umschreiben ist, wäre eine eigene Untersuchung wert. Am Beispiel der Konstellationen u. a. zwischen Hull und Andreas Bruyn (*Aufstand der Fischer von St. Barbara*), L. und Brekoly (*Die Wellblechhütte*), Wallau und Heisler (*Das siebte Kreuz*), Bentsch und Lorenz (*Die Rettung*), Toussaint l'Ouverture und Nathan (*Hochzeit von Haiti*) gestaltet Seghers wahrscheinlich das Grundmuster einer Beziehung, wie sie es selber erfahren hat, das verschiedene Entwicklungsaspekte enthält. In *Transit* z. B. lässt Seghers den Ich-Erzähler mehrfach den Wert der Freundschaft zwi-

heißt, dass Seghers durchaus auch eigene Erfahrungen am
Beispiel männlicher Figuren gestaltete – besonders offensichtlich etwa in dem männlichen Ich-Erzähler in *Transit*,
später in Jason oder (verdeckter) in Ernst Triebel. Das die
Struktur der Lehrer-Schüler-Beziehung bestimmende Moment ist einerseits die politische Sozialisation und Bewusst-
seinsbildung eines jüngeren, emotional und spontan auf soziales Unrecht reagierenden Mannes durch einen politisch
und theoretisch geschulten Mentor, und andererseits das
Bewusstwerden eines Mangels an Lebendigkeit, Alltagsver-
bundenheit und Spontaneität in der Persönlichkeit des
Mentors durch den jüngeren Freund und die Möglichkeit
des Älteren, seine Persönlichkeit auf diese Weise zu erweitern und zu bereichern. Auf diese Struktur als Muster einer
Initiation in eine Art säkularisierte Glaubensgemeinschaft
kommt Seghers in ihren Erzählungen bis in die DDR-Jahre
hinein immer wieder zurück.

Den überlieferten Widmungen in den Büchern nach, die
sie einander gegenseitig schenkten, haben sich Seghers und
Radvanyi vermutlich Ende 1920 kennen gelernt. Für Radvanyi, 1900 geboren und gebürtiger Ungar, waren die prä-
genden Erfahrungen seiner Jugend die durch Georg Lukács
und Karl Mannheim bestimmten Diskussionen des »Sonntagskreises«. Er hatte bereits einen Band mit epigonaler Lyrik publiziert und war trotz seiner Jugend während der
ungarischen Räterepublik aktiv in der kommunistischen
Studentenbewegung. Nach dem Sturz der Räterepublik emigrierte er nach Wien, wo er weiterhin die Zusammenkünfte
des »Sonntagskreises« besuchte, und seit dem Frühjahr 1920
studierte er in Heidelberg; 1923 promovierte er bei Karl Jas-

schen Männern höher veranschlagen als die Liebe zwischen Mann und Frau.
Man kann diese Art Beziehung als Initiationsritus, als ›Erweckung‹, als So-
zialisations- und Erziehungsprozess, als gegenseitig Entwicklungen und
Persönlichkeitserweiterung anstoßende Freundschaft bezeichnen. Einer
›lernt‹ vom anderen. Es handelt sich um keinen statischen, sondern einen
dynamischen Vorgang, der verschiedene Lebensbereiche, nicht nur die politische und die geistige Entwicklung, umfasst.

pers mit einer Arbeit über den Chiliasmus.[10] Seit er in
Deutschland lebte, führte er den (Partei-)Namen Johann
Schmidt (seit seiner Rückkehr nach Berlin 1952 Johann-Lorenz Schmidt). Netty Reiling und Laszlo Radvanyi heirateten im August 1925 in Mainz. Die Eltern Reiling schenkten
ihrer einzigen Tochter zu diesem Anlass die Familienbibel,
die sie selbst von Isidors Mutter Jeannette an ihrem Hochzeitstag erhalten hatten. Während die Mutter Hedwig in
ihrer Widmung »Meinem geliebtem Kinde zum 10. August
1925« ihrer Zuneigung und Verbundenheit Ausdruck gibt,
enthält die Widmung des Vaters Isidor eine ausführliche
Geschichte der familiären Tradierung der Bibel.

Nach der Heirat siedelte das Paar nach Berlin über; sie
wohnten in der Siedlung Fischthal in Zehlendorf. Aus den
überlieferten Berichten sowohl von Freunden als auch von
seinen Kindern geht hervor, dass Schmidt der geborene
Lehrer war. Von 1927 bis 1933 war er Leiter der Marxisti-
schen Arbeiterschule (MASCH) in Berlin, seit 1930 aller
MASCHs in Deutschland. Im französischen Exil beteiligte
er sich maßgeblich an der Gründung und Leitung der
Freien Deutschen Hochschule in Paris, die bis zum Kriegsbeginn 1939 existierte, und während der Internierung in Le
Vernet und Les Milles gab er seinen Mitgefangenen (darunter z. B. Hermann Axen) Kurse in marxistischer Ökonomie.
Im mexikanischen Exil hatte er von 1944 bis 1952 einen
Lehrstuhl an der National-Universität in Mexico City inne
und war Professor an der Universidad Obrera, der Arbei-
ter-Universität, deren Leitung er auch angehörte. Später, in
der DDR, setzte er seine wirtschaftswissenschaftlichen Studien an der Akademie der Wissenschaften fort und lehrte an
der Humboldt-Universität.

Betrachtet man die äußeren Koordinaten dieses Lebens-
laufs, wird wenig sichtbar von dem Menschen dahinter.

---

10 Ladislaus Radvanyi, »Der Chiliasmus. Ein Versuch zur Erkenntnis der
chiliastischen Idee und des chiliastischen Handelns«, hrsg. von Eva Gabor,
Budapest 1985. – Vgl. außerdem Fehervary, B 4: 1996.

Eine gute Freundin der Familie Seghers-Radvanyi beschrieb
Johann Schmidt als einen Mann, der nur seiner Arbeit lebte
und dabei keine Rücksicht auf Familie und Freunde nahm;
die Kinder erinnern sich, dass er sich zum Arbeiten oft in
sein Zimmer einschloss und nicht erreichbar war. Anderen
Einschätzungen zufolge galt Schmidt als das ideologische
Gewissen seiner Frau – Jürgen Kuczynski nannte ihn
Seghers' »achtes Kreuz« in Anspielung auf ihren Exilroman;
davon zeugen auch die aus den DDR-Jahren überlieferten
Anmerkungen zu den Manuskripten ihrer Erzählungen und
Romane, die bisweilen streng und dogmatisch anmuten. Die
ganze Breite dieser Beziehung und ihrer Wandlungen über
die fast fünfzig Jahre während Lebensgemeinschaft kann
aufgrund der bisher zugänglichen Dokumente nicht annähernd beschrieben werden. Angesichts der tiefen Verbundenheit muss die zeitweilige Distanzierung – während der
Emigrationsjahre in Mexiko begann Radvanyi eine Beziehung mit einer Mitarbeiterin, ebenfalls Emigrantin, die ihn
später nach Berlin begleitete – für Seghers einen tiefen
Schmerz bedeutet haben. In der Verlassenheit Jasons von
allen Gefährten und der Trauer Triebels um den Verlust der
als dauerhaft erhofften Liebe zu Maria Luisa kann man vielleicht auch einen Reflex dieser Erfahrung der Autorin sehen.
   Die Verbindungen zu den Gefährten, zu ihren Mitkämp-
fern gegen den Faschismus, blieben für Seghers lebenslang
wichtig. Freundschaften, die sie in den 20er-Jahren und später in der Emigration schloss, wie zu Franz und Grete
Weiskopf, Lenka Reinerova, Egon und Gisl Kisch, Lore
Wolf, Steffie Spira, Jeanne und Kurt Stern, Jürgen Kuczynski, Helene Weigel, Bertolt Brecht, Johannes R. Becher,
Ilja Ehrenburg, Georg Lukács, Jorge Amado, Pablo Neruda
und anderen begleiteten sie ihr Leben lang, und ihre Nach-
rufe auf die Freunde zeugen von Verbundenheit und der
Trauer um die Verluste. Nach dem Tod ihres Mannes 1978
zog Seghers sich fast vollständig aus der Öffentlichkeit zurück; zuletzt schrieb sie den Zyklus *Drei Frauen aus Haiti*,

Seghers und Laszlo Radvanyi, um 1925

eine letzte, wenn auch entscheidend neu akzentuierte Variante ihres erzählerischen Grundmusters, deren mittlere Geschichte *Der Schlüssel* auch als eine Bilanz des gemeinsamen Lebens mit Radvanyi und des endgültigen Abschieds von ihm gelesen werden kann.

Identität und Name

Ihre erste Buchveröffentlichung als Schriftstellerin, *Aufstand der Fischer von St. Barbara* (1928), zeichnete die junge Autorin mit dem Namen ›Seghers‹, der in der literarischen Öffentlichkeit aufgrund des spröden, harten Stils der

Seghers, um 1930

Erzählung sofort als ›männlich‹ identifiziert wurde. Ehe wir uns den inhaltlichen Implikationen dieser Namenswahl zuwenden, soll zunächst das Faktum der Namensgebung betrachtet werden. In der Literaturgeschichte gibt es zahlreiche Beispiele von deutschen Juden und Jüdinnen, die sich als Ausdruck ihrer Assimilation einen neuen Namen gaben – denken wir an Löb Baruch, bekannt unter dem Namen Ludwig Börne, aber auch an Brendel Mendelssohn, die spätere Dorothea Veit-Schlegel, oder an Gertrud Chodziesner, die sich Gertrud Kolmar nannte. Gerade für Frauen, die sich als Schriftstellerinnen an die Öffentlichkeit wagten, war es seit dem 18. Jahrhundert und noch im 20. Jahrhundert nicht ungewöhnlich, dass sie unter einem männlichen Pseudonym publizierten, um den herrschenden Vorurteilen und Ausgrenzungen zu entgehen.[11] Zweifellos hat für die Namensgebung Seghers’ das Assimilationsbestreben eine größere Rolle gespielt als eine mögliche Benachteiligung oder Ausgrenzung aufgrund ihres weiblichen Geschlechts. Sie wollte identifiziert und wahrgenommen werden durch ihre Texte, nicht durch ihre jüdische Herkunft. Ihren ersten, 1924 publizierten, aber erst in den siebziger Jahren unter ihrem Autornamen Seghers bekannt gewordenen Text, *Die Toten auf der Insel Djal*, versieht sie mit dem Untertitel *Eine Sage aus dem Holländischen, nacherzählt von Antje Seghers.* In diesem Text geht es doppelt – für die männliche Hauptfigur und die fiktive Erzählerin – um den Vorgang des Lebendigwerdens *aus dem Wort, aus der Schrift heraus.* Als Autorin schafft sich Seghers so gleichsam eine neue Existenz (vgl. Greiner, B 5: 1983, 1986 und 1988).

Mir scheint das Problem der Namensgebung, des Namenswechsels, des Zusammenhangs von Name und Identität bisher in der Seghers-Forschung nicht genügend beachtet worden zu sein. Seghers wählte diesen Namen *als Auto-*

11 Vgl. Barbara Hahn, »Unter falschem Namen. Von der schwierigen Autorschaft der Frauen«, Frankfurt a. M. 1991.

rin, bereits vor ihrem Eintritt in die Kommunistische Partei, es handelte sich also nicht, wie bei ihrem Mann, um einen Parteinamen, der in erster Linie für die politische Identität steht. Mit diesem Namen, abgeleitet aus dem ersten veröffentlichten Text, bezeichnet Seghers ihre ›wirkliche‹, ihre eigentliche Existenz. Der Vorgang der Produktion der Autor-Identität aus dem Wort, aus dem Text heraus, wiederholt sich in der Exil-Erzählung *Der Ausflug der toten Mädchen*. In mehreren ihrer Erzählungen thematisiert Seghers den Zusammenhang von Name und Identität von Figuren. Den Namenswechsel als Ausdruck der Assimilation gestaltet sie in *Post ins gelobte Land*, den Namenswechsel als Ausdruck der Identitäts-Veränderung in *Der Mann und sein Name*, und in *Der sogenannte Rendel* ist mit dem Namens- auch ein Geschlechtswechsel angedeutet. In *Transit* resultiert eine Reihe von Verwechslungen aus den verschiedenen Namen eines Schriftstellers – ein Reflex auf eigene Erfahrungen Seghers', die für die Erlangung von Visa mehrfach Bestätigungen benötigte, dass Dr. Netty Reiling-Radvanyi und Anna Seghers ein und dieselbe Person seien. Seghers hat außerdem, vor allem während der Exilzeit, um sich zu schützen, weitere Pseudonyme gebraucht wie z. B. ›Peter Conrad‹ oder ›Eve Brand‹.

Die Bedeutung des Namensgebrauchs im Werk verweist aber noch auf einen anderen Aspekt. Es ist zweifellos kein Zufall, dass viele Seghers'sche Figuren die Namen von christlichen Heiligen tragen und damit – der Kunsthistorikerin vertraut – auch eine bestimmte Ikonographie tradieren. Mit diesem Rekurs auf die christlich-abendländische Tradition – ähnlich verfuhr Brecht, der die Bibel sein liebstes Buch nannte – bezog Seghers sich natürlich auch stark auf den Horizont ihrer Leserschaft. Besonders auffällig ist die Namensgebung bei den Frauenfiguren, die – vor allem im Früh- und Exilwerk – Marie, Anna, Katharina heißen und mit dieser Namenswahl auch eine Typologie weiblicher Lebens- und Verhaltensmuster entwerfen, diese aber nicht statisch einfach ausfüllen, sondern auch erweitern und modifizieren. Die Namens- und Identitätsproblematik sowohl in der Biographie wie im Werk verweist letztlich auf Verwandlung und Veränderbarkeit, und somit – wie es in der Figur der Artemis am komplexesten gestaltet ist – auf die Ambivalenz von Identität schlechthin.

Aber wofür stand der Name ›Seghers‹, das Zeichen, in dem Seghers ihre Identität als Schriftstellerin konstituierte? Durch ihren Doktorvater Carl Neumann, vor allem aber durch dessen Schüler Wilhelm Fraenger lernte die Studentin in Heidelberg das Werk des Graphikers Hercules Seghers (1589/90 – vor 1630) kennen, eines Zeitgenossen von Rembrandt. Der Kunsthistoriker und Volkskundler Wilhelm Fraenger (1890–1964), später Direktor des Instituts für Volkskunde der Akademie der Wissenschaften zu Berlin, hatte 1922 eine bahnbrechende Studie über Hercules Seghers veröffentlicht, in der er diesen als Vorläufer der Kunst der Moderne interpretierte, van Gogh und den Expressionisten näherstehend als seinen Zeitgenossen im 17. Jahrhundert. Fraenger ging es weniger um die Rekonstruktion der Lebensgeschichte des holländischen Graphikers, sondern hauptsächlich um die präzise und differenzierte Erfassung der Vermischung von historischem Kontext, individueller Prägung und künstlerischem Ausdruck. In seiner Studie wandte Fraenger die Methode der Psychodiagnostik an, welche die sichtbare Wirklichkeit des Kunstwerks in ein Psychogramm des Künstlers in seiner Zeit ›übersetzt‹. Fraenger folgte dabei einem Kunstverständnis, das dem Programm der Naturnachahmung einen dem expressionistischen Aufbruch entsprechenden Begriff von Kunst entgegenstellt, der diese auffasst als »innerste Not, die Befreiung will«.[12] Ihn interessierte nicht die Form eines

---

12 Wilhelm Fraenger, »Die Radierungen des Hercules Seghers. Ein physiognomischer Versuch«, hrsg. und mit einem Nachw. von Hilmar Frank, Leipzig 1984. – Zitat aus dem Nachwort von Frank. – Vgl. außerdem: Hilzinger, B 4: 1996.

Kunstwerks, sondern sein Ethos, das er als Ausdruck der
Persönlichkeit und des Weltbezugs des Künstlers verstand.
In Hercules Seghers sah er, sein Werk interpretierend, einen
Außenseiter, Abenteurer und Künstler, der aus dem Bruch
mit Traditionen heraus kreativ wurde. Für Fraenger war
Hercules Seghers ein Rebell, den die Zeitgenossen nicht er-
kannten, und den die Späteren vergaßen. Aber er war geeig-
net, für die junge Nachkriegsgeneration zu einem Symbol
jener Künstler der Vergangenheit zu werden, die am Unver-
ständnis ihrer Zeit zugrunde gingen, zu Unrecht vergessen
waren und aus dem Gefühl innerer Verbundenheit nun von
Späteren neu begriffen wurden. Die Identifikation, die sich
der jungen Schriftstellerin hier bot, war vermutlich in erster
Linie eine des verwandten Lebensgefühls. Ein Außenseiter
und Rebell, verweist Hercules Seghers' Werk auf eine
künstlerische Konzeption, die mit Passion und Erlösungs-
sehnsucht zu umschreiben ist. Seghers' Namenswahl – ob
bewusst oder unbewusst – ist vor diesem Hintergrund zu
verstehen als Stiftung einer neuen Tradition, als individua-
listischer Aufbruch und als Übernahme eines überindivi-
duellen Auftrags zugleich. Dieser Auftrag hat den Charakter einer Mission.

Passion und Erlösung

Meiner Auffassung nach haben sich die Grundlegung der
Schreibmotivation und die zentralen Koordinaten der
Schreibintention Seghers' in den 20er-Jahren ausgebildet.
Selbstverständlich waren sie in den Jahren des Exils und
später in der DDR Modifikationen ausgesetzt, die jedoch
als lebens- und zeitgeschichtlich bedingte Erweiterungen
oder Neuakzentuierungen einer bereits gelegten Grundin-

tention zu verstehen sind. Aus Selbstaussagen Seghers' wissen wir, dass sie, das einzige Kind ihrer Eltern, aus einer inneren Einsamkeit heraus sich früh ihrer Phantasie bewusst wurde als einer Möglichkeit, die engen Grenzen ihrer Welt zu überschreiten. Sie erfand für sich selbst Geschichten, schrieb sie auf und malte Bilder dazu. Jahrzehnte später (1951) schrieb sie ihrem sowjetischen Freund Steshinski:

> Ich fing an, Geschichten zu erfinden und aufzuschreiben, seit ich lesen und schreiben lernte. Gedichte fast nie. Ich war auf Personen und Handlungen aus. Als Kind las ich manches, was mir auch heute gefällt: Märchen, griechische Sagen, die mir ganz besonders gefielen, Odyssee, Robinson [...]. Ziemlich früh Dramen von Schiller, auch Gedichte von Goethe, den Prolog im Himmel aus Faust. Der gefiel mir des Klanges wegen, obwohl ich nichts verstand. Mit ungefähr zwanzig Jahren fing ich an, bewußt und mit klarer Vorstellung zu schreiben.

Zu ihren frühen Leseerlebnissen gehörten außerdem die Prosa von Heine, Büchner, Keller, Tolstoi und Dostojewski. Für ihr eigenes Schreiben bildete sich das heraus, was sie einmal die »zwei Linien« nannte: »erzählen, was mich heute erregt, und die Farbigkeit von Märchen«, eine realistische und eine märchenhaft-phantastische Schreibweise. Hinzu kam, was sie später, in Anlehnung an Goethe, den »Originaleindruck« nennen sollte, die tiefe Bindung an ihre rheinhessische Heimat, an die Stadt Mainz und den Rhein.

Aus der Einsamkeit des Kindes und der Jugendlichen erwuchs eine starke Sehnsucht nach Gemeinschaft, die auch vielen der Seghers'schen Figuren eigen ist, insbesondere den Mädchenfiguren des Frühwerks, und die erst später in die Zugehörigkeit zu einer politischen Bewegung münden sollte.

Ein weiterer Grundimpuls bereits der jungen Seghers war die ausgeprägte Sensibilität für Unrecht und Unterdrü-

ckung, die Empathie mit dem Leid anderer und der starke
Wunsch, beizutragen zur Schaffung einer besseren Welt.
Die Grundkonzeption, die sich aus diesen Impulsen für
das Schreiben der jungen Autorin ergab, lässt sich am deutlichsten mit dem Begriffspaar ›Passion und Erlösung‹ beschreiben. Dieses Begriffspaar ist im kulturgeschichtlichen
Kontext des Abendlandes eindeutig auf die Leidensgeschichte Christi bezogen, und das Evangelium von der
Erlösung gehört zu den zentralen Inhalten des christlichen Glaubens.[13] Ich werde im Folgenden den zeit- und
ideengeschichtlichen Kontext andeutungsweise umreißen,
vor dem die Übertragung dieses Begriffspaars auf das Grundmuster in der Prosa Seghers' nachvollziehbar werden kann.
Meiner Meinung nach müssen diese Begriffe im Kontext des
Seghers'schen Werks in einem gegenüber dem christlichen
Bedeutungszusammenhang erweiterten Sinn verstanden
werden. Aufgewachsen in einem jüdischen assimilierten
Elternhaus und zugleich in einer überwiegend christlichen
Tradition hat Seghers sich in ihrer Persönlichkeitsentwicklung und auch aufgrund ihres Anschlusses an die kommu-
nistische Bewegung weitgehend von den genuin *religiösen*
Inhalten sowohl des jüdischen wie des christlichen Glau-
bens gelöst, sie hat sie in einem säkularisierten Verständnis

---

13 Der Begriff ›Passion‹ ist in etymologischen Wörterbüchern sowohl mit
›Leidensgeschichte Christi‹ wie mit ›Leidenschaft‹ umschrieben. In der
Übersetzung des Alten Testaments von Martin Buber und Franz Rosen-
zweig (*Die Schrift*, zu verdeutschen unternommen von Martin Buber gemeinsam mit Franz Rosenzweig, Berlin 1925–35) und auch in moderneren
Übersetzungen (z. B. *Die Heilige Schrift*, ins Deutsche übertr. von Naftali
Herz Tur-Sinai, Neuhausen-Stuttgart 1993) erscheint der Begriff ›Passion‹
nicht, während hingegen ›Erlösung‹ – bezogen auf die Befreiung des Volkes Israel aus der Macht des Pharaos in Ägypten – häufig gebraucht wird.
Im Alten Testament ist Hiob der Urtyp des Leidenden, und deshalb gestalten in der deutschjüdischen Exilliteratur zahlreiche AutorInnen die Exilerfahrung direkt oder indirekt im Rückgriff auf die Figur Hiobs. (Vgl. »Im
Zeichen Hiobs. Jüdische Schriftsteller und deutsche Literatur im 20. Jahrhundert«, hrsg. von Gunter E. Grimm und Hans-Peter Beyerdörfer,
2., durchges. Aufl., Frankfurt a. M. 1986.)

gebraucht, als *Überlieferung* und *Tradition*, ja sogar als *Mythologie*.[14]

Die Einflüsse, die für die junge Seghers bedeutsam wurden – und die zugleich durchaus typisch für ihre Generation und für die Krisenjahre nach dem Ersten Weltkrieg sind –, sind vor allem ihre Dostojewski- und Kierkegaard-Lektüre, und, vertieft durch die Beziehung zu Radvanyi und den Gefährten der Heidelberger Studienjahre, die Beschäftigung mit dem Messianismus Blochs (vgl. Fehervary, B 4: 1996; Haas, B 5: 1997). Die Begegnung mit Kierkegaard datierte bereits aus ihrer Jugend im Elternhaus, wie entsprechende Exemplare der überlieferten Bibliothek belegen (vgl. Trapp, B 5: 1997). Heute wird die Philosophie des Dänen Sören Kierkegaard (1813–1855) als Vorläuferin der »Dialektischen Theologie« (Thomas Horst) angesehen, und die moderne Existenzphilosophie hat sich seiner Begriffe und Fragestellungen angenommen, allerdings ohne deren theologische Dimension. Was Seghers und ihre Gefährten und Generationsgenossen an der Philosophie Kierkegaards und an seiner bildhaften, poetischen Sprache interessiert hat, wäre eine eigene Untersuchung wert. Mir scheint der Aspekt der »ethischen Lebensanschauung« daran zentral zu sein. In seinem 1843 unter Pseudonym veröffentlichten Werk *Entweder – Oder* fordert Kierkegaard seine LeserInnen zu einer Entscheidung zwischen der ethischen und der ästhetischen Lebensanschauung auf. Während er Letztere als unverbindlich-egoistische, in ihrem Kern ›romantische‹ Lebenshaltung beschreibt, ist die Erstere vom »Pflichtbewußtsein für das Wohl der Allgemeinheit geprägt, sie weiß um Wahl und Entscheidung, um Verantwortung und Ernst«.[15]

14 Vgl. Walter Beltz, »Gott und die Götter. Biblische Mythologie«, Berlin 1975. – Diesen Hinweis verdanke ich Silvia Schlenstedt, Berlin. – Vgl. außerdem Fehervary, B 4: 1996; Haas, B 5: 1997; Trapp B 5: 1997.
15 Daniel Hoffmann, in: Sören Kierkegaard, »Christ aus Leidenschaft. Eine Auswahl aus dem Gesamtwerk«, hrsg., übers. und eingel. von Daniel Hoffmann, Berlin 1963 (Ex. Seghers-Radvanyi-Bibliothek).

Ich sehe hier eine ausgeprägte Beziehung zum
Seghers'schen Werk. Ähnlich grundsätzliche Lebensent-
scheidungen haben ihre Figuren immer wieder zu treffen,
von den Demonstranten in *Auf dem Wege zur amerikanischen Botschaft* über *Die Rettung* und *Das siebte Kreuz* bis
hin zu *Die Kraft der Schwachen*. Für Seghers und ihre Gefährten stellte das literarische Werk des Russen Dostojewski
in gewisser Weise das Pendant zur Philosophie Kierkegaards dar. Seghers beschrieb später in ihrem Dostojewski-
Essay (1963) die Faszination, die von diesem Autor und seinen Figuren ausging. Sie schenkte ihrem Mann zu »Ostern
1926« die Dostojewski-Biographie von Eduard Thurneysen, der im Vorwort eine Verbindung zwischen Dostojewski und Kierkegaard herstellt:

> Die seltsamen Ausbrüche einer rätselhaften Mensch-
> heit, wie sie uns Dostojewski zu schauen gibt, haben
> etwas tief Erregendes, Berunruhigendes an sich. [...]
> Nichts Menschliches ist ihm fremd geblieben. [...] er
> hat, ohne Kierkegaard oder Overbeck zu kennen, das
> tiefste Mißtrauen gegen das zur Kirche gewordene
> Christentum in sich getragen und an seiner russischen
> Kirche gerade das geliebt, was *nicht* Kirche ist an ihr,
> den, wie er glaubte, in ihr noch rein erhaltenen Rück-
> verweis auf die kompromißfreie Urgeschichte des
> Christentum. [...] Er hat vor allem die völlige Unter-
> höhlung der wirtschaftlichen Grundlagen, der Zerris-
> senheit der gesellschaftlichen Moral in allen europäi-
> schen Ländern klar erkannt und den Schrei der ge-
> knechteten Menschheit aus der Tiefe vernommen. Er
> hat die Größe des Zorns erschaut, der sich überall an-
> gesammelt hatte auf einen Tag des Zornes. Er hat auch
> das Nahen dieses Tages selber gesehen und seine ganze
> Furchtbarkeit in prophetischen Worten vorausverkün-
> digt. Denn wie nur wenige wußte er um die Gewalt der
> entfesselten Dämonen; er wußte, zu was die Revolte

des aus seinen Kerkern blindwütig ausbrechenden Menschen führen muß. So faßt er in sich zusammen das ganze
vielspältige Streben der europäischen Seele am Ende des
19. Jahrhunderts und hält ihr den Spiegel entgegen. Und
wer hineinschaut, liest etwas von der namenlosen Un-
ruhe, der tiefen Skepsis, der Qual und dem Trotz und der
ungestillten Sehnsucht dieser unglücklichen, den Abgrün-
den des Krieges und der Revolution entgegentreibenden
Epoche.[16]

Für die spirituelle Bedeutung dieser aus dem Christen-
tum gespeisten Anschauungen Kierkegaards und Dostojewskis für Seghers bot ihre jüdische Herkunft, deren Spuren sich ausgeprägt auch in ihrer und ihres Mannes gemein-
samer Bibliothek verfolgen lassen, eine nicht unerhebliche
Voraussetzung – auch wenn sie Mitte der zwanziger Jahre
aus der Israelitischen Religionsgemeinde austrat.[17] Sie ging
damit den Weg der Assimilation, der sie, wie viele Intellektuelle jüdischer Herkunft, dem Emanzipationsversprechen
des Marxismus folgen ließ (vgl. Walter, B 4: 1990; Haller-
Nevermann, B 4: 1997; Einhorn, B 4: 1997). Das eine war
für sie im anderen aufgehoben, und ebenso, wie Seghers lebenslang mit jüdischer Tradition, Kultur und Geschichte
verbunden blieb, war sie auch offen für die dominierende
christliche Tradition der Kultur, in der sie aufgewachsen war

---

16 Eduard Thurneysen, »Dostojewski«, München, 3. Aufl., 1925 (Ex.
   Seghers-Radvanyi-Bibliothek mit Widmung). – Auf Dostojewski kommt
   Seghers immer wieder zurück, sowohl in ihrem erzählerischen wie im es-
   sayistischen Werk. Wie vielschichtig interpretierbar in ihren Augen das
   Werk des russischen Romanciers war, zeigt beispielhaft ihre Darstellung
   der Dostojewski-Lektüre so unterschiedlicher Figuren wie des baltischen
   Adligen Lieven, seiner kurzzeitigen Geliebten Leonore von Klemm und
   deren Nichte Anneliese von Wenzlow in Die Toten bleiben jung.
17 Ihr Sohn Pierre kommentierte diesen Schritt: »Sie wollte keiner religiösen
   Gemeinde angehören. Ihre Haltung zur jüdischen Religion war wohl dieselbe wie zu jeder anderen, etwa der katholischen. Sie interessierte sich für
   alle Religionen, als Schriftstellerin wie auch historisch und kunstgeschicht-
   lich« (Albrecht, B 4: 1990). – Vgl. auch Radvanyi, B 4: 1997.

und deren Kenntnis sie durch ihr Kunstgeschichtsstudium
später vertiefte. Vor allem die bildende Kunst scheint für
Seghers untrennbar mit der spirituellen Dimension des
Glaubens verbunden gewesen zu sein, und die Tendenz,
dies darzustellen, findet sich vor allem in späten Erzählungen wie *Überfahrt* und *Sagen von Unirdischen*. Für das
Verständnis der europäischen Kunstgeschichte ist der Vertrautheit mit der christlichen Ikonographie unerlässlich; das
bedeutet nicht, dass Seghers diese im religiösen Sinne gebrauchte, sondern eben eher im mythologischen Sinne. Neben den Geschichten des Alten und des Neuen Testaments
sind hier vor allem Heiligen- und Märtyrerlegenden interessant; deren Relevanz für das erzählerische Werk müsste
eingehend untersucht werden.

Eine mögliche Perspektive möchte ich an einem Beispiel
zeigen. Weihnachten 1922 schenkte Laszlo Radvanyi seiner
Freundin den Band *Der Heiligen Leben und Leiden. Das
sind die schönsten Legenden aus den deutschen Passionalen
des 15. Jahrhunderts.* Die Heiligen sind hier hierarchisch
geordnet nach ihrer Nähe zu Christus, und das Passional
beginnt mit *Die erste Reihe.*[18] Dem Nachwort des Heraus-
gebers zufolge verstehen sich die Legenden dieser Sammlung ausdrücklich als Dichtung, und zwar als »Dichtung
nicht in dem Sinne einer bestimmten oder gar unserer Zeit,
sondern als epische Darstellung zeitloser Einstellung zu einem Weltbild über allen Sinnen und Grenzen«.[19] Das heißt,

---

18 So nannte übrigens Stephan Hermlin seine Sammlung kurzer Biographien
   antifaschistischer ›Märtyrer‹. Vgl. Stephan Hermlin, *Die erste Reihe,* Berlin
   1951.
19 »Der Heiligen Leben und Leiden. Das sind die schönsten Legenden aus
   den deutschen Passionalen des 15. Jahrhunderts«, ausgew. und übertr. von
   Severin Rüttgers, Leipzig 1922 (Ex. Seghers-Radvanyi-Bibliothek). – Der
   deutschjüdische Philosoph Franz Rosenzweig gebraucht in seinem 1921 er-
   schienenen Hauptwerk »Der Stern der Erlösung« Märtyrer in demselben
   Sinne wie Seghers in ihrem Roman *Die Gefährten* – mit dem signifikanten
   Unterschied, dass Rosenzweig auf einen religiös-theologischen und Seghers

diese Geschichten – die z.T. auf historische, z.T. auf mythologische Vorgaben zurückgehen – gestalten das Thema der Passion und der Erlösung durch das Selbstopfer *im Namen einer menschheitserlösenden Idee,* und das war für Seghers die kommunistische Befreiungsidee, also eine säkularisierte Form. Die Reihe der Märtyrer im Seghers'schen Werk, beginnend mit der »Märtyrerchronik« (Siegfried Kracauer) *Die Gefährten,* lässt sich vor diesem Hintergrund deuten, ebenso die Namen mancher Figuren. Häufig gebrauchte Namen wie Marie oder Andreas verweisen daher nicht nur auf eine kulturgeschichtlich geprägte Figurentypologie, sondern auf eine explizit christliche, eben die kulturell dominierende Tradition. Der Name Andreas bedeutet ›der Männliche, Mannhafte‹; Andreas war einer der Apostel, anwesend bei Kreuzigung, Auferstehung und Himmelfahrt Christi, er starb als Märtyrer, und das Kreuz war sein Attribut (das so genannte Andreaskreuz in Gestalt eines X). Georg, einer der ältesten und bekanntesten Märtyrer, der Drachentöter, ist ebenfalls kenntlich am Kreuz in der Fahne oder auf seinem Schild, er gehört überdies zu den 14 Nothelfern. So lassen sich also – dies wäre eine Bedeutungsschicht von mehreren – die Figuren von Andreas Bruyn, Andreas Bentsch oder Georg Heisler als im Zeichen des Kreuzes stehend begreifen, das auf Passion wie auf Erlösung verweist.

Im Messianismus Blochs verbinden sich, wie bei Kierkegaard in einer an Bildern reichen Sprache, die Traditionen

auf einen säkularisierten, auf die kommunistische Bewegung übertragenen Kontext rekurriert. Für Rosenzweig ist der Märtyrer, also der Blutzeuge, der wahre Zeuge. »So ist die Berufung auf die Märtyrer der stärkste Beweis des Wunders, zunächst auf die Märtyrer, die mit ihrem Martyrium eine Augenzeugenschaft zu erhärten hatten, dann aber weiterhin auch für die späteren, die mit ihrem Blut die Festigkeit ihres Glaubens an die Glaubwürdigkeit derer, die ihnen das Wunder überliefert hatten, also letzthin der Augenzeugen, bewährten; ein Zeuge, für dessen Glaubwürdigkeit andere durchs Feuer gehen, muß ein guter Zeuge sein« (Franz Rosenzweig, »Der Stern der Erlösung«, Frankfurt a. M. 1990).

des Judentums und der kommunistischen Bewegung zur
Konzeption einer umfassenden Befreiungsbewegung. Die
Komplexität der Bloch'schen Theorie, formuliert in seinen
Werken über *Thomas Münzer als Theologe der Revolution*
(1921), *Freiheit und Utopie. Abriß der Sozialutopien* (1946)
bis zu seinem Exilwerk *Prinzip Hoffnung* (entstanden
1938–47), kann hier nicht annähernd gewürdigt werden
(vgl. Haas, B 5: 1997). Wie Bloch hat sich beispielsweise
auch Karl Kautsky in Studien wie *Der Ursprung des Christentums. Eine historische Untersuchung* (1910), *Ethik und
materialistische Geschichtsauffassung. Ein Versuch* (1913)
und *Vorläufer des neueren Sozialismus* (3. Aufl., 1913, Bd. 1:
Kommunistische Bewegungen im Mittelalter, Bd. 2: *Die
deutsche Reformation und Thomas Münzer. Die Wiedertäu-
fer*), die in der Seghers-Radvanyi-Bibliothek vorhanden
sind, mit dem Kommunismus als Urchristentum beschäftigt
und wies kommunistische Ideen im Judentum, in den Anfängen des Christentums und vor allem in den so genannten
Ketzerbewegungen des Mittelalters und der frühen Neuzeit
nach. Wie zeittypisch diese Verbindung von Passion und Erlösung und ihre Übertragung aus dem religiösen und in einen spezifischen sozialrevolutionären politischen Kontext
war, lässt sich exemplarisch zeigen an zwei Ausgaben von
Holzschnittfolgen des belgischen Graphikers Frans Masereel, der während des Ersten Weltkriegs von der Schweiz
aus gegen den Krieg agitierte, die sich beide in der Bibliothek finden: *Die Idee* (1927) und *Die Passion des Menschen*
(2. Aufl., 1924). Hermann Hesses Kommentar zur zweiten
Holzschnittfolge, die auf einfache und eindringliche Weise
die Geschichte eines Arbeiters, der zum Kämpfer und Märtyrer für seine Klasse wird, erzählt, ist aufschlussreich für
die zeitgenössische Perspektive und Sprache: »Denn der
Leidensweg des Menschen, die Passion der Menschwer-
dung, das schmerzliche Unterwegssein auf diesem schweren
Wege, die tausend Aufschwünge, tausend bitteren Rückfälle
– diese Passionsgeschichte ist der einzige und ewige Inhalt

aller Kunst.«[20] Dieser Satz verdeutlicht am Beispiels Mase-
reels ein konstitutives Element des Seghers'schen Schreibens, die Übertragung genuin religiöser Heilserwartung auf
die kommunistischer Utopie im Kontext der 20er-Jahre.
Hesse fährt fort:

Wie aus diesem zweibeinigen, begabten, bösen, gefährlichen, feigen Vieh Mensch jener andere Mensch werden kann, den die Religionen und großen Kulturen
meinen, der Mensch der Idee, der Mensch im Dienst
Gottes, der Mensch der Liebe, Selbstüberwindung und
Güte – diese uralte, ernste, frohe, heilige Geschichte,
von der die Bibeln aller Völker und Zeitalter handeln,
dies Bethlehem, Jerusalem und Golgatha des werden-
den, des sterbenden Menschen ist der Inhalt von Ma-
sereels Kunst, immer und immer wieder. Er redet nicht
von Moses und von den Königen, nicht von den Propheten und nicht vom Heiland, er spricht von sich selber und von uns, seinen Brüdern [!], er spricht vom
Menschen unserer Zeit, wie er inmitten seiner Städte,
seiner Maschinen, seiner Heere und Kasernen, seiner
Fabriken und Zuchthäuser seinen Weg sucht, die Sehnsucht nach Gott im Herzen, von der Welt bald mit allem holdesten Liebreiz angezogen und gefesselt, bald
tief beleidigt und enttäuscht, in hundert Kämpfe verwi-
ckelt, Held und Narr eines ewigen Ideals.[21]

Mit diesen exemplarischen Schlaglichtern auf grundle-
gende, in der Jugend und vor allem der Studienzeit Seghers'
sich ausbildende geistig-seelische Bindungen, die zugleich

20 In: Frans Masereel, »Die Idee«, Einl. von Hermann Hesse, München 1927.
   – Dieses Pathos gehörte übrigens auch zur Sprache Karl Liebknechts, der
   in seinem Aufruf »Trotz alledem!« vom 15. Januar 1919 von der »Welt der
   erlösten Menschheit« nach der siegreichen Revolution schrieb und dabei
   die Wendung gebrauchte: »Noch ist der Golgathaweg der deutschen Arbeiterklasse nicht beendet.« Erwin Piscator deklamierte diesen Aufruf anlässlich einer Veranstaltung der KPD in Berlin zur Reichstagswahl 1928.
21 Ebd.

eine generationsspezifische Typik ausweisen, formierte sich
die Basis für ihr Schreiben, zweifellos bestärkt und gefördert in Diskussionen mit ihrem Mann und anderen Gefährten. Der »chiliastische Mensch« (Helen Fehervary) ist ein
grundlegender Typus im Seghers'schen Werk – übrigens
durchgehend männlich: die einzige Ausnahme bildet die
Figur der Jeanne d'Arc in dem während des französischen
Exils entstandenen Hörspiel. Die messianisch-mystische
Prägung dieses Typus ist wahrscheinlich nicht denkbar ohne
das Wissen und die geistige Sozialisation, die Laszlo Radvanyi aus dem Budapester »Sonntagskreis« mitbrachte, wo
sein Jugendfreund Georg Lukács sein Mentor war, wo über
Dostojewski und Meister Ekkehard vor Hegel und Marx
diskutiert wurde,[22] und seine Dissertation *Der Chiliasmus.
Ein Versuch zur Erkenntnis der chiliastischen Idee und des
chiliastischen Handeln*, die er 1923 bei Karl Jaspers in Heidelberg vorlegte. In der Argumentation dieser Schrift enthielt der Bolschewismus das Potential einer Weiterentwick-
lung des religiösen Chiliasmus (der nach dem Verständnis
der römisch-katholischen Kirche eine Ketzerbewegung dar-
stellte), in welchem der Mensch das ganze Werk der Erlösung selbst zu vollbringen habe, weil er von Gott nichts
mehr erwartet. Diese Überlegungen Radvanyis zeigen eine
deutliche Nähe zu Blochs *Geist der Utopie*, Lukács' *Geschichte und Klassenbewußtsein* und den Gedanken Rosa
Luxemburgs – diese Kontexte spielten auch in den Heidelberger Diskussionen des Kreises um Max Weber eine entscheidende Rolle. Dort beherrschten Lukács und Bloch das
Gespräch, beide galten zu dieser Zeit als Gnostiker. »Wer
sind die vier Evangelisten, fragte man damals: Marcus, Mat-

---

22 Der spätere Kunstsoziologe Arnold Hauser erinnerte sich an die langen
Sitzungen des »Sonntagskreises«: »[...] zehn von den zwölf Stunden
sprach Lukács. Wir redeten nie über Politik, sondern über Literatur, Philosophie und Religion. Damals war noch keiner an Soziologie interessiert
[...]. Die Schutzheiligen der Gruppe waren in jenen frühen Zeiten Kierkegaard und Dostojewski.« Zit. nach: Werner Jung, »Georg Lukács«, Stuttgart 1989.

thäus, Lukács und Bloch.«[23] Es gibt keine Belege dafür, ob
Seghers an diesen Diskussionsrunden teilgenommen hat;
aber jedenfalls verweisen gegenseitige Widmungen in den
Büchern, die sie und ihr Mann sich damals schenkten und in
denen sie sich als »Bruder« und »Schwester« anredeten, auf
die gemeinsame Verankerung in diesem geistigen Kontext.
Während sich für Laszlo Radvanyi die wissenschaftliche Arbeit als Perspektive ergab, war dies für Seghers das Schreiben, und im Unterschied zur wissenschaftlichen Arbeit
Lukács' und Radvanyis, die ihre frühen Positionen weiter-
entwickelten, behielt Seghers das Grundmuster aus der Zeit
ihrer Initiation bei. Mehr noch – in ihrer Textproduktion
wiederholte sie immer wieder das eigene ursprüngliche
Initiationserlebnis am Beispiel von Figuren (vgl. Greiner,
B 5: 1994).

Schreibend die Welt verändern

Die knapp anderthalb Jahrzehnte zwischen Seghers' Über-
siedlung nach Berlin und dem Beginn des Krieges im
Herbst 1939 – damals lebte die Familie in Bellevue bei Paris
– waren mit Seghers' Worten »dicht besetzt«. Ihr Weg aus
dem provinziellen Mainz in die Metropole Berlin, damals
eine der lebendigsten, aufregendsten und weltoffensten
Städte der Republik, führte sie endgültig aus der Enge der
behüteten großbürgerlichen Atmosphäre ihrer Kindheit
und Jugend in eine neue Welt, in der alles möglich schien, in

23 Helmuth Plessner, zit. nach: ebd. – Marianne Weber kommentierte: »Die
jungen Philosophen bewegten eschatologische Hoffnungen auf einen
neuen Gesandten des überweltlichen Gottes, und sie sahen in einer durch
Brüderlichkeit gestifteten sozialistischen Gesellschaftsordnung die Vorbe-
dingung des Heils« (Marianne Weber, »Max Weber. Ein Lebensbild«, Tübingen 1950).

der alles in Bewegung war. Seghers hatte sich dafür entschieden, als Schriftstellerin zu leben und zu arbeiten. Eine
Berufstätigkeit als Kunsthistorikerin, für die sie ausgebildet
war, schien sie keine Sekunde erwogen zu haben. Dennoch
gibt es überraschende Gemeinsamkeiten zwischen ihrem
Schreibstil und manchen gestalterischen und kompositorischen Aspekten von Werken der bildenden Kunst, wie z. B.
die Hell-Dunkel-Kontraste, die Lichtmetaphorik, das Auf-
geladensein von Objekten der Außenwelt mit Wahrneh-
mungen und Emotionen aus Figurenperspektive, die Gestaltung von Tableaus, die bildhaft-konkrete Darstellung
abstrakter Vorgänge. Als ihre Begabung und als ihren Auftrag im Sinn einer inneren Notwendigkeit und ethischen
Verpflichtung erkannte sie das Schreiben, und mit ihrer Zugehörigkeit zur kommunistischen Partei Deutschlands erhielt dieser Auftrag eine deutliche Profilierung.

Als Seghers 1928 den renommierten Kleist-Preis für ihre
Erzählungen *Grubetsch* und *Aufstand der Fischer von
St. Barbara* zugesprochen bekam – eine Auszeichnung, die
vor ihr Autoren wie Alfred Döblin, Leonhard Frank, Carl
Zuckmayer und Arnold Zweig erhalten hatten –, begrün-
dete Hans Henny Jahnn die Entscheidung mit dem Verweis
auf die »leuchtende Flamme der Menschlichkeit« in diesen
Geschichten, die jegliche parteiliche Programmatik über-
strahle.[24] Mit ihren beiden Erzählungen traf Seghers mitten
ins Herz des Lebensgefühls ihrer Zeitgenossen in der von
wirtschaftlichen, sozialen und politischen Krisen erschütter-
ten Weimarer Republik. Die eindringliche Darstellung der
psychischen, sozialen und materiellen Verelendung und der
Notwendigkeit zur Rebellion ist erkennbar geprägt von
den Anschauungen Dostojewskis und Kierkegaards, vom
Grundmuster der Passion und der Erlösung. Allerdings
musste Seghers herbe Kritik aus den Reihen ihrer Genossen
einstecken – eine Kritik, die sich nicht mit der literarischen

---

24 »Kleist-Preis«, in: »Der Schriftsteller« (1928) H. 11/12.

Gestaltung auseinandersetzte, sondern die ideologisch argumentierte. Immer wieder sah sich die Schriftstellerin Seghers in der Situation, ihre eigene Erfahrung als Grundlage ihres Schreibens und die aus dem jeweiligen Stoff entwickelte ästhetische Gestaltung gegen ideologische Vorgaben zu verteidigen – am eindrücklichsten in ihrem Briefwechsel mit Georg Lukács, dem führenden Literaturtheoretiker der KP. Eigenwillig ging sie ihren Weg, vertraute ihrer Gestaltungskraft, experimentierte mit avantgardistischen Schreibweisen auf der Grundlage ihrer Auffassung von realistischer Literatur und verarbeitete Einflüsse des Expressionismus, der dokumentarischen Literatur, der Montagetechnik, die Filme wie Eisensteins *Panzerkreuzer Potemkin* und Pudowkins *Sturm über Asien* prägten. In dem Roman *Die Toten bleiben jung* wird der junge Hans durch seinen Mentor Martin auch über diese Filme an die kommunistische Bewegung herangeführt. Die Sprache Büchners und Kleists, die großen Gesellschaftsromane von Dostojewski und Tolstoi, Balzac und Flaubert, aber auch die zeitgenössische nordamerikanische Großstadtprosa eines John Dos Passos oder Upton Sinclair beeindruckten Seghers tief und formten ihre Vorstellung von einer zeitgenössischen Literatur, die nicht nur beschrieb, was sie vorfand, sondern »beschreibend zu verändern« suchte (*Kleiner Bericht aus meiner Werkstatt*, 1932).

Ihr erster Roman *Die Gefährten* erschien Ende 1932. In ihrer außerordentlich vielschichtigen Prosa bis zu der Emigration arbeitete Seghers auch Schritt für Schritt ihre eigene Entwicklung auf mit der ihr innewohnenden Komplexität: in ihren Figuren gestaltete sie die eigene Sehnsucht nach Gemeinschaft, Gerechtigkeit und Erlösung, die aus jener »ethischen Lebenshaltung« gespeist war, die ihr durch Kierkegaard vertraut war; sie gestaltete jene tiefe Verzweiflung, aus der wie ein Naturgesetz die Rebellion erwächst, die sie bei Dostojewski gefunden hatte, und sie wurde zur Chronistin der Passionsgeschichten ihrer Zeit, deren messianische

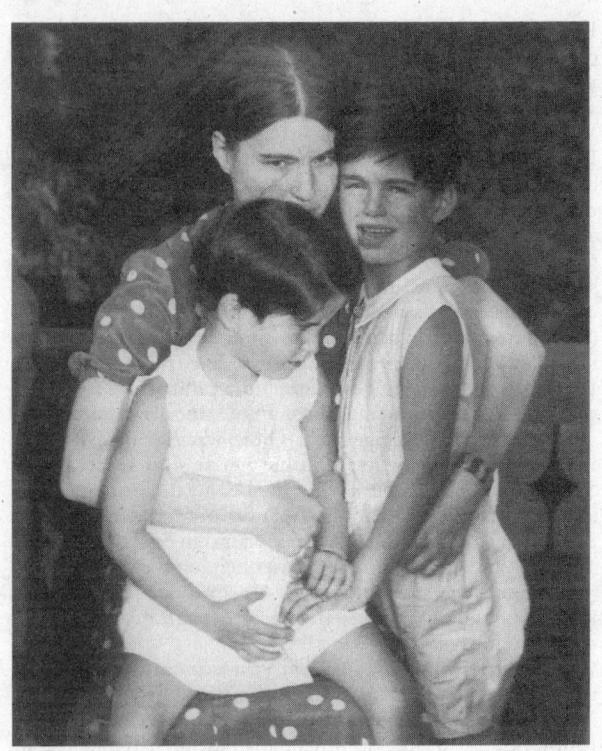

Seghers mit den Kindern Pierre und Ruth, um 1932

Hoffnung sich nicht auf Gott, sondern auf die Kraft und den Mut von Menschen zur Veränderung von Grund auf richtete. Ihr Roman *Die Gefährten,* den Kracauer eine »Märtyrerchronik« nannte, realisiert wie kein anderes ihrer Werke dieses Grundmuster in avanciertester Gestaltung. Damit legte Seghers nachvollziehbar ihre eigene Motivation dar, die sie 1928 zum Anschluss an die KPD geführt hatte: nicht die politischen Ziele, die ökonomischen Theorien oder die Geschichtsphilosophie der kommunistischen Partei, sondern der tiefe menschliche Respekt, den sie angesichts der Kämpfe und Opfer ihrer Gefährten für diese empfand, bewogen sie dazu. In der KPD, die damals eine Massenorganisation war, sah sie – und mit ihr viele bürgerliche Intellektuelle und Künstler ihrer Generation – eine Partei, deren ethische Werte durch die politische Macht ihrer Organisation eine tatsächliche Chance zur grundlegenden politischen Veränderung bot. Wie für andere linke Intellektuelle jüdischer Herkunft verband sich auch für Seghers mit diesem Schritt – ob bewusst oder unbewusst – die Hoffnung auf die Emanzipation vom Judentum, die Aufhebung der stigmatisierten Außenseiterexistenz durch die Teilhabe am Kampf für Gleichheit und Gerechtigkeit (vgl. Spies, B 5: 1993; Hilzinger, B 4: 1997). Im Bund Proletarisch-Revolutionärer Schriftsteller (BPRS), dessen Gründungsmitglied sie 1929 wurde, fand sie jene »revolutionäre Gemeinschaft«,[25] in der sie Gefährtin unter Gefährten war und wo sie ihre eigene schriftstellerische Arbeit sinnvoll verankern konnte. Gleichwohl haben literaturtheoretische Positionen und Diskussionen sie nie besonders interessiert. Indem sie die politische Arbeit ihrer Genossinnen und Genossen teilte, erhielt sie Einblicke in deren Leben; sie trat als Rednerin bei politischen Veranstaltungen auf, beteiligte sich an Massenaktionen, nahm als Delegierte an Kongressen teil,

---

25 Anna Seghers, »Lebendige Erinnerung«, in: »neue deutsche literatur« 26 (1978) H. 11.

sprach im Rundfunk, schrieb für die Tagespresse und für Illustrierte Artikel und Rezensionen. Ihr politisches Engagement gründete sich auf die säkularisierte Erlösungshoffnung, auf die Rebellion gegen Ungerechtigkeit, Elend und Unfreiheit, deren soziale und gesellschaftliche Bedingtheit sie selbstverständlich sah und begriff, die aber für sie vorrangig mit der Sehnsucht nach Gemeinschaft und existentieller Befreiung verbunden war.

Seghers führte das Leben einer politisch engagierten Schriftstellerin und einer selbstbewussten modernen Frau der 20er-Jahre. Ihre beiden Kinder Peter und Ruth, geboren 1926 und 1928, blieben in der Obhut der Kinderfrau Gaya, während sie schrieb oder reiste, wie z. B. zur Präsentation der englischen Ausgabe ihrer preisgekrönten Erzählung *Aufstand der Fischer nach Santa Barbara* nach London auf Einladung des PEN-Clubs oder zur II. Konferenz Proletarisch-Revolutionärer Schriftsteller nach Charkow.

Vaterlandsliebe

Der Wahlsieg der NSDAP im Januar und der Reichstagsbrand im Februar 1933 wurden von vielen Linken noch nicht als jener totale Bruch mit den freiheitlichen demokratischen Traditionen, mit der Assimilation und der Achtung der Menschenwürde erkannt, als der das Dritte Reich sich schließlich erweisen sollte. Als Jüdin und Kommunistin doppelt bedroht, emigrierte Seghers mit ihrer Familie noch 1933 und es begannen die Jahre des Exils, die zu einer außerordentlich produktiven Schaffenszeit wurden. Die Verfolgung und Vertreibung durch den Nationalsozialismus, einschließlich der Ausgrenzung als Jüdin, die ihr das Heimatrecht absprach nicht nur im Hinblick auf das Land, in dem sie geboren und aufgewachsen war, sondern auch im Hinblick auf die kulturellen Traditionen, denen sie sich als Schriftstellerin deutscher Sprache zugehörig fühlte, bewirkte eine leidenschaftliche Intensivierung ihrer *Vaterlandsliebe* – so der Titel ihrer Rede auf dem I. Internationalen Schriftstellerkongress zur Verteidigung der Kultur 1935 in Paris. Auf die massive Infragestellung ihrer Identität als deutsch-jüdische Schriftstellerin reagierte Seghers mit einer Reihe von Deutschlandromanen, geschrieben im Exil, in denen sie sich ihres Heimatbezugs vergewisserte. Vom *Kopflohn* über *Die Rettung* und *Das siebte Kreuz* bis zu *Die Toten bleiben jung* schuf Seghers Zeit- und Gesellschaftsromane von großer Eindringlichkeit und Lebendigkeit. *Vaterlandsliebe* ist auch *ein* Thema in dem Mitte der 20er-Jahre entstandenen Hörspiel über Jeanne d'Arc, deren Widerstandshaltung durch ihren leidenschaftlichen Patriotismus motiviert ist.

Für die Emigranten, die mit einer kurzen Dauer des Exils gerechnet hatten, wurde bald zur Gewissheit, dass der Nationalsozialismus sich eine Massenbasis in der deutschen Bevölkerung geschaffen hatte, seine Gegner systematisch verfolgte und ausrottete und sich zum Krieg gegen andere Völker rüstete. Seghers modifizierte und intensivierte die Grundintention ihres Schreibens aus der Zeit der Weimarer Republik, sie erweiterte ihr Arsenal an Formen, Stilmitteln und Schreibweisen, was eher untypisch für die deutschsprachige Exilliteratur war. Passion und Erlösungshoffnung als Gestaltungsmomente ihrer Figuren erfuhren angesichts der Erfahrung des Nationalsozialismus in Deutschland eine ethische Vertiefung über die antifaschistische Profilierung hinaus, was sich am überzeugendsten in *Das siebte Kreuz* zeigt, jenem »Heimatroman aus Hitlerdeutschland« (Frank Benseler). Seghers gelang mit diesem bedeutendsten ihrer Exilwerke ein Zeugnis eigener Vaterlandsliebe, die sie, die Jüdin und Kommunistin, an diesem Land als ihrer Heimat festhalten ließ, weil es dort noch Menschen gab, die auch

unter dem Nazi-Regime ihr Mitleid und ihre Solidarität mit
einem Flüchtling zu dessen Rettung zu mobilisieren vermochten (vgl. Hilzinger, B 5: 1990b).

Während der Jahre im französischen Exil bis zur Besetzung und Kapitulation Frankreichs lebte Seghers mit ihrer
Familie in Bellevue bei Paris, wohin sie sich Möbel, Haus-
rat und Bücher mit Hilfe von Freunden und ihren Eltern
schicken ließ. Ihre Familie hatte für Seghers eine große Bedeutung. Nicht nur in Berlin, sondern auch während der
Emigration in Bellevue, in Pamiers in den Pyrenäen, und
später in Mexico City gelang es ihr, ein Zuhause und einen
geregelten Alltag vor allem für die Kinder zu schaffen.
Während der Arbeit und den Reisen der Eltern versorgte
Gaya die Kinder. Die KP-Emigranten organisierten rasch
und effektiv die antifaschistische Arbeit im Exil und bildeten eine relativ abgeschlossene Gruppe. Seghers beteiligte
sich an der politischen Arbeit, publizierte zahlreiche Artikel wie den für die Freilassung des von den Nazis später ermordeten KP-Führers Ernst Thälmann oder den Nachruf
auf den im Spanienkrieg erschossenen kommunistischen
Reichstagsabgeordneten Hans Beimler. Ihre literarischen
Veröffentlichungen brachte sie, wie die meisten anderen
emigrierten AutorInnen, in der antifaschistischen Exil-
presse und den wenigen literarischen Exilzeitschriften
unter, wie in den *Neuen deutschen Blättern* (Prag), deren
Mitherausgeberin sie war, oder in den in Moskau erschei-
nenden deutschsprachigen Zeitschriften *Das Wort* und *Internationale Literatur*. Ihre Romane erschienen in deutscher Sprache in Exilverlagen wie Querido (Amsterdam)
oder Editions du carrefour (Paris). Im Sommer 1934, nach
dem Aufstand gegen das Dollfuß-Regime, reiste Seghers
nach Österreich und recherchierte für die Erzählung *Der
letzte Weg des Koloman Wallisch* und den Roman *Der Weg
durch den Februar*, und 1935 hielt sie sich zu Recherchen
für den Bergarbeiterroman *Die Rettung* im belgischen
Bergbaugebiet Borinage auf. Ob sie am Weltkongress der

Frauen gegen Krieg und Faschismus teilnahm, den Gertrude Duby, damals Sekretärin des der KPD nahestehenden
Komitees der Frauen gegen den Krieg, 1934 in Paris organisierte, ist nicht bekannt. Es wäre aber vorstellbar, dass sie
die reportagehafte Erzählung *Frauen und Kinder in der
Emigration* dort vortrug.[26]

Seghers' Rede *Vaterlandsliebe* vom Mai 1935 verdeutlicht
aufs klarste die damalige Haltung der Emigrantin zu ihrem
Heimatland.

> Fragt erst bei dem gewichtigen Wort ›Vaterlandsliebe‹,
> was an Eurem Land geliebt wird. Trösten die heiligen
> Güter der Nation die Besitzlosen? [...] Tröstet die
> ›heilige Heimaterde‹ die Landlosen? Doch wer in unse
> ren Fabriken gearbeitet, auf unseren Straßen demon
> striert, in unserer Sprache gekämpft hat, der wäre kein
> Mensch, wenn er sein Land nicht liebte. Schriftsteller,
> denen dieses Doppelwesen entgeht, schildern das Trug
> bild einer scheinbar einheitlichen Gemeinschaft und
> den Krieg als ihre höchste Erfüllung. (KuW 1)

Während des spanischen Bürgerkriegs reiste Seghers zum
II. Internationalen Schriftstellerkongress zur Verteidigung
der Kultur, der im Sommer 1937 in den republikanischen
Städten Madrid, Barcelona und Valencia stattfand. Die
kleine Erzählung *Wiedersehn* und die interne Chronologie
des Romans *Das siebte Kreuz* zeugen von der nachhaltigen
Wirkung, die das, was sie dort sah und erlebte, auf Seghers
hatte. Auch noch in späteren Interviews betonte sie die Bedeutung des internationalen bewaffneten Kampfes gegen
die Faschisten in Spanien, an dem sich auch deutsche und
deutschjüdische Emigranten beteiligten.

---

26 Vgl. Silvia Pappe, »Gertrude Duby-Blom – Königin des Regenwaldes.
Eine Biographie«, Bern/Dortmund 1994. – Duby organisierte einen zweiten Frauenkongress gegen den Krieg 1938 in Marseille. Sie emigrierte später nach Mexiko, wo sie zum Kreis der deutschen Emigranten gehörte und
u. a. mit Steffie Spira befreundet war.

In den Jahren bis zum Kriegsbeginn entstanden neben den Deutschlandromanen zahlreiche Reden und Artikel gegen das Nazi-Regime, die beiden Hörspiele und mehrere Erzählungen (einige davon unter neuen Pseudonymen). Befreundete Genossinnen wie Lore Wolf oder Friedel Kantorowicz schrieben Seghers' Manuskripte ins Reine.

Die Entfernung von Deutschland nahm für die Exilierten zu, und das bedeutete auch, dass es immer schwieriger wurde, über Land und Menschen zu schreiben. Das Leben und Arbeiten in den Exilländern, auch in Frankreich, wurde zunehmend komplizierter, und zur Verschärfung der materiellen Lage kam die Ungewissheit, wie es überhaupt weitergehen würde. Seghers und ihre Familie lebten damals hauptsächlich von Mitteln ihrer Eltern in Mainz und vermutlich auch der Partei, hinzu kamen Honorare, die sie vor allem aus der Sowjetunion für dort publizierte Texte erhielt.

Verratsschock und Krise

Im August 1939 hatten Hitler und Stalin einen Nichtangriffsvertrag geschlossen. Die Zeit zwischen diesem Pakt und dem Überfall der Wehrmacht auf die Sowjetunion im Juni 1941 bedeutete eine enorme Irritation für Kommunisten, und nicht wenige, die sich im sowjetischen Exil in Sicherheit wähnten und nun von den Sowjets an das Nazi-Regime ausgeliefert wurden, kostete dieser Pakt das Leben. Manche, wie Gustav Regler, Arthur Koestler, Ervin Sinkó oder Manès Sperber, verließen die KP und kündigten ihr Einverständnis mit der stalinistischen Politik und den Repressionen gegen die eigenen Leute auf. In der Folge entstanden in der antifaschistischen Emigration gewissermaßen zwei Lager, ein stalinistisches und ein antistalinistisches, die sich politisch und persönlich bekämpften. Seit den frühen 30er-Jahren waren Informationen über die stalinistischen Schauprozesse gegen so genannte ›Abweichler‹ und ›Trotz-kisten‹ in der politischen Öffentlichkeit im Allgemeinen und der kommunistischen Emigration im Besonderen sehr zwiespältig aufgenommen worden. In dieser Zeit, in der der Kampf gegen den zum Krieg rüstenden Nationalsozialis-mus alle verfügbaren Kräfte benötigte, waren viele Kom-munisten bereit, ihre Verstörung angesichts der stalinisti-schen Säuberungen zurückzustellen – die ja nicht nur in der Sowjetunion, sondern auch in Spanien, Frankreich, Mexiko und anderen Exilländern stattfanden und unter den Kom-munisten Angst vor Denunziation und um ihr Leben schür-ten. Der Nichtangriffsvertrag zwischen Hitler und Stalin bildete den vorläufigen Höhepunkt dieser Entwicklung. Für die kommunistischen Emigranten in Westeuropa be-deutete dieser Pakt, dass die Sowjetunion, ihr ›Mutterland‹, sie preisgab in ihrem Kampf gegen das Nazi-Regime. Diese Preisgabe war lebensgefährlich. Zahlreiche der in stalinisti-schen GULAGs inhaftierten deutschen Kommunisten wur-den nun an die Gestapo ausgeliefert und, wenn sie nicht gleich erschossen wurden, in nazistischen KZs interniert. Die Kommunistenverfolgung in der Sowjetunion unter Stalin forderte kaum weniger Opfer als die unter Hitler. Für die Kommunisten im Exil entstand eine paradoxe Si-tuation zwischen Scylla und Charybdis. Sie waren umstellt von Gefahren für Leib und Leben, und es war fast unmög-lich, zu erkennen, was zu tun war, und wem man vertrauen konnte.

Für Seghers bedeutete der Verrat durch die Sowjetunion allem Anschein nach eine existentielle Krise, die in ihrem Roman *Transit*, wenn auch verdeckt, Gestalt annahm. In der späteren Erzählung *Die Kastanien* fand Seghers hingegen für den Hitler-Stalin-Pakt die fast schon euphemistische Deutung, dass die Kommunisten für Stalin die Kastanien aus dem Feuer zu holen hatten. Seghers' Briefe aus der Entstehungszeit des Romans 1940/41 dokumentieren ihre tiefe Depression angesichts dieser Katastrophe. Dass sie dennoch nicht mit der Partei brach, kann als Reflex ihrer realistischen Einschätzung gelten, dass sie ohne den Schutz und die Unterstützung durch die Partei und die Genossen dem Inferno von Krieg und Verfolgung rettungslos ausgeliefert gewesen wäre. Ich stimme Hans Albert Walter darin zu, dass vor allem die jüdische Herkunft Seghers' bei dieser Entscheidung, sich von der KPD nicht loszusagen, eine zentrale Rolle gespielt hat. Denn für Seghers, wie für zahlreiche andere Kommunisten jüdischer Herkunft, bedeutete die Zugehörigkeit zur internationalen kommunistischen Bewegung die Emanzipation vom Judentum. Der nationalsozialistische Antisemitismus aber machte deutlich, dass es keine Lösung mit Judentum gab, und daher musste für jüdische Kommunisten »der Kommunismus mit seinem Emanzipationsversprechen [als] ein lebensrettender Damm [erscheinen], der einzige, der ihn vom weltweit wachsenden Antisemitismus trennte« (Walter, B: 1990).

Wenn auch der Verratsschock durch die Sowjetunion nicht zu äußeren Konsequenzen führte, so war es doch für Seghers eine innere Notwendigkeit, ihre Erfahrung zu gestalten, ihre inneren Bindungen zu überprüfen und sie entweder zu kappen oder neu zu befestigen. Dies konnte aus begreiflichen Gründen nicht offen, sondern musste in verdeckter Weise geschehen. Der Roman *Transit* ist durchzogen von erzählerischen Variationen zum Thema Treue und Verrat, Bleiben und Im-Stich-Lassen – ein Thema, das Seghers von da an immer wieder beschäftigen und ihr erzählerisches Grundmuster auf spezifische Weise modifizieren wird. Ihr gesamtes Werk ist der Chronik gescheiterter Kämpfe um ein gerechtes, menschenwürdiges Leben gewidmet, und ihre erzählerische Analyse gilt dabei, vom *Aufstand der Fischer von St. Barbara* an, den strukturellen wie individuellen Ursachen des Scheiterns und der Niederlagen. Was sich verändert, sind die Erklärungsmuster, und an dieser Veränderung lässt sich die zunehmende Desillusionierung durch den Parteikommunismus festmachen. In den letzten Jahren der Weimarer Republik und bis in die 30er-Jahre, als der Nationalsozialismus sich etablierte und schließlich auf der Höhe seiner Macht war, gestaltete Seghers in den Schicksalen ihrer Märtyrerfiguren der Revolution das unausweichliche Scheitern an der Übermacht der Gegner. Die traumatische Erfahrung des Hitler-Stalin-Pakts veränderte ihr Erzählmuster dahingehend, dass sie das Scheitern der Bewegung, den Tod oder die lebenslange Beschädigung von Genossen mit dem Verrat aus den eigenen Reihen in Verbindung brachte. Dieses Muster, das in *Transit*, in *Die Saboteure* und *Das Ende* noch während der Exilzeit Gestalt annimmt, behielt Seghers auch weitgehend in den später in der DDR entstandenen Erzählungen bei, in denen sie sich mit ihrer Erfahrung des Stalinismus auseinander setzte, vor allem in *Das Licht auf dem Galgen* (vgl. Hilzinger, B 4: 1997).

Nach der Kapitulation Frankreichs im Sommer 1940 begann eine Odyssee, die Seghers mit ihren Kindern, nachdem sie aus dem besetzten Paris geflohen waren, zunächst in das unbesetzte Gebiet jenseits der Loire in das Städtchen Pamiers, dann nach Marseille führte. Ihr Mann wurde, wie alle ›feindlichen Ausländer‹, im Süden Fankreichs interniert; von Januar 1940 bis Ende des Jahres war er in dem Internierungslager Le Vernet, bis Frühjahr 1941 in Les Milles. Seghers' Briefe an Freunde und Kollegen wie Becher, Weiskopf und Uhse und andere berichten von den Schwierigkeiten des alltäglichen Lebens und von der Todesangst, in der sie lebte und die sie schreibend zu überwinden versuchte. Aus den Berichten anderer Emigranten wie z. B. *Der Teufel in Frankreich* von Lion Feuchtwanger kann man sich noch heute ein anschauliches und beklemmendes Bild von der ausweglosen Situation im besetzten Frankreich machen. Die amerikanische Organisation »Joint Antifascist Refugee Committe«, deren Außenstelle in Marseille Noël Field leitete, verhalf Seghers und ihrer Familie schließlich zu einem Visum für Mexiko, das der mexikanische Konsul in Marseille, Gilberto Bosques, ausstellte. Die Bemühungen um Visa für die USA – Seghers berichtet darüber in Briefen an Weiskopf und Herzfelde – waren erfolglos geblieben: Seghers, wie auch andere kommunistische Emigranten, wurde in den Unterlagen der amerikanischen Behörden als »camouflaged Communist« geführt und galt als »a Stalinist writer« (vgl. Stephan, B 4: 1993 und 1998).

Im März 1941 gelang es Seghers, für sich und ihre Familie eine Schiffpassage auf dem Frachtschiff »Capitaine Paul Lemerle« zu erhalten, die von der Ligue of American Writers bezahlt wurde. Reisegefährten waren u. a. Alfred und Friedel Kantorowicz, Claude Levi-Strauss, André Breton mit Frau und Kind, Victor Serge mit seinem Sohn. Auf dem Schiff herrschten katastrophale Verhältnisse. Über Martinique, Santo Domingo und Ellis Island ging die Fahrt, die schließlich nach Mexiko führte, wo die Flüchtlinge im Juni 1941 ankamen. Aus den späteren Berichten der Seghers-Kinder über die Internierungen in Martinique und der den USA vorgelagerten Insel Ellis Island lässt sich entnehmen, in welcher physischen und psychischen Verfassung die Gruppe sich befand. Der Abschied von Frankreich, das sie sehr liebte, und vom europäischen Kontinent war für Seghers auch deshalb unendlich leidvoll, weil ihre Bemühungen, Visa für ihre Mutter zu bekommen, erfolglos geblieben waren.

Deutschjüdische Identität angesichts der Shoah

Für Seghers, ihren Mann und ihre Kinder bedeutete die Ankunft in Mexiko nicht nur die Rettung vor der Verfolgung durch die Nazis, sondern auch eine Art »Kulturschock« (Christiane Zehl Romero); sie wussten nichts von diesem Land und seiner Kultur, kannten seine Sprache nicht. Dass die antifaschistischen Flüchtlinge aus Europa in Mexiko Aufnahme fanden, hatten sie dem Einsatz der mexikanischen Gewerkschaften und Regierung zu verdanken. Während der Regierungszeit des Präsidenten Lazaro Cárdenas war in Mexiko ein demokratisches sozialistisches Land entstanden. Als einziger Staat hatte Mexiko schriftlich beim Völkerbund gegen den Anschluss Österreichs protestierte, und ebenfalls als einziges Land war Mexiko bereit gewesen, nach der Niederlage der republikanischen Spanien 1939 etwa 1500 Interbrigadisten aufzunehmen. Seit 1940 setzte sich der Gewerkschaftsführer Vincente Lombardo Toledano mit Unterstützung von Cárdenas dafür ein, eine Gruppe von deutschen Exilanten mit Notvisen auszustatten und für ihre Überfahrt aus Frankreich nach Mexiko zu sorgen. Dabei handelte es sich in der Hauptsache um verfolgte Parteikommunisten und Funktionäre nicht nur aus Deutschland und Österreich, sondern auch aus anderen europäischen Ländern, denen die Auslieferung an die Nazis drohte. Aufnahme fanden aufgrund der liberalen Asylpraxis aber auch Exkommunisten wie Regler (der im Spanienkrieg politischer Kommissar bei den Interbrigaden war), Anarchosyndikalisten, Linkssozialisten, Trotzki selbst (der in Mexiko einem Attentat zum Opfer fiel) sowie trotzkistische und andere nicht zur stalinistisch geprägten kommunistischen Bewegung gehörende Linke wie Otto Rühle und Alice Rühle-Gerstel. Zwischen den der stalinistischen Linie angehörenden Kommunisten und den Antistalinisten gab es starke politische Spannungen. Für die durch den deutsch-

sowjetischen Nichtangriffspakt hochgradig verunsicherten
Kommunisten entwickelte sich nach dem Überfall auf die
Sowjetunion im Juni 1941 zunehmend die große Hoffnung,
die auch Seghers teilte, dass damit die Niederlage der Wehrmacht besiegelt sei. Zugleich waren durch diese entscheidende Wendung des Krieges die durch den Nichtangriffspakt verunklarten Fronten wieder eindeutig geworden: der
Kampf gegen den Nazismus und der Einsatz für die
Sowjetunion und die Übereinstimmung mit der KP-Politik
waren wieder miteinander identisch.

Die deutschen und österreichischen kommunistischen
Emigranten bildeten, entgegen den Kominternregeln, eine
eigene kleine Kolonie unter der Leitung von Leo Katz, sie
organisierten politische und kulturelle Zusammenschlüsse
und Veranstaltungen wie den Heinrich Heine-Klub, dessen
Präsidentin Seghers wurde, die Zeitschrift *Freies Deutschland* und den Exilverlag El libro libre, den Walter Janka
leitete. Mit Lesungen, Theateraufführungen, Diskussions-
abenden schufen die Emigranten eine Insel ihrer eigenen,
deutschsprachigen Kultur und versuchten zugleich, diese
den Menschen ihres Gastlandes nahezubringen. Die Isolation und die Enge des Emigrationslebens hatte sich gegenüber Frankreich deutlich verschärft (vgl. Stephan, B 4: 1993;
Ziehharmonika, B 4: 1998; Pohle, B 4: 1986; Patka, B 4:
1999). Wie Alexander Stephan recherchiert hat, haben die
Geheimdienste der Exilländer, allen voran das FBI, die Exilierten überwacht. Den Akten ist zu entnehmen, dass das
FBI eine Bedrohung der Demokratie durch die »Communi-
niazis« befürchtete. Seit Beginn der 40er-Jahre hat das FBI
eine rund 1000 Blatt umfassende Akte zu Seghers angelegt,
die Überwachung begann während der Überfahrt nach Ellis
Island und setzte sich fort während ihres Exils in Mexiko.
Mit den üblichen Mitteln wie Postzensur, Überwachung
von Wohnungen und Personen, Auswertung der Exilpubli-
kationen usw. legten die Geheimdienstagenten eine Mate-
rialsammlung an, der wir nicht nur wichtige Informationen

verdanken, sondern auch z. T. erste englische Übersetzungen von Seghers-Erzählungen. Vor allem die Briefwechsel Seghers' mit Genossen, Freunden und Verwandten – auch wenn etwa ein Drittel des Materials unleserlich gemacht worden ist zum Schutz noch lebender Personen – geben unschätzbare Einblicke nicht nur in ihre Arbeitspläne und ihre Lebensumstände, sondern auch in ihre »verzweifelten Versuche [...], ihre in Mainz zurückgebliebene Mutter vor der Deportation in ein deutsches Vernichtungslager zu retten« (Stephan, B 4: 1993). Nicht nur die Mutter, sondern auch Radvanyis Schwester, Lili Szondi, mit der Seghers seit den Studienjahren eng befreundet war, und ihre Familie wurden deportiert. Dass sie überlebt haben, erfuhr Seghers erst nach Kriegsende.

Nach der Ankunft in Mexiko wurden Seghers, Radvanyi und ihre Kinder zunächst von befreundeten Familien aufgenommen, später dann bezogen sie in Mexico City eine eigene Wohnung, zuerst in der Calle Rio de la Plata 25, ab 1943 dann in der Avenida Industria 215. Ruth Radvanyi erinnerte sich später: »Bis unsere Eltern genügend verdienten, lebten wir von Solidarität« (*Anna Seghers*, B 3: 1994).

Die Jahre in Mexiko waren für Seghers keine guten Jahre, wenngleich durch den großen Erfolg ihres Romans *Das siebte Kreuz*, der zuerst in englischer Sprache, dann in Spanisch und Deutsch erschien, ihre materielle Lage sich konsolidierte. *Das siebte Kreuz*, in den USA auch als Comicstrip verbreitet und von dem österreichischen Emigranten Fred Zinnemann erfolgreich verfilmt, war ein Weltbestseller, lange bevor das Buch seine deutsche Leserschaft erreichte. Seghers organisierte, wie sie es schon in Frankreich getan hatte, das Alltagsleben ihrer Familie, gemeinsam mit mexikanischen Hausangestellten. Die Kinder besuchten eine französische Schule, das Liceo franco-mexicano, was ihnen nach dem Krieg das Studium in Frankreich ermöglichte, wo sie aufgewachsen waren. Radvanyi setzte seine wissenschaftliche Arbeit und seine Lehrtätigkeit fort.

Im Juni 1943, kurz nachdem sie von der Deportation ihrer Mutter erfahren hatte, wurde Seghers von einem Auto auf dem Paseo de la Reforma, einer der größten Straßen in Mexico City, angefahren und schwer verletzt. Ob es ein Unfall, ein Selbstmordversuch oder gar ein Attentat war, ist bis heute nicht geklärt. Eine schwere Amnesie sowie eine Verletzung der Augennerven waren die Folgen. Während ihrer Genesungszeit schrieb sie die beiden Erzählungen *Ausflug der toten Mädchen* und *Post ins gelobte Land* – die Trauerarbeit einer jüdischen Überlebenden angesichts der Shoah, der ihre Mutter, Verwandte und Kindheitsfreundinnen zum Opfer gefallen waren.

Etwa ab Mitte 1942 gelangten Nachrichten über den systematisch organisierten Völkermord an den Juden an die westliche Öffentlichkeit. Die Exilgruppe um die Zeitschrift *Freies Deutschland* hatte sich der Skepsis jüdischer Emigranten gegenüber den exilierten deutsch-österreichischen Antifaschisten mit in der Geschichte des KPD-Exils einzigartigen Bündniskonzepten und Initiativen zur Bestimmung des Verhältnisses von Deutschen und Juden gewidmet. Das Politbüromitglied Paul Merker veröffentlichte im Herbst 1942 einen programmatischen Katalog, der sich weitgehend der jüdischen Interessen annahm (darunter die Anerkennung der zionistischen Nationalstaatslösung in Palästina und die Option einer materiellen Entschädigung für Juden durch eine künftige deutsche Regierung) und dadurch zu einer Intensivierung des deutschjüdischen Dialogs im mexikanischen Exil beitrug. Mitglieder der KPD/Ö-Gruppe, die jüdischer Herkunft waren (das waren die meisten), traten jüdischen Organisationen bei, wie etwa Egon Erwin Kisch. Seghers hingegen verhielt sich distanziert zu Merkers Initiative, aber auch bei ihr hatte der nazistische Antisemitismus Grundfragen ihres Selbstverständnisses berührt; sie setzte sich literarisch und publizistisch damit auseinander – schon bevor überhaupt die Möglichkeit einer Rückkehr nach Deutschland Gestalt angenommen hatte. In *Ausflug der toten Mädchen* vergewisserte sie sich ihres Verhältnisses zur deutschen Heimat, und in dem Aufsatz *Deutschland und wir* bekannte sie sich zu Deutschland und zur Aufgabe seiner Entfaschisierung. Damit distanzierte sie sich von der verbreiteten Haltung jüdischer Emigranten, die kulturelle Bindung an die deutsche Herkunft, nicht aber ihr Selbstverständnis als Deutsche aufrechtzuerhalten. In dem Aufsatz *Freies Deutschland 1792* erinnerte sie am Beispiel der Mainzer Republik an die freiheitlich-demokratischen Traditionen ihrer Heimat, und in ihrem Lessing-Aufsatz dachte sie über ein literarisches Konzept nach, das der selbstgestellten Aufgabe gerecht werden könnte, ihre Landsleute, vor allem aber die Jugend, die während der Nazi-Zeit aufgewachsen und erzogen war, mit jenem anderen Deutschland vertraut zu machen, dessen Repräsentanten und Traditionen die Nationalsozialisten vertrieben und ausgerottet hatten.

Seghers befand sich in der paradoxen, aber gleichwohl verständlichen Situation, am Konzept der Assimilation festzuhalten, obwohl dessen Scheitern (jedenfalls in Deutschland) auch in ihren Augen unwiderlegbar feststand – aber sie sah keine Alternative dazu. Sie begriff sich als Deutsche, und dies nicht nur, weil sie als Schriftstellerin vor allem in der deutschsprachigen Kultur verwurzelt war, sondern weil sie dieses Land, das ihre Heimat war, liebte und aus dieser Vaterlandsliebe heraus eine Verantwortung für seine Zukunft empfand. Ihr Selbstverständnis als Deutsche war für Seghers keine Frage der Staatsbürgerschaft: durch Heirat war sie Ungarin geworden, und noch 1946 nahm sie die mexikanische Staatsbürgerschaft an. Sie hatte zwar mit den Jahren dieses Land, seine Kultur, Landschaften und Menschen lieben gelernt, aber als ihre Heimat sah sie Deutschland. Noch in Mexiko schrieb sie den großen Deutschlandroman *Die Toten bleiben jung*, mit dem sie, wie sie es in

dem Aufsatz *Aufgaben der Kunst* auch als eigene Aufgabe
formuliert hatte, sich an der Aufklärung und Umerziehung
der deutschen Jugend beteiligen wollte.

Nach der militärischen Niederlage des Nationalsozialis-
mus wurde die Möglichkeit der Rückkehr Realität. Seghers'
Kinder gingen zum Studium nach Paris, Ende 1945 ging
Pierre, im Sommer 1946 Ruth. Pierre wurde Physiker, Ruth
Kinderärztin. Während Pierre in Frankreich blieb, eine
Familie gründete und bis heute dort lebt, zog Ruth nach
einigen Jahren als Ärztin in einem afrikanischen Land nach
Berlin. In den Briefen, die Seghers nach Kriegsende nach
Deutschland und Europa schickte, erkundigte sie sich nach
dem Schicksal von Freunden und Verwandten und nach den
Lebensverhältnissen und Arbeitsmöglichkeiten in Deutsch-
land. Im Januar 1947 trat sie allein, ohne ihren Mann, die
Rückfahrt an, die sie über Stockholm, Mainz und Paris
schließlich nach Berlin führte, wo sie im April 1947 ankam
(vgl. Wagner, B 4: 1998).

Eiszeit

Sowohl Seghers' Entscheidung zur Rückkehr wie auch
die ersten Erfahrungen im kriegszerstörten Deutschland
waren von starken Ambivalenzen geprägt. In ihren offiziellen Stellungnahmen ist – im Gegensatz zu privaten Briefen
und in manchen Erzählungen – von den Widersprüchen
und den Ängsten, der Einsamkeit und dem Schock, den die
Begegnung mit dem völlig zerstörten Land und den ebenso zerstörten Menschen auslöste, kaum etwas zu spü-
ren. Seghers hatte ein demokratisch regiertes Land, das ihr
ein Leben in Sicherheit, Arbeitsmöglichkeiten und neue
Freundschaften gewährt hatte, verlassen, um als Jüdin in

das Land der Mörder, als Deutsche in das Land ihrer Muttersprache und als Kommunistin in den Teil des Landes zurückzukehren, der den Weg in eine sozialistische Zukunft
zu gehen versprach. In privaten Briefen schreibt sie offen
über das, was wie vorfand und erlebte:

> Der Faschismus hat das Land entsetzlich verwüstet, in-
> nen und außen, vor allem innen. [...] Die paar anstän-
> digen Menschen, die ich lebend traf (manche, die ich
> suchte, fand ich gar nicht oder [ihren Namen] auf ei-
> nem Todesurteil), stechen von den übrigen ab, wie viel-
> leicht einmal die ersten Christen von den Zuschauern
> in einer römischen Arena. – Jetzt habe ich dieses ver-
> hexte Land von einem Ende zum anderen durchreist.
> Überall dasselbe: Angst vor dem Winter, Angst vor
> noch größerem Hunger, den sie ohne Zweifel überall
> haben. Und dabei in mir selbst [...]: daß sie selbst
> daran schuld sind und um keinen Preis einen Zusam-
> menhang verstehen wollen. Und die Angst und der
> Hunger machen sie noch deformierter, noch härter und
> schlechter, wie man es sich gar nicht vorstellen kann,
> denn schließlich ist einem ja Land und Volk nicht
> fremd. Ich mag gar nicht über alles schreiben, auch
> nicht über einige sonderbare persönliche Eindrücke
> beim Wiedersehen mit alten Freunden.

Mit diesen Worten beschrieb Seghers ihrer in Holland
lebenden Freundin Irene Witth im Herbst 1947 ihre Eindrücke, und fast gleichlautend schrieb sie an Lore Wolf in
Frankfurt am Main und Erika Friedländer in Stockholm.
Ihren Mann, der in Mexiko geblieben war, vermisste sie
sehr. Ein Gefühl der Kälte zwischen den Menschen, der
Fremdheit und Einsamkeit – »Ich habe das Gefühl, ich bin
in die Eiszeit geraten, so kalt kommt mir alles vor«, schrieb
sie im Juni 1948 an ihren ungarischen Freund Georg Lukács
– war bestimmend in der ersten Zeit nach der Rückkehr.
Mit der Verleihung des Darmstädter Büchner-Preises (1947)

für ihren Deutschland-Roman *Das siebte Kreuz*, der in den
USA, Frankreich, Holland, der Sowjetunion und anderswo
Auflagen von vielen hunderttausend Exemplaren erlebte
hatte, in Deutschland aber nur in der damaligen sowjetischen Besatzungszone (1946 im Aufbau-Verlag) erschienen
war, begann und endete zugleich die öffentliche Präsenz der
Schriftstellerin Seghers im Westen ihres Landes – obwohl
sich Seghers intensiv um Verlagskontakte auch in den westlichen Besatzungszonen bemühte (vgl. Bock, B 5: 1998). Die
Trennung vom Großteil ihrer deutschen LeserInnen, die
durch das Nazi-Regime erzwungen worden war, fand in
den Nachkriegsjahren eine Fortsetzung durch den Kalten
Krieg. Dass Seghers schließlich in Ost-Berlin blieb, war
nicht nur eine politische Entscheidung – es gab damals
keine Alternative für sie, da Kommunisten die Einreise in
die Westzonen verweigert wurde und sie auf Dauer keine
Publikationsmöglichkeiten im Westen fand. In der sowjetischen Zone hingegen setzte man früh und in allen Bereichen
des gesellschaftlichen Aufbaus auf die Mitarbeit der antifaschistischen Remigranten aus allen Teilen der Welt. Seghers,
deren erste Adresse in Berlin eine Pension in Zehlendorf
war, ließ sich 1950 im Ostteil der Stadt nieder, wo sie zeit-
weise bei Brecht und Weigel in Weißensee und später zusammen mit Berta Waterstraat in Adlershof lebte. Sie enga-
gierte sich in der Weltfriedensbewegung und arbeitete 1950
mit am Stockholmer Appell zum Verbot von Atomwaffen.
Auffallend an den ersten Jahren nach der Rückkehr sind
ihre zahlreichen Reisen – vor allem immer wieder für längere
Zeit nach Paris, in die Sowjetunion (1948) und nach China
(1951), nach Warschau (1950) und Helsinki (1955) zu den
Kongressen des Weltfriedensrates –, die auch ein Ausdruck
ihrer Unbehaustheit und Ruhelosigkeit zu sein scheinen.
    1952 schließlich kehrte Radvanyi aus Mexiko zurück,
und 1955 zogen beide in die Wohnung in der Volkswohl-
straße in Adlershof, die heute Anna Seghers-Straße heißt.
Im gleichen Jahr wurde Seghers zur Vorsitzenden des

Schriftstellerverbandes gewählt, ein wichtiges kulturpoliti-
sches Amt, das sie bis 1978 innehatte.

Für die Erzählerin Seghers war der Neuanfang schwierig.
Aus dem mexikanischen Exil brachte sie den Roman *Die
Toten bleiben jung* mit, der in Figuren, Handlung, Komposition und Erzählweise wie eine Zusammenfassung dessen wirkt, was das erzählerische Werk Seghers' bis zu
diesem Zeitpunkt ausmacht. Diese vielschichtige, ästhetisch
anspruchsvolle Epochenbilanz stieß jedoch weder bei der
Leserschaft noch bei der Kritik auf die Resonanz, die ihm
gebührt hätte. Bereits *Transit* hatte nicht die Zustimmung
der Genossen gefunden und war deshalb nicht in das Programm des Exilverlags El libro libre aufgenommen worden;
die deutschsprachige Erstveröffentlichung erfolgte auch
nicht im Berliner Aufbau-Verlag, sondern 1948 in dem kleinen Verlag Weller in Konstanz. Eine gewisse Reserviertheit
gegenüber den künstlerisch eigenständigen, modernisti-
schen Werken Seghers' aus den Jahren der Weimarer Republik und des Exils führte dazu, dass einige dieser Texte (vor
allem die frühen Erzählungen) in der SBZ und späteren
DDR nur wenig Beachtung fanden.[27]

27 Die 8-bändigen *Gesammelten Werke in Einzelausgaben* erschienen 1951/
  1953 und 1961 im Aufbau-Verlag. Es handelte sich um die Romane *Die
  Gefährten*, *Der Kopflohn*, *Die Rettung*, *Das siebte Kreuz*, *Transit*, *Die Toten bleiben jung*, die Erzählung *Aufstand der Fischer von St. Barbara* und
  die Erzählsammlung *Der Bienenstock*. Der »Volksfront«-Roman *Der Weg
  durch den Februar* hingegen wurde nicht aufgenommen. Die 2-bändige
  Bienenstock-Ausgabe von 1953 machte erstmals frühe Erzählungen wie
  Grubetsch wieder zugänglich, aus *Ausflug der toten Mädchen* war ein Satz
  entfernt worden (»Wie es bisweilen zu gehen pflegt, die Rettungsversuche
  der Freunde hatten die offensichtlichen Unglücke von mir gebannt und
  versteckte Unglücke beschworen.«) und die explizit jüdische Erzählung
  Post ins Gelobte Land wurde erst in die 3-bändige *Bienenstock*-Ausgabe
  von 1963 aufgenommen, in der aber z. B. immer noch die Erzählung *Reise
  ins Elfte Reich* fehlte. Erst 1969 lag mit dem von Christa Wolf edierten
  Band *Glauben an Irdisches* eine Auswahl der Essays und Reden Seghers'
  vor. – Wie genau diese Veröffentlichungspraxis zustande kam, welche Stellen darauf welchen Einfluss nahmen und was der Anteil Seghers' daran ist,
  bedürfte gründlicher Recherchen.

Seghers entfaltete eine beeindruckende Produktivität; sie sammelte Stoffe, schrieb Reportagen, Porträts, Anekdoten, Szenen. Ihre Reportage-Erzählung *Das Dorf S. in Mecklenburg* von 1947 betrachtete sie, wie sie in einem Brief an den Freund Jürgen Kuczynski schrieb, lediglich als eine Art Stoffsammlung, und doch gibt dieser Text ein eindringliches Soziogramm deutscher Mentalität. Die Anekdote *Die Puppe* von 1950 erfasst in meisterhafter Präzision und Einfachheit eine wahrhaftig des Merkens würdige Situation, und der Entwurf für ein Theaterszenarium, der wahrscheinlich 1948/49 entstand, zeigt, wie intensiv Seghers mit verschiedenen Zugriffsmöglichkeiten auf die Realität experimentiert hat. Sie war jedoch offenbar mit diesen Texten nicht zufrieden, sie entsprachen nicht ihrer Vorstellung von Erzählen. Ihre im engeren Sinne erzählerischen Versuche an Stoffen der unmittelbaren Gegenwart sind lediglich als Skizzen, Anfänge und Bruchstücke überliefert. Die erste veröffentlichte Erzählung war *Das Argonautenschiff,* eine poetische und rätselhafte Geschichte, in der sich Mythos, zeitgenössische Realität und Innenwelt vermischen in der für das Seghers'sche Erzählen charakteristischen Weise. Die autobiographische Dimension dieser Geschichte vom Rückkehrer Jason enthüllt etwas von der tiefen Einsamkeit und Depression der Remigrantin Seghers.

Das Grundmuster, das Seghers' Werk seit seinen Anfängen geprägt hat, aktualisierte sie nun erneut in den biographischen Skizzen über Miranda und Toussaint l'Ouverture und in den *Karibischen Geschichten.* Lebensgeschichtlich gesehen erneuert sie die frühere eigene Bindung an die Gefährten und an die Befreiungsidee (den Aspekt der Emanzipation vom Judentum eingeschlossen), und sie schafft am historischen Beispiel der Französischen Revolution und ihrer Auswirkungen in den karibischen Kolonien eine Bezugsebene zum sozialistischen Aufbau in der sowjetischen ›Kolonie‹. Die *Karibischen Geschichten* gestalten das Thema der verratenen Revolution, und ihr poetischer

Mehrwert liegt vor allem im historischen Verfremdungseffekt, der den Erzählungen mit zeitgeschichtlichem Sujet wie *Friedensgeschichten*, *Die Rückkehr*, *Vierzig Jahre der Margarete Wolf* fehlt. Sie zeigen, dass Seghers die ihrem Grundmuster eingeschriebene Argumentation, eine Idee oder Sache sei umso überzeugender, je größer die Opfer sind, die in ihrem Namen gebracht wurden und werden, aktualisierte, um die Menschen im östlichen Nachkriegsdeutschland für den sozialistischen Aufbau zu gewinnen. Diese Erzählungen rekurrieren auf den Kontext der *Gefährten*. Der Bezugspunkt war und blieb der Faschismus. Aus Seghers' Sicht hatte der Westen die alten Wurzeln nicht endgültig gekappt – der Kalte Krieg, die Wiederbewaffnung, die halbherzige Entnazifizierung und das Verbot der KPD, die kollektive Verdrängung der nationalsozialistischen Vergangenheit und die Unfähigkeit zu trauern schienen dies zu belegen. Der Osten hingegen sah sich als Erbe des Antifaschismus, legitimiert durch die Opfer des antifaschistischen Kampfes. Dieses reduktionistische, in gut und böse, Opfer und Täter geschiedene Weltbild, das nicht auf inhaltliche Argumentation, sondern auf moralische Überredung setzte, etablierte sich in den meisten Erzählungen und in den beiden Romanen mit zeitgeschichtlichem Sujet, die Seghers in der DDR schrieb. Sie zeigen eine Welt, in der das Streben nach materiellem Wohlergehen und der Wunsch nach individueller Lebensgestaltung denunziert wird und Opferbereitschaft, Verzicht und der permanente Lebensaufschub die Grundpfeiler eines protestantisch-asketischen Sozialismusverständnisses waren. Die Erzählerin Seghers versuchte – und vielleicht steckte darin auch ein Teil Selbstüberredung oder auch eine Art von Dankbarkeit – ihre Landsleute für den DDR-Sozialismus zu gewinnen, und sie sah sich damit konfrontiert, dass die gewichtigsten Gegenargumente nicht aus dem Westen, sondern aus dem Osten kamen. Die Tradition des Antifaschismus, auf die sie in vielen Erzählungen zurückgriff, gehörte der Vergangenheit an. Die Menschen im östlichen Deutschland lernten den Antifaschismus als Stalinismus kennen, einschließlich seiner antisemitischen Dimensionen. Die Säuberungen im stalinistischen Geist zogen sich von den Kommunistenverfolgungen der 30er-Jahre bis nach Stalins Tod im März 1953 und nach dem XX. Parteitag der KPdSU 1956 bis zum Ende der 50er-Jahre hin. Im Gefolge des Prager Slansky-Prozesses wurden in der DDR Funktionäre wie Paul Merker und Franz Dahlem wegen ›Zionismus‹, ›Trotzkismus‹ und ›westlicher Agententätigkeit‹ angeklagt. Misstrauen und Vorbehalte hatte es von Anfang an von Seiten mancher aus der sowjetischen Emigration zurückgekehrter Funktionäre gegenüber den so genannten Westemigranten gegeben. Die Affäre um den amerikanischen Diplomaten Noël Field, der 1940/41 zahlreichen kommunistischen Emigranten – darunter auch Seghers und ihrer Familie – zur Flucht aus Frankreich verholfen hatte, gehört in diesen Kontext. Field wurde 1949 vom sowjetischen Sicherheitsdienst nach Budapest verschleppt, wo er im Schauprozess gegen den später hingerichteten Laszlo Rajk als Agent des amerikanischen Spionagedienstes vorgeführt wurde. Auch Merker hatte in Marseille eng mit Field zusammengearbeitet. Die ehemaligen Westemigranten, von denen viele jüdischer Herkunft waren, mussten nun erleben, dass Genossen, mit denen sie in westlichen Exilländern wie z. B. in Mexiko zusammengelebt und -gearbeitet hatten, in den stalinistischen Ländern als Abweichler und als Juden verfolgt und liquidiert wurden, so z. B. Otto Katz (André Simone) oder Lenka Reinerova (vgl. Kießling, B 4: 1994; Bock, B 4: 1994).

Die stalinistischen Schauprozesse der Nachkriegszeit mit ihrem ausgeprägten Antisemitismus erzeugten ein Klima von Angst, Misstrauen und Schweigen.[28] Was diese Prozesse

28 Nach seinem Ausschluss aus der SED 1950 und seiner Verhaftung 1952 war Merker von den Sowjets als Hauptangeklagter in einem Berliner Schauprozess vorgesehen; die Angriffe gegen ihn richteten sich vor allem auf seine Positionen zum Antisemitismus und zur so genannten Juden-

und die Atmosphäre, in denen sie stattfanden und wirkten, für Seghers bedeutet haben, darüber gibt es derzeit keine zugänglichen Zeugnisse. Das Maß an Einschüchterung, die zerstörerischen Folgen des Misstrauens und die konkrete oder latente Bedrohung in dieser Phase müssen vor dem Hintergrund gesehen werden, ob und welche Möglichkeiten es gab, sich zu verhalten und zu positionieren. Hinzu kam, dass Seghers, wie viele andere auch, nun von RückkehrerInnen aus dem sowjetischen Exil, die GULAG und Verbannung überlebt hatten, erst das volle Ausmaß der Kommunistenverfolgungen in der Sowjetunion erfuhr.[29] Aufgrund ihrer Freundschaften zu Trude Richter, Lotte Wendt, Johannes R. Becher und Lilly Becher und anderen ehemaligen Sowjetemigranten hatte Seghers zweifellos Kenntnis von diesen Vorgängen. Noch nach dem Tod Stalins gab es politische Schauprozesse in der DDR. Nach dem Aufstand vom Juni 1953 wurden ›Abweichler‹ von der stalinistischen Linie wie Fechner, Zaisser, Herrnstadt, Ackermann und andere aus der Partei ausgeschlossen, und 1957 wurde eine oppositionelle Gruppe, zu der neben Harich, Just, Zöger auch Janka gehörte, zu langjährigen Zuchthausstrafen verurteilt. Bei diesem Schauprozess waren Intellektuelle und Künstler, darunter auch Seghers, anwesend. Die nach dem XX. Parteitag der KPdSU 1956 allmählich in Gang kommende langwierige Auseinandersetzung mit den Verbrechen der stalinistischen Ära wurde in der DDR vom SED-Regime unter Führung Ulbrichts eher behindert als gefördert. Seghers hat die frühen DDR-Jahre bis zum Juni 1953 in ihren Romanen *Die Entscheidung* und *Das Vertrauen* zwar

frage, die er im mexikanischen Exil entwickelt und publiziert hatte. Merkers Verfolgung – er sollte als Rivale Ulbrichts ausgeschaltet werden – bedeutete das Ende der durch ihn vertretenen philosemitischen Minderheitstradition innerhalb des deutschen Kommunismus.

29 Vgl. Sonja Hilzinger, »›Ich hatte nur zu schweigen‹. Strategien des Bewältigens und Verdrängens der Erfahrung in der Sowjetunion am Beispiel autobiographischer Texte«, in: »Exilforschung. Ein internationales Jahrbuch« 11 (1993); dort auch weiterführende Literatur zu diesem Thema.

dargestellt, wählte dafür aber jenes »Sprechen in Andeutungen« (Sigrid Bock), das ihr im politischen Klima der 50er-
und 60er-Jahre angebracht schien. Bezeichnenderweise endet die Gegenwartsbewältigung der Erzählerin Seghers –
sieht man von der Rahmenhandlung der späten Erzählung
Überfahrt und den Erzählungen *Steinzeit* und *Wiederbegegnung* ab – mit dem Jahr 1953 und dem Tod Stalins. Ihr
Zugriff auf zeitgeschichtliche Stoffe war in den Jahren nach
1933 mit einer atemberaubenden Unmittelbarkeit erfolgt –
demgegenüber heben sich die offensichtlichen Schwierigkeiten und Unsicherheiten signifikant ab, mit denen sich
Seghers in den Nachkriegs- und frühen DDR-Jahren zu
orientieren suchte.

Das Erzählwerk der späten 40er-, der 50er- und der 60er-
Jahre, entstanden im Klima der »Eiszeit«, unterscheidet sich
– soweit sich dies zusammenfassend sagen lässt – vor allem
dadurch von den während der Weimarer Republik und im
Exil entstandenen Romanen und Erzählungen, dass der ästhetische Einspruch gegen ein ideologisch eindeutig geprägtes Weltbild, die Mehrdeutigkeit und Differenziertheit in
Figuren- und Handlungsgestaltung, in Komposition und
Stil, nachlässt oder sogar verschwindet. Auch dieser Befund
kann mit aller Vorsicht im Hinblick auf die innere Biographie Seghers' gedeutet werden. Erich Loest stellte 1990 in
Bezug auf den Prozess gegen Janka lapidar fest: »Es gab
keinen dritten Weg, schon gar nicht für Anna Seghers. Die
Flucht in eine westliche Öffentlichkeit hätte den Bruch mit
ihrer Vergangenheit, ihrer Partei, ihrer Philosophie, ihrer
Erfahrung und allen ihren Freunden, mit ihren Büchern
und – immer noch – Hoffnungen bedeutet.«[30] Differenzier-
ter äußert sich Heiner Müller im Gespräch mit Marie Haller-Nevermann. Auf die Frage nach den Ursachen für das
Schweigen Seghers' gibt er zu bedenken:

30 Erich Loest, »Plädoyer für eine Tote«, in: »Sonntag«, Nr. 28, 15. Juli 1990.

Einmal, weil sie Angst hatte. Und das unterschätzt
man, glaub' ich. [...] Und ich weiß auch nicht, was sie
wußte und was sie verschwiegen hat. Und zweitens,
weil sie aufgewachsen war mit dieser Alternative Hitler
oder Stalin. Und das war für Brecht genauso. Also –
gegen Hitler sein hieß, über Stalin schweigen. Und da
sind sie nicht 'rausgekommen aus dieser Klammer. Das
war das Problem, (Zit. nach: Haller-Nevermann, B 4: 1997)

Dass die in der DDR entstandene Prosa mit zeitgeschichtlichem Sujet eher den ästhetisch schwächeren Teil ihres Gesamtwerks ausmacht, sieht Müller darin begründet,
dass das, was Seghers hier gestaltet, nicht ihrer wirklichen
Erfahrung entspräche: »[...] dazu hat sie nie wirklich Kontakt gehabt, das war zu spät. Sie lebte da doch ziemlich
abgehoben. [...] Jeder Schriftsteller hat eine Grunderfahrung, eine biographische, man kann nichts dazulernen im
Grunde, man kann nicht mit fünfzig Jahren eine neue
Grunderfahrung machen«. So plausibel diese Überlegungen
sind, sie scheinen mir dennoch nicht für alle in den DDR-
Jahren entstandenen Erzählungen Gültigkeit zu haben. In
Krisen- und Umbruchzeiten im Leben Seghers' scheint sich
eine Art Spaltung abzuzeichnen: worüber sie in offiziellen
Verlautbarungen schwieg, das bearbeitete sie im Medium
der Literatur. Von dem Parteimitglied und der Kulturfunk-
tionärin Seghers sind keine Aussagen darüber überliefert,
was für sie die stalinistischen Schauprozesse der 40er- und
50er-Jahre, die antisemitischen Verfolgungen und die Ent-
hüllungen des XX. Parteitags bedeutet haben. Vielleicht gä-
ben private Briefe, wenn sie zugänglich wären, Aufschluss
über ihre Einschätzungen und Befürchtungen. Aber die Erzählerin meldete sich zu Wort, und neben *Brot und Salz*, einer Erzählung, die in der Wertung des antistalinistischen
ungarischen Aufstands als Konterrevolution sich in ideologischer Übereinstimmung mit dem SED-Regime befindet,
schrieb sie auch *Vierzig Jahre der Margarete Wolf* und

brachte darin ihre Trauer um die sinnlos geopferten Antifaschisten zum Ausdruck. Auch in manchen anderen ihrer späteren Erzählungen überlagern Resignation und Trauer vorhandene oder erhoffte Zukunftsperspektiven. Sie greifen stofflich immer wieder zurück auf die Jahre des antifaschistischen Kampfes, sie gestalten Märtyrerlegenden wie in dem Zyklus *Die Kraft der Schwachen*, sie nehmen Themen aus dem Erfahrungsbereich der Emigration auf wie in *Crisanta,* oder sie entziehen sich einer vordergründigen Beziehbarkeit auf Zeitgeschichte, indem sie märchenhafte und phantastische Formen wählen wie die *Sagen von Unirdischen.*

Trauer um die Verluste

Passion und Erlösung als Grundmuster des Seghers'schen Erzählwerks waren seit den 20er-Jahren und während der Emigration *politisch* konkret geworden in der Verteidigung von Menschenwürde, sozialer Gerechtigkeit und Freiheit Andersdenkender gegen den Faschismus, und die ästhetische Vielschichtigkeit der Gestaltung entzog den größten Teil dieser Prosa einer ideologisch eindeutigen Vereinnahmung. Mit dem Wissen um die stalinistischen Verbrechen gegen die Menschlichkeit, mit der Erkennbarkeit der Deformation und Entstellung der sozialistischen Idee durch den Stalinismus tat sich für Seghers ein lebensgeschichtlicher Konflikt auf, der im erzählerischen Werk Gestalt annahm in Erzählungen wie *Der Führer* (»Wenn es keine Zukunft mehr gibt, ist das Vergangene umsonst gewesen.«), *Der gerechte Richter, Das Licht auf dem Galgen* und *Überfahrt* – als tiefe Trauer und Resignation, als Suche nach lebbaren Alternativen oder als Eingeständnis von Lebenslügen. Der Schock über die im Namen Stalins begangenen Verbrechen bewirkte im Erzählwerk eine entscheidende Veränderung, wo es um die rückblickende Analyse gescheiterter Kämpfe ging. Wurden die Niederlagen der Arbeiterbewegung, der Volksfront, des Antifaschismus bisher mit der Übermacht des erstarkenden und dann des etablierten Nationalsozialismus erzählerisch plausibel, aber historisch unvollständig begründet, so trat jetzt deutlich akzentuiert an die Stelle des Paradigmas von der »verlorenen Revolution« (Inge Diersen) das der verratenen Revolution – verraten von den eigenen Leuten. Die Hoffnung, dass der in *Transit* thematisierte Verrat, das Im-Stich-Lassen der bedrohten Antifaschisten durch Stalins Pakt mit Hitler, der extremen Situation im Kampf gegen den Nazismus geschuldet sei, hatte sich historisch als Irrtum erwiesen. Seghers versuchte, das Thema der verratenen Revolution an einem zeitgeschichtlichen Stoff zu gestalten; aber wie die fragmentarisch gebliebene Erzählung *Der gerechte Richter* zeigt, kam sie zu keiner argumentativ wie ästhetisch überzeugenden Lösung. Erst die Verfremdung in die historisch und geographisch entfernte Konstellation in der dritten karibischen Geschichte *Das Licht auf dem Galgen* machte den Stoff gestaltbar und poetisch gelungen. Heiner Müller, der in seinem Stück *Der Auftrag* Motive aus der Seghers-Erzählung verwandte, las ihren Text als »ihre Auseinandersetzung mit dem Stalinismus: Napoleon/Stalin, der Liquidator der Revolution«.[31] Sowohl im *Gerechten Richter* wie in der dritten karibischen Geschichte reproduzierte Seghers Erklärungsmuster, die bis an die Grenzen ihrer und vieler Genossen zeit- und bewusstseinstypischer Einsichten heranreichten, ohne diese jedoch überschreiten zu können. An die Stelle struktureller Kritik an stalinistischen Verfälschungen und Entstellungen der Ursprungsidee trat die Kritik an der Unfähigkeit, am Machtmissbrauch und an der moralischen Verkommenheit einzelner Funktionäre. Am Beispiel einer der beiden Haupt-

31 Heiner Müller, *Krieg ohne Schlacht. Leben in zwei Diktaturen*, Köln 1992.

figuren in *Das Licht auf dem Galgen*, dem Funktionär Debuisson, gestaltet Seghers eine Haltung, die möglicherweise ihrer eigenen recht nahe kam. Durch seine individuelle Geschichte und seine Erfahrungen motiviert, wählt Debuisson, müde und desillusioniert, den Weg, seinen ›Auftrag‹ – für die Revolution zu kämpfen und notfalls zu sterben – zurückzugeben und sich mit den Verhältnissen zu arrangieren, nicht ohne Trauer und Selbstverlust. Ein ähnliches Arrangement scheint auch Seghers getroffen zu haben. In ihren letzten Lebensjahrzehnten war die Erkenntnis unausweichlich, »daß die DDR, die sie als historische Alternative zur kapital- und profitorientierten Gesellschaft bejahte, ihrem geschichtlichen Anspruch nicht gerecht zu werden vermochte«.[32]

Auf zwei Reisen nach Brasilien, 1961 und 1963, nutzte Seghers die Überfahrten, um sich in zwei Essays über Dostojewski und Tolstoi erneut der Grundlagen ihres Schaffens zu vergewissern, einschließlich dessen Widersprüchen; danach entstand die Erzählung *Überfahrt*. Mehr als zwanzig Jahre nach der Rückkehr stellte sie dort die Frage, ob diese Entscheidung für ihren weiteren Lebensweg die Verluste vermehrt oder die Perspektiven erweitert hat. Für Triebel, die männliche Hauptfigur und Alter Ego der Autorin, ist es schwieriger als für den Ich-Erzähler in *Transit*, sich selber treu zu bleiben. Er kehrt aus Verantwortung und Überzeugung zurück, als Arzt und Antifaschist und als deutscher Jude. Die Liebe seines Lebens hat er verloren, und dabei ist es gleichgültig, ob sie tot ist oder sich bis zur Unkenntlichkeit verändert hat. »[...] was so geleuchtet hat, kann doch nicht plötzlich erloschen sein« – mit diesem Satz aus *Überfahrt* ist zugleich die als lebenslang erhoffte Liebesbeziehung zur Gefährtin wie die in dieser Liebe eingebundene Idee vom Sozialismus gemeint (vgl. Hilzinger, B 4: 2000).

32 Sigrid Bock, »Anna Seghers«, in: »Lexikon sozialistischer Literatur. Ihre Geschichte in Deutschland bis 1945«, Stuttgart/Weimar 1994.

Seit 1967 verweisen mehrere Krankenhaus- und Sanatoriumsaufenthalte auf die wahrscheinlich nicht nur altersbedingte, sondern vor allem auch seelische Erschöpfung Seghers'. Ihre Gefährten aus der Exilzeit starben, und im Juli 1978 auch ihr Mann. Seghers zog sich fast ganz aus der Öffentlichkeit zurück. Als sie im Juni 1983 nach längerer Krankheit starb, war sie bereits seit langem zur Ikone der DDR-Literatur geworden. Aus diesen Jahren sind – bis auf Briefe an LeserInnen – kaum private Zeugnisse zugänglich. Von wenigen Ausnahmen abgesehen, hat Seghers sich nicht öffentlich in kulturpolitische und parteiinterne Auseinandersetzungen eingemischt. Gegen die Reglementierung und Ideologisierung von künstlerischem Ausdruck setzte sie sich auf ihre Art zur Wehr: sie plädierte für eine weite und vielfältige realistische Kunst, die phantastische und märchenhafte Elemente, Träume und Visionen einschloss. Vor allem ihre Erzählungen *Das wirkliche Blau* und *Die Reisebegegnung* öffneten der DDR-Literatur jener Jahre Horizonte und gaben ihr Anregungen, die von AutorInnen wie Christa Wolf, Irmtraud Morgner, Franz Fühmann und anderen aufgegriffen und vertieft wurden.

Die Erzählungen, die nach meiner Auffassung am meisten Aufschluss über die innere Biographie Seghers' in den beiden letzten Lebensjahrzehnten geben, sind *Überfahrt* und *Der Schlüssel*. Die Widersprüchlichkeit, mit der sich Seghers aus unterschiedlichen Gründen der DDR verbunden fühlte, unter deren geistiger und politischer Enge sie zugleich litt, zeigt sich in *Überfahrt* deutlich; wie in *Transit* und in *Das Argonautenschiff* werden hier Zugehörigkeit, Heimatfindung und die Schwierigkeiten damit problematisiert. Auch der Gedanke vom Scheitern des Kampfes um ein besseres Leben hat Seghers weiterhin beschäftigt – ihr letzter Zyklus *Drei Frauen aus Haiti* erzählt davon. Die mittlere Erzählung *Der Schlüssel* ist deshalb so aufschlussreich, weil sie eine letzte Variante des Seghers'schen Grundmotivs, der Analyse des Scheiterns eines revolutionären Aufbruchs,

erkennen lässt. (Darüber hinaus gibt sie, entstanden nach
dem Tod des langjährigen Lebensgefährten, noch einmal
den Blick frei auf Dimensionen dieser Beziehung; dies verbindet sie mit der letzten Erzählung des Zyklus, *Die Trennung*.) Hier formuliert Seghers in historischem Gewand einen wichtigen Gedanken über die Ursachen des Scheiterns
der Veränderung von Grund auf, der über die These des
Verrats aus den eigenen Reihen hinausgeht: dass nämlich
über der Menschheit, über der Idee der konkrete einzelne
Mensch, die einzelne Frau vergessen wurde. Der Schlüssel
ist nicht nur das Symbol der Befreiung, sondern auch des
achtsamen Umgangs mit dem einzelnen Menschen, seinen
Träumen und seinen Kräften, im Kampf um ein großes Ziel.
Die Frage nach dem unterschiedlichen Anteil von Frauen
und Männern sowohl an den revolutionären Veränderungen
in der Geschichte als auch am (Er-)Tragen der Begleiterscheinungen und der Folgen beantwortet Seghers in diesem
Zyklus im Sinne einer für die Frauen trostlosen Bilanz. Bezieht man diese drei Geschichten zurück auf die *Gefährten*,
in denen der Egoismus und die Bindungsunfähigkeit der
männlichen Revolutionäre gerade zu den Eigenschaften gehörten, die sie zu Helden und schließlich zu Märtyrern
machte, dann zeugt der letzte Zyklus von der Einsicht in die
verhängnisvolle Einseitigkeit eines Menschenbildes, das die
kommunistische Bewegung seit den frühen 20er-Jahren
prägte. Das Modell für den Menschen war der Mann. Daran
hatte sich auch im sozialistischen Patriarchat nichts geän-
dert, mit dem die jüngere Autorinnen-Generation zunehmend kritischer abzurechnen begann. Seghers hatte ihr Leben lang das traditionelle Modell der Lebensgefährtin und
Mutter verbunden mit der Rolle der Ausnahmefrau in Partei und Kulturpolitik, und sie hatte immer geschrieben.
Aber als Erzählerin war auch sie den männlichen Mythen
von der Revolution, von Kampf und Tod, von Freundschaft
und Verrat gefolgt. Das »gefährliche« und das »gewöhn-
liche« Leben, wie sie es einmal nannte, hatte für sie seinen

Ort in zwei Welten, die jeweils den Männern und den Frauen vorbehalten waren. Zwar gab es in ihrem Werk von Anfang an die typisierten Figuren der Mutter und des Mädchens, die den patriarchalen Frauen-Bildern ähnelten, aber es waren doch auch lebensvolle und authentische weibliche Figuren, die eine Frau entworfen hatte aufgrund eigener Erfahrung. Erstaunlicherweise aber sieht es so aus, als hätte die Erzählerin Seghers eigenes Erleben weitaus prägnanter in manchen männlichen Figuren gestaltet: in der Lebenslust und der Sehnsucht nach Gemeinschaft des Andreas Bruyn, in den eigentümlichen Verwandlungen des Ich-Erzählers in *Transit*, in der grenzenlosen Verlassenheit Jasons und in der zwiespältigen Rückkehr Triebels. Ihre Geschichten erzählen von der *Kraft der Schwachen*, zu denen sie sich selber zählte, und deren Kraft aus vielerlei Gründen nicht ausreichte, die Veränderung von Grund auf zu bewirken. Es sind Passionsgeschichten, in denen der Horizont der Erlösung immer weiter wegrückt, bis er schließlich ganz verschwindet. Durch das erzählerische Werk Seghers' zieht sich als lebensgeschichtliche Spur eine fortwährende Auseinandersetzung mit den Krisen und den Verlusten, die die Geschichte dieses Jahrhunderts der deutschen Jüdin und Kommunistin aufzwang und die sie *im Erzählen* zu gestalten und zu bewältigen versuchte, dabei keineswegs frei von Irrtümern und Verstrickungen. Die Eigenwilligkeit der Erzählerin ist unübersehbar. Wie Artemis tritt sie einem gerade da unverstellt entgegen, wo man es am wenigsten erwartet.

Werk

Seghers ist eine Erzählerin in des Wortes ursprünglichster Bedeutung: sie erzählt erfundene, gehörte, selbst erlebte Geschichten. Sie gestaltet immer wieder Erzählsituationen, nimmt Erzählerfiguren auf, thematisiert das Erzählen selbst, wie z. B. in *Transit*, *Überfahrt* oder im Vorwort zur ersten Ausgabe des *Bienenstock*. Das Erzählen hat dabei mehrere Funktionen: es stiftet Gemeinschaft und hebt das Alleinsein auf; es macht Erlebtes und Erfahrenes bewusst und trägt dazu bei, es zu verarbeiten und zu bewältigen; es strukturiert zurückliegende Ereignisse und gibt ihnen Sinn und Bedeutung; es verleiht dem Erzählten Dauer, ist Gedächtnis und Gedenken; es stellt einen Selbst- und Weltentwurf dar und ist imaginäres Handeln.

Eine Seghers'sche Poetik im Ganzen gibt es nicht. Aus *Kleiner Bericht aus meiner Werkstatt*, ihren Briefen an Georg Lukács aus den 30er-Jahren, Gesprächen mit Christa Wolf aus den 60er-Jahren, ihren Essays über Tolstoi und Dostojewski und ihren Reden anlässlich der Schriftstellerkongresse der DDR (um nur einige der wichtigsten Bezugstexte für ihr Selbstverständnis als Schriftstellerin zu nennen) gehen drei Konstanten hervor: die Schreibintention Seghers' – »Denn wir schreiben ja nicht, um zu beschreiben, sondern um beschreibend die Welt zu verändern« –, die Vielschichtigkeit ihrer kompositorischen und stilistischen Mittel – »erzählen, was mich heute erregt, und die Farbigkeit von Märchen« – mit dem Ziel der »höchstmöglichen Annäherung an die Realität«, und die zentrale Bedeutung des Schriftstellers als »Umschlagestelle vom Objekt zum Subjekt und wieder zum Objekt«. Das Bild von der »Umschlagestelle« macht den künstlerischen Schaffensprozess in seiner Dialektik erkennbar: im Autorsubjekt treffen, durchdringen und verwandeln sich die unmittelbare, subjektive Wahrnehmung von Wirklichkeit, deren Bewusstmachung und Analyse und die Wiedergewinnung der unmittelbaren sinnlichen Präsenz *im Vorgang des Erzählens*, in der ästhetischen Formulierung bei Tolstoi entwickelt, gibt eine erzähltheoretische Legitimation für das im ersten Teil dieses Buches exemplifizierte Verfahren der Rekonstruktion der *inneren Biographie* anhand der Erzähltexte.

Zu den formalen Besonderheiten des Seghers'schen Erzählens gehören einige Grundstrukturen, auf die sie immer wieder zurückkommt. Zum einen handelt es sich um eine strukturelle Verdoppelung des Erzählvorgangs in einer Rahmen- und einer Binnenhandlung, welche sich in jeweils unterschiedlicher Ausprägung in Erzählungen (*Bauern von Hruschowo*, *Vierzig Jahre der Margarete Wolf*, *Überfahrt* u. a.), in Erzählzyklen (*Karibische Geschichten*, *Der Bienenstock* u. a.) und in Romanen findet *(Das siebte Kreuz*, *Transit* u. a.). Zum andern geht es um die Analogie zwischen dem Weg zu sich selber und einem ›äußeren Weg‹ (*Auf dem Wege zur amerikanischen Botschaft*, *Der Weg durch den Februar*, *Der erste Schritt*, *Das wirkliche Blau*, *Die Heimkehr des verlorenen Volkes* u. a.), den die Figuren zurücklegen. Dabei ist in Seghers' Texten der Weg zu sich selber stets ein Weg in die Gemeinschaft und steht im Zeichen der säkularisierten Erlösungsidee. Identität ist im Hinblick auf die Figuren dabei selten ein dynamischer Prozess, sondern häufiger ein durch eine Art ›Erweckung‹ erreichter und dann bewahrter Zustand. Zu den Grundstrukturen des Seghers'schen Erzählens gehört drittens, rückblickend – und zwar im Bewusstsein des Scheiterns, der Niederlagen – von Aufständen und Aufbrüchen zu berichten und nach den Ursachen des Scheiterns zu forschen. Ich habe dieses Muster im ersten Teil mit den Begriffen ›Passion‹ und ›Erlösung‹ umschrieben. Die Erklärungsmuster verändern sich paradigmatisch im Verlauf der Jahre und Jahrzehnte, wobei sich das utopische Potential stetig verringert, obwohl es immer wieder erneuert werden kann, bis hin zu seinem gänz-

lichen Verlöschen. Als Erzählerin ist Seghers die Chronistin
der Geschichte des 20. Jahrhunderts, ihre Stoffe sind stets in
der Zeitgeschichte verankert oder beziehen sich auf diese,
auch wenn dies ästhetisch verfremdend geschieht. Die Intention der *größtmöglichen Annäherung an die Realität* hat
zur Folge, dass Seghers realistische, dokumentarische und
surrealistische, phantastische, mythische, märchen-, sagen-
und legendenhafte Motive und Schreibweisen sowie ästhetische Traditionen und Verfahren der europäischen und der
Weltliteratur aufnimmt, modifiziert und erneuert. Darauf
komme ich später nochmals zurück. Das Alte und das Neue
Testament, Passionsgeschichten des christlichen Mittelalters, chassidische Legenden und Märchen aus Tausendund-
einer Nacht, Kleists Novellistik und E. T. A. Hoffmanns
Phantasiestücke, die groß angelegten Epen Balzacs und
Tolstois, die abgründigen Welten Dostojewskis, die avant-
gardistische Großstadtprosa John Dos Passos' und die
Erzählungen Joseph Conrads, Jorge Amados und Pablo
Nerudas mythen- und bilderreiche Sprache – um nur einige
der vielfältigen Bezüge zu nennen – gehen verwandelt in
das Seghers'sche Erzählen ein. Ihre Prosa ist im Zeitraum
von etwa sechzig Jahren entstanden und veröffentlicht worden; sie kann hinsichtlich ihrer unmittelbaren Entstehungs-
kontexte der Weimarer Republik, dem Exil und der DDR
zugeordnet werden, ohne dass man sie jeweils als typisch
für diese sozial- und kulturgeschichtlichen Kontexte bezeichnen könnte. Zu den durchgängig zu beobachtenden
Verfahren gehören z. B. der Wechsel von Zuständlichkei-
ten aufnehmenden Tableaus und dialogischen Szenen, das
Erzählen aus Figurenperspektive, die zurückhaltende oder
fehlende Kommentierung durch eine Erzählerfigur oder
-instanz. Die Innenwelt der Figuren wird häufig ohne ver-
mittelnde Vergleiche in der Außenwelt gespiegelt. Die Sprache ist reich an Bildern, die in ihrer klaren Einfachheit
eher Holzschnitten als Gemälden ähneln. Bisher gibt es nur
wenige Studien, die sich einzelnen Motiven widmen: z. B.

der Bedeutung des Blicks, der Lichtmetaphorik, der Todes-
symbolik, der Bedeutung von Landschaft. Auch die sehr
zahlreichen inter- und intratextuellen Bezüge, direkte und
kryptische Zitate aus eigenen und anderen Werken sind bei
weitem noch nicht hinreichend erforscht.

Eine Systematik nach herkömmlichen gattungstheoreti-
schen Gesichtspunkten wäre zu formalistisch, um der Vielschichtigkeit und Mehrdeutigkeit des erzählerischen Werks
gerecht zu werden. Ich versuche daher, Erzählstrukturen,
kompositorische Verfahren und stilistische Mittel usw. so
spezifisch wie möglich zu beschreiben. Der Gebrauch, den
Seghers von traditionellen Gattungsbezeichnungen in Titeln
oder Untertiteln macht – z. B. *Sagen von Artemis*, *Überfahrt. Eine Liebesgeschichte*, *Karibische Geschichten* –, ist
aufschlussreich im Hinblick auf Übereinstimmung wie auf
Nicht-Übereinstimmung der Bezeichnungen mit den Texten. Das ästhetische Potential des Seghers'schen Werks ist
nicht annähernd erschlossen. Seine Mehrdeutigkeit selbst
da, wo eine eindeutige *politische* Parteinahme vordergründig ersichtlich ist – wie z. B. die Volksfront-Idee in *Der Weg
durch den Februar* –, muss wahrgenommen und für die Interpretation berücksichtigt werden, sollen die Verkürzun-
gen und Vereinseitigungen eines großen Teils der bisherigen
Seghers-Forschung nicht wiederholt werden. Die Fixierung
auf den ideologischen Gehalt der Texte und auf die Untersuchung seiner Entsprechung oder Abweichung im Verhältnis zu den jeweiligen doktrinären literaturtheoretischen und
-politischen Vorgaben verstellt jedoch den Blick auf den
poetischen Mehrwert des Seghers'schen Erzählens. Auf
das umfangreiche publizistische und essayistische Schaffen
Seghers' kann ich in diesem Rahmen nicht eingehen – eine
Perspektivenverengung, die umso schwerer wiegt, bedenkt
man die fließenden Grenzen zwischen Erzählprosa, Publizistik und Essayistik und die inhaltlichen Korresponden-
zen, die zur gegenseitigen Erhellung und Interpretation beitragen. Dies belegt z. B. die Kontextualisierung des Exil-

romans *Das siebte Kreuz* mit der Skizze *Das Vaterunser*, der halbdokumentarischen Montage *Ein »Führer« und ein Führer*, der Pariser Rede *Vaterlandsliebe*, dem Nachruf auf den im Spanienkrieg gefallenen KP-Reichstagsabgeordneten Hans Beimler, dem Aufsatz *Deutschland und wir* und den späteren Erzählungen *Das Ende*, *Die Saboteure* und *Vierzig Jahre der Margarete Wolf* (vgl. Hilzinger, B 5: 1990b).

Ich stelle im Folgenden das Erzählwerk chronologisch dar und unterscheide Erzählungen, Erzählzyklen, Romane. Damit treffe ich eine Zuordnung nicht nach herkömmlichen Gattungsbezeichnungen und auch nicht nach dem Grad der Fiktionalisierung (eine solche Systematisierung würde der spezifischen Mischung von realistischen, phantastischen und märchenhaften Elementen zuwiderlaufen), sondern hinsichtlich der Struktur. Ich gehe von der kleinsten Einheit aus, dem Erzählen einer in sich abgeschlossenen Geschichte, und schließe, den Seghers'schen Erzählverfahren der Montage und der zyklischen Variation folgend, die umfänglicheren Werke daran an. Während die Romane, strukturell betrachtet, verschiedene Erzählstränge bzw. Erzähleinheiten montieren, variieren die Zyklen das Zyklusthema in einzelnen Erzählungen. Die bisher einzige Studie zum zyklischen Erzählen Seghers' hat Bernhard Greiner am Beispiel der *Karibischen Geschichten* vorgelegt. Er bestimmt als »Fluchtpunkt von Anna Seghers' Erzählen das Entwerfen, Begründen und Tradieren von Zeichen« (B 5: 1994, 159 f.), also eine semiologische Ordnung. Die Zyklen sieht er im Hinblick auf Zeichenstiftung streng komponiert, und das jeweilige Zeichen, auf das hin das Erzählen ausgerichtet ist (solche Zeichen sind z. B. ›Aufstand‹, ›Revolution‹, ›Kreuz‹), wird unter bestimmten Aspekten durchkonjugiert. Greiner kommt so zu der These, Seghers' Erzählen sei »semiologisch orientiert und [tendiere] auf dieser Grundlage zur seriellen Konstruktion« (ebd., 161). Für die *Karibischen Geschichten* kommt Greiner zu dem Ergebnis, dass dieser Zyklus die Dialektik zwischen der Heilserwartung, die an die Zeichen ›Revolution‹ und ›Freiheit‹ gebunden sei, und deren Verkehrung ins Gegenteil – das »Falschwerden der Idee und Fälschung im Verrat an ihr« (ebd., 167) –, wo sie im historischen Kontext konkret auf Realisierung drängen, thematisiere. Greiner identifiziert das Versprechen einer humanen Weltordnung mit dem jüdischen Messianismus, seine Entstellung im Prozess des Geschichtlichwerdens mit dem Zionismus; analog dazu lässt sich meines Erachtens in diesem und anderen Zyklen dieser Befund übertragen auf das Scheitern des Freiheit-und-Gleichheit-Versprechens der kommunistischen Bewegung durch den historischen Verrat im Terror des Stalinismus.

Zwei Aspekte verdienen in diesem Kontext eine nähere Betrachtung, weil in ihnen die Rettung des utopischen Erlösungsversprechens versucht wird. Dies betrifft zunächst das Schreiben, das Erzählen *an sich*, realisiert in den Erzählungen, Zyklen und Romanen selber und textintern in der Bedeutung, die der Schrift zukommt (so in *Post ins Gelobte Land*, *Transit*, *Überfahrt*, *Die Hochzeit von Haiti* u. a.) – »Schrift« hier ausdrücklich nicht in einem religiösen, sondern einem säkularisierten Sinn gebraucht. Der zweite Aspekt ist die Relevanz weiblicher Figuren: in ihnen verkörpert sich im Seghers'schen Erzählwerk jenes noch nicht in die Geschichte eingetretene (und dadurch entstellte) humane Potential von ›Weiblichkeit‹ bzw. ›Mütterlichkeit‹. Damit rekurriert Seghers auf den in der patriarchalen abendländischen Tradition verankerten Topos von der Frau als Naturwesen, deren biologische Fähigkeit zum Gebären als Garant für den Fortbestand der Menschheit und damit der immer wieder erneuerten Erlösungshoffnung aufscheint. *Die Toten bleiben jung* als programmatischer Titel und als Zeichen im Sinn Greiners für das Fortleben der revolutionären Märtyrer in ihren Söhnen ist hierfür symptomatisch. Wenn von Marie Geschke gesagt wird: »Sie nahm alles, wie es kam«, dann wird damit eine Grundhaltung zum Leben beschrieben, die für sehr viele Frauenfiguren

Seghers' von den frühen Erzählungen bis zum letzten Zyklus *Drei Frauen aus Haiti* zutrifft. Damit soll keineswegs gesagt sein, dass das Frauenbild Seghers' in diesen typisierten Figuren der Mutter (und des Mädchens) aufgeht – aber es enthält eben auch diese Aspekte, und seltene Ausnahmen wie Artemis oder Jeanne d'Arc sind dem Mythos und der Historie entnommen. (Die Begrenztheit dieses Weiblichkeitstopos bricht Seghers als Erzählerin u. a. dadurch auf, dass sie eigene Erfahrung tendenziell in männlichen Figuren gestaltet, wie insbesondere in Jason, dem Ich-Erzähler in *Transit* oder in Triebel.)

Seghers' Romane verarbeiten Stoffe der Zeitgeschichte und sind ihrer Struktur nach Montageromane. Seghers verwendet sowohl Erzählverfahren des realistischen europäischen Gesellschaftsromans des 19. Jahrhunderts als auch des modernen Großstadtromans. Auffällig ist vor allem der Gebrauch der Simultantechnik, deren Intention es ist, die Mehrschichtigkeit eines Wirklichkeitsausschnittes zu gestalten, indem sie das zeitliche Nacheinander durchbricht und den Eindruck eines zeit-räumlichen Querschnitts erweckt. Aus rezeptionsästhetischer Sicht betrachtet, wird der Leser, die Leserin einem raschen Perspektivenwechsel von Einfühlung und Distanzierung ausgesetzt, der die Option der Mehrdeutigkeit für die Rezeption offen hält. Die mediale Nähe dieses Erzählverfahrens zum Filmschnitt ist in der Sekundärliteratur zu Recht immer wieder betont worden, aber auch die Ikonographie bildkünstlerischer Werke dürfte dabei eine Rolle spielen.

Die Chronologie der folgenden Darstellung folgt überwiegend den Daten der Erstveröffentlichung. Dabei orientiere ich mich an eigenen Recherchen, vor allem aber am »Chronologischen Werkverzeichnis« (Stand: März 1976; KuW 4,255–277) sowie an den jeweils angegebenen Entstehungsdaten in der dreibändigen *Bienenstock*-Ausgabe (1963) und in der 14-bändigen Werkausgabe (1975–1980). Pseudonyme Texte mit einem anderen Namen als Seghers führe ich nur auf, wenn Seghers die Autorschaft anerkannt hat (so im Fall von *Das Vaterunser*; vgl. KuW 4,11). Zu Lebzeiten nicht veröffentlichte Texte ordne ich, wo dies möglich ist, anderen veröffentlichten Texten zu, in deren zeitlichem oder thematischem Umfeld sie entstanden sind (so wird *Der gerechte Richter* in den Kontext des Zyklus *Die Kraft der Schwachen* einbezogen). Wo Erstveröffentlichungs- und nachweisliches Entstehungsdatum deutlich differieren, ordne ich die Texte *vor* dem Datum der Erstveröffentlichung ein (wie *Der Vertrauensposten*). Im Anschluss an die Prosa folgen die Arbeiten Seghers' für den Rundfunk; die Theater-, Hörspiel- und Filmbearbeitungen ihrer Erzählungen und Romane werden der besseren Übersichtlichkeit wegen sowohl im Anschluss an die Prosatexte wie auch separat angeführt. Auf die Übersetzungen der Seghers'schen Texte gehe ich nicht ein; es existiert bisher keine systematische Studie über die akkulturations- oder auch anders bedingten Veränderungen der Texte durch die Übersetzung. Lediglich für *Das siebte Kreuz* gibt es Recherchen von Alexander Stephan (B 5: 1985a und 1985b) und G.P. Butler (B 5: 1998).

Seghers, die französisch, englisch, spanisch und russisch (aber nicht ungarisch) sprach und schrieb, hat als Autorin sehr professionell gearbeitet, und sie hat neben Prosa auch immer wieder andere mediale Formen gewählt, wie ihre Hörspiele, Filmexposés und Theaterbearbeitungen zeigen. Selbst in den schwierigen Zeiten des Exils sorgte sie sehr erfolgreich dafür, dass ihre Erzählungen und Romane veröffentlicht wurden. Nicht wenige ihrer Werke erschienen im Erstdruck oder nur wenig später in Übersetzungen: *Transit* wurde zuerst in spanischer Sprache publiziert, und noch vor 1945 existierten spanische und englische Übersetzungen von *Sagen von Artemis*, *Der Ausflug der toten Mädchen*, *Das Ende*, und die englische Übersetzung von *Die Toten bleiben jung* erschien im selben Jahr wie die deutschsprachige Erstveröffentlichung. Eine Untersuchung

der Übersetzungspraxis könnte also interessante Aspekte
der Seghers-Rezeption außerhalb des deutschsprachigen
Raumes erschließen. Auch auf die bildkünstlerische Rezeption ihres Erzählwerks durch namhafte KünstlerInnen wie
Nuria Quevedo, Armin Münch, Bernhard Heisig und andere kann ich hier nicht eingehen.

Erzählungen

Die Toten auf der Insel Djal
Eine Sage aus dem Holländischen
Nacherzählt von Antje Seghers (1924)[1]

Auf der kleinen holländischen Insel Djal begräbt der Pfarrer die Toten, die nach den häufigen Schiffbrüchen ans Land
gespült werden. Einer dieser Toten ist der Kapitän Morten
Sise, der, obwohl er längst ordentlich begraben ist, eines Tages den Pfarrer aufsucht und ihn zwingen will, sich statt seiner in sein Grab zu legen. Der Pfarrer lacht ihn aus: er
selbst ist ja ein Toter, der Gott mit seinen »wilden und zor-
nigen Gebeten« so lange zugesetzt hat, bis der ihn wieder in
seiner alten Gestalt auf die Erde ließ. Diese phantastische
Geschichte, die im Gewand einer Sage daherkommt, erzählt
in Text und Subtext von dem Vorgang des Lebendigwerdens durch das Wort bzw. aus der Schrift heraus. Der Pfarrer Jan Seghers ist charakterisiert durch eine unbändige Vi-
talität, die nahezu mythische Dimensionen annimmt, und

---

1 Die Jahreszahl in Klammern bezieht sich im Folgenden stets auf das Jahr
  der Erstveröffentlichung; wo zwischen Niederschrift und Publikation ein
  größerer Zeitraum liegt, wird bei den Erzählungen zuerst das Entstehungs-,
  dann das Veröffentlichungsjahr genannt.

zugleich ist er ein sanftmütiger und gläubiger Mensch, dem vor allem die Offenbarung des Johannes nahe ist. Er liebt die Bibel: »Ich finde, daß es ein prächtiges Buch ist. Ich weiß es von A bis Z auswendig, und hätte ich noch mal zu leben, würde ich's nochmal auswendig lernen. Es ist darin von allen die Rede, von Dummen und Klugen, Starken und Schwachen, Harten und Weichen, Seeleuten und geistlichen Herren. Und was die wunderbaren Sachen anbelangt, so erlebt jeder genau so viel, als er vertragen kann.« In seiner Figur sind der Mythos von Prometheus und das Bild von Petrus, dem Fels, aufgerufen und zu neuer Aktualität verwandelt. Das Weltverständnis dieser Figur wird nicht in der Zugehörigkeit zu einer menschlichen Gemeinschaft erfasst, sondern in seinem Kampf mit den Elementen, vor allem der Naturgewalt des Meeres und des Sturmes, und in seinem Widerstehen gegen den Tod. Seine »besondere Leidenschaft galt den Toten«, den Schiffbrüchigen, die er birgt und begräbt und zu deren Gedächtnis er Grabsteine mit Inschriften setzt. Zwar gelten für ihn keine Gesetze, denen sich die Menschen durch Natur oder Gesellschaft zu unterwerfen haben, aber er kennt die Demut des Glaubens. Weil er gläubig ist, kehrt er aus dem Tod zurück ins Leben, wie in der Offenbarung des Johannes (1,18) verheißen. Der Glaube an das lebendige Wort Gottes, an die Auferstehung von den Toten, führt ihn zurück ins Leben – und dieser selbe Vorgang ›produziert‹ die Autorschaft Seghers: sie ist aus dem Text der Erzählung abgeleitet. In einem Gespräch mit Christa Wolf (1970) äußert Seghers über diese Geschichte: »Ich schrieb sie in der Ich-Form, als ob dieser Kapitän mein Großvater wäre«. Trotz der sachlichen Fehler in dieser Aussage (die Geschichte ist nicht in der Ich-Form geschrieben, und die Erzählerin gibt sich nicht den Namen des Kapitäns, sondern den des Pfarrers) ist sie ›richtig‹: die Erzählerin schafft eine familiäre Verbindung durch den identischen Vatersnamen zur Figur des Jan Seghers und stellt sich auf diese Weise *als Autorin* in die Nachfolge dieser zugleich schriftgläubigen und rebellischen Figur, die durch den Namen Seghers eine Verbindung herstellt mit jenem Grafiker aus der Rembrandt-Zeit, der als Künstler ebenfalls ein Rebell war. Mit Jan Seghers beginnt die lange Reihe der »auferstandenen Toten« (*Wiedersehn*) in Seghers' Werk (z. B. *Der Ausflug der toten Mädchen, Die Toten bleiben jung*). Bereits diese erste Seghers-Geschichte verbindet die beiden Linien, die phantastische und die realistische, in charakteristischer Weise, und sie spielt mit den überlieferten Traditionen der (poetischen) Schrift. Das Unheimlich-Dämonische dieser Geschichte reicht zurück in die Schauerballaden des Sturm und Drang (*Erlkönig*), die Lyrik Droste-Hülshoffs (*Der Knabe im Moor*) und Fontanes (*John Maynard*) und die Novellistik Storms (*Der Schimmelreiter*), die geographische Lokalisierung ist fiktiv (Djal wird als holländische Insel ausgegeben), die historische Verortung verweist auf das 16./17. Jahrhundert, und die Grabinschrift des Pfarrers weist ihn als ›reale‹ Figur aus. Die sozialkritischen Tendenzen der wenig später entstandenen Erzählungen fehlen völlig in diesem Debüt, was nahe legt, die Gestaltung einer inneren Dynamik, einer existentiellen Problematik anzunehmen. Der Realismus dieser kleinen Erzählung liegt in der expressiven Gestaltung des Lebenshungers dieses sagenhaften Rebells, und hierin sind auch die lebensgeschichtlichen Bezüge zur Autorin zu sehen. Wie in *Aufstand der Fischer von St. Barbara*, in *Ausflug der toten Mädchen* oder in *Der Führer* wird eine wilde, karge Landschaft zur Projektionsfläche für seelische Dispositionen.

Jans muss sterben (1925/2000)

Diese im Mai 1925 entstandene Erzählung wurde, zusammen mit weiteren fragmentarischen Geschichten und anderen handschriftlichen Aufzeichnungen aus dem Zeitraum

zwischen dem Studienabschluss und der Heirat Seghers',
erst 1999 aufgefunden. Sie trägt keinen Autornamen und
war offensichtlich nicht zur Veröffentlichung vorgesehen.
Das Sujet – die Geschichte eines kleinen Jungen, der in einer
Arbeitersiedlung in der Vorstadt aufwächst, ein freudloses
Leben hat und plötzlich stirbt – verweist hinsichtlich des
Milieus auf die wenig später entstandenen Erzählungen
Grubetsch und *Die Ziegler*.

Grubetsch (1926/1927)

Handlungsort dieser Erzählung ist ein Innenhof in einer
verwahrlosten Gegend am Stadtrand. Die Beschreibung der
Armseligkeit und Enge des Hofes spiegelt das soziale und
psychische Elend seiner Bewohner. Das Mädchen Anna, das
bei seinem Bruder Martin und dessen Frau Marie lebt, ist
wie ein aus dem Nest gefallener kleiner Vogel, einsam und
unglücklich. Mit brutaler Zwangsläufigkeit endet ihre Sehnsucht nach Glück in der Prostitution. Alle Figuren dieser
Erzählung verkommen oder sterben auf die eine oder andere Art, Grubetsch, den Flößer, bringen die Hofbewohner
um wie einen räudigen Hund. In die von Armut und Verfall
geprägte Atmosphäre des Hinterhofes kommt den Winter
über der Flößer Grubetsch, der für die Hofbewohner
zur legendär-mythischen Projektionsfigur ihrer unerfüllten
Sehnsüchte nach Glück, Abenteuer und Freiheit wird.
Grubetsch scheint, wie später Jason, diese jeweils individuellen Glücksvorstellungen der Männer, Frauen und Kinder
zu erfüllen, aber sie bezahlen diese uneigentliche Erfüllung
mit Leid, Verzweiflung und Tod, und am Ende der Geschichte steht der Mord an Grubetsch. Der Hof symbolisiert mit seinen hohen Mauern, seiner Abgeschlossenheit
und seinem völligen Fehlen von Sonnenlicht eine Art Hölle
oder Hadeswelt, die den seelisch-moralischen Zustand der

in ihm lebenden, untereinander lediglich durch dumpfe Triebhaftigkeit, Brutalität und Gleichgültigkeit verbundenen Menschen spiegelt. Mit besonderer Einfühlsamkeit gestaltet Seghers die Figur des Mädchens Anna, die durch ihre Sehnsucht nach Glück empfänglich ist für die Ausstrahlung Grubetschs, schließlich zur Prostituierten wird und in völliger Selbstentfremdung endet. Dass ein Mädchen wie sie kaum eine andere Perspektive hat, als sich den Gesetzen dieser Welt anzupassen und ihren armseligen Körper zu verkaufen, ist Indiz für deren menschenunwürdigen Zustand. In dem kurzen Text *Selbstanzeige* (1931) schreibt Seghers über *Grubetsch*: »Ein böser Hof, und in dem Hof ein Mann, der es versteht, die geheimen Wünsche der Menschen nach Zugrundegehen zu erraten und jedem in seiner Weise zu erfüllen«. Ohne nähere zeitliche und geographische Verortung wird diese ebenso eindringliche wie unideologische Geschichte zu einer an Dostojewski erinnernden Gestaltung der Erlösungsbedürftigkeit von Menschen zu Beginn des 20. Jahrhunderts. Stoffliche und stilistische Berührungspunkte mit Texten Dostojewskis und Kafkas sind auffällig.

Aufstand der Fischer von St. Barbara (1928)

Diese Chronik vom Scheitern des Aufstands, bei dem eine Gruppe von Fischern bessere Lebens- und Arbeitsbedingungen für sich und ihre Familien zu erkämpfen versucht, ist vermutlich an der bretonischen Küste zu Anfang des 20. Jahrhunderts angesiedelt. Die charismatische Ausstrahlung des einsamen Revolutionärs Hull, der zu einem Vorbild für den jungen Andreas wird, motiviert die spontane Erhebung der Fischer, die von Soldaten blutig niedergeschlagen wird. Seghers zeigt hier, wie menschenunwürdige Ausbeutungsverhältnisse notwendig zum Aufbegehren führen, und dass die gemeinsame Erfahrung des Aufstands, auch wenn er niedergeschlagen wird, zur Freisetzung eines nicht wieder zu unterdrückenden humanen Potentials führt. Diese frühe Erzählung entfaltet das Seghers'sche Grundmuster von Passion und Erlösungshoffnung bereits in Vollendung. Die kühle klare Sprache der Neuen Sachlichkeit verbindet sich in diesem Text mit expressionistischen Bildern von großer Eindringlichkeit. Den Aufstand, symbolisiert in einer Kollwitz'schen Mutterfigur, die für die Ihren sorgt und sie behütet, bis sie die Kraft zu einem erneuten, diesmal siegreichen Kampf gegen ihre Unterdrücker haben werden, rückt die Erzählung in eine mythische Dimension. Die nur vage geographisch-historische Lokalisierung des Geschehens steht in Kontrast zu der genauen Gestaltung der Lebenswelt der Fischer und ihrer Familien, zu den einprägsamen Porträts der Figuren, vor allem des jungen Fischers Andreas, seiner Zieheltern Kedennek und des Revolutionärs Hull, der einen im Werk Seghers' mehrfach gestalteten Typus variiert, von Grubetsch über Georg Heisler und Jason zu Robert Lohse. Hull ist kein politischer Funktionär, sondern ein Sozialrevolutionär, der seine existentielle Verlorenheit durch die Zugehörigkeit zu einer Gemeinschaft zu überwinden hofft und dabei scheitert. Wie in den meisten ihrer in den 20er- und 30er-Jahren entstandenen Erzählungen und in dem Roman *Der Kopflohn* zeigt Seghers auch in *Aufstand der Fischer von St. Barbara,* dass Frauen (hier ist es die junge Prostituierte Marie, die von den Soldaten brutal vergewaltigt und ermordet wird) einer doppelten Gewalt und Unterdrückung ausgesetzt sind. Auch die Tatsache, dass sie in der Gestaltung ihrer männlichen und weiblichen Figuren den traditionellen Geschlechterstereotypen ihrer Zeit folgt, die den männlichen Revolutionären den aktiven Kampf und den weiblichen Figuren die Rollen der Mutter oder der Hure zuweist, könnte als Ausdruck ihrer realistischen Gestaltung gesehen werden. Die existentialistische Dimension dieser Erzählung überwiegt deutlich gegenüber der sozialrevolutionären. Während Seghers für *Aufstand der Fischer von St. Barbara* und *Grubetsch* die Anerkennung der literarischen Öffentlichkeit durch die Verleihung des Kleist-Preises 1928 erhielt, kritisierten Parteigenossen die aus ihrer Sicht fehlende politisch-ideologische Klarheit. Daher wirkt die Verfilmung durch Erwin Piscator in der Sowjetunion – die Uraufführung fand im Oktober 1934 in Moskau als geschlossene Veranstaltung statt – wie eine Korrektur aus Parteiperspektive: Piscator lässt die Geschichte mit dem Beginn eines siegreichen Aufstands enden. Hingegen kann die Verfilmung durch Thomas Langhoff (DDR 1988) als annähernd textgetreue Realisierung gelten.

Die Wellblech-Hütte
Bruchstücke einer Erzählung (1929)

Ein Berufsrevolutionär, L., und ein einfacher Mann aus dem Volk, Brekoly, sind zusammen als Häftlinge in einer Wüste in einem englischsprachigen Land. Ihre spätere Wiederbegegnung wirft ein neues Licht auf ihr früheres Verhältnis: hatte damals L. versucht, Brekoly die Grundlagen des Klassenkampfes zu vermitteln, so begegnet er jetzt einem Mann, der mit der Partei fest verbunden ist, aber durch seine Gemeinschaft mit seinesgleichen und seiner festen Verankerung im Alltagsleben dem asketischen Funktionär L. weit überlegen ist. In dieser spröden, genauen Erzählung thematisiert Seghers, konzentriert auf die sich verändernde Beziehung der beiden Männer, einen Grundwiderspruch der kommunistischen Bewegung, den sie in ihrem ersten Roman *Die Gefährten* einer fundierteren Darstellung und Reflexion aussetzt. Sie spürt den Defiziten und Beschädigungen nach, die eine strikte Ausrichtung auf den revolutionären Kampf für die männlichen Funktionäre bedeutet, einen

Verlust an Mitmenschlichkeit, eine Verarmung der Empfin-
dungen und letztlich die Isolation vom Leben selbst. Auch
dieses Thema hat Seghers immer wieder aufgegriffen, sei es
in dem Roman *Die Rettung* oder in *Das Licht auf dem Galgen*, in *Wiederbegegnung* oder in *Die Trennung*.

Der letzte Mann der ›Höhle‹ (1929)

Eher als Reportage denn als Erzählung muss dieser Text
gelten, der von einem Experiment deutscher Emigranten in
den 20er-Jahren auf Korsika berichtet. Von Anfang an
durchziehen zwei Perspektiven die Geschichte: die unterschiedlichen Erwartungen und Ansprüche, die der Arbeiter
B. und seine namenlose Frau an die neue Lebensform stellen. B. sucht, nachdem er sich vom dem gescheiterten Experiment distanziert hat, nach einem eigenen Weg, er jagt einer
Utopie hinterher, ohne zu begreifen, was seine Frau erfährt:
dass dieses kleine, aber sorgfältig bebaute Stück Land, die
Tierhaltung und ein eigenes Dach überm Kopf bereits ein
kleines Stück Wirklichkeit, ein vielleicht unvollkommener,
aber doch Teil der großen Idee ist.

Wie einige der anderen Erzählungen aus den 20er-Jahren
variiert auch diese Reportage das Thema der Suche nach
dem Eigenen und nach dem Glück im Eingebundensein in
eine Gemeinschaft, und ihre Struktur und Stilmittel verweisen auf das Experimentieren der Autorin mit verschiedenen
literarischen Mustern, die dem Ausdruck ihres Anliegens
angemessen sein könnten. Einige stilistische Merkmale
(»Die Bucht von Ajaccio entspricht bei der Einfahrt völlig
der Ansichtskartenbucht«; »Er führte uns«; »Was wollen Sie
dort anfangen?«) erwecken den Eindruck, als sei die Autorin nach Korsika gefahren und habe dort ein Gespräch mit
dem Arbeiter B. geführt und sich vor Ort ein Bild von Menschen und Landschaft gemacht.

Die Ziegler (1927–28/1930)

Die Erzählung gestaltet den schleichenden, aber unaufhaltsamen Abstieg einer Kleinbürgerfamilie in seinen geschlechts- und generationsspezifischen Ausprägungen, seine Spuren werden an den Menschen und ihrer unmittelbaren Umgebung mit geradezu schmerzhafter Genauigkeit gezeigt. Während die junge Marie Ziegler, ein Mädchen, das seine Fähigkeiten und Sehnsüchte genauso wenig entfalten kann wie Anna in *Grubetsch,* bis zuletzt alleingelassen bleibt und an der Kälte und Ausweglosigkeit ihrer Welt zugrunde geht, entwickelt sich ihr Bruder zu einem rücksichtslosen, aus allen sozialen Bezügen herausfallenden jungen Mann, der sein Überleben mit dem Verlust aller menschlichen Bindungen bezahlt. Besonders eindrucksvoll ist die Figur der Mutter gestaltet, die Art, wie sie den immer mehr herunterkommenden Haushalt zusammenhält, um den Schein zu wahren, wie sie die Armut und den Hunger verwaltet, wird in einer knappen, spröden Sprache beschrieben, die ein Höchstmaß an Anschaulichkeit erreicht. Der familiäre Zusammenhalt zerbricht mit der fortschreitenden Deklassierung, jedes Familienmitglied geht seinen eigenen Weg, Empathie und Dialoge finden schließlich nicht mehr statt, und die Hoffnung auf Erlösung erstickt in der Vereinzelung.

Ähnlich wie in *Grubetsch* wählt Seghers auch hier einen sozialpsychologischen Zugriff auf das Elend und die Ausweglosigkeit von jungen Menschen in Kaiserreich und Weimarer Republik. Während die Hofatmosphäre dort einen Zustand fixiert, beschreibt diese Erzählung eine Entwicklung, die sich über mehrere Jahre hinzieht. Damit tritt das Symbolhafte der Hofwelt zurück zugunsten einer genaueren sozialen Verortung des Milieus. In *Selbstanzeige* (1931) fasste Seghers diese Erzählung zusammen: »Der Hunger des Kleinbürgers, seine vollkommen sinnlose Einsamkeit« (KuW 2) und stellte sie gegen den Hunger, der zur Kraft wird, in den *Bauern von Hruschowo.*

Auf dem Wege zur amerikanischen Botschaft (1930)

Diese Erzählung berichtet von vier einzelnen Menschen in einer großen Demonstration gegen die Hinrichtung der beiden italienischen Anarchisten Saccho und Vanzetti in den USA in einer europäischen Großstadt (Berlin, Paris?). Der Fremde, dessen Perspektive die Erzählung am häufigsten einnimmt, die Frau, der Mann und der Kleine gehen zufällig in einer Reihe. Diese Geschichte gibt – und dies unterscheidet sie von den vorangegangenen Erzählungen – dem existentiellen Ausbruchsbegehren eine Richtung. So unterschiedlich die vier in Bezug auf ihre Lebensumstände, ihr politisches Bewusstsein und ihre Hoffnungen sind, so deutlich wird ihr gemeinsames Anliegen, das sie für die Dauer der Demonstration eine zufällige und doch auch folgerichtige Gemeinschaft bilden lässt. Für den Fremden ist es gerade dieses Gemeinschaftsgefühl, das ihn an die anderen drei bindet; er spürt ein Zugehörigkeitsgefühl, das ohne direkte politische Implikation zunächst nur der Überwindung seiner Einsamkeit geschuldet ist. Eine bisher ungelebte Dimension seiner Identität kann auf überraschende Weise zum Ausdruck kommen: »In dieser fremden Stadt will ich ganz anders sein.« Mit der Figur der Arbeiterfrau gelingt Seghers ein Porträt, das an *Marie geht in die Versammlung* erinnert. Der verbrauchte, müde Körper dieser Frau steht im Gegensatz zu ihrer inneren Lebendigkeit, ihren Hoffnungen und Sehnsüchten. Alle Figuren werden sowohl aus der Innen- wie aus der Außenperspektive erfasst, sie bleiben ihrer Innenwelt verhaftet und treten nicht in Kommunikation mit ihren Mitdemonstranten. Die innere Artikulation und die Bewusstwerdung ihrer jeweiligen Motivation, sich der Demonstration anzuschließen, verläuft synchron zur räumlichen Bewegung des Demonstrationszuges. Das Nebeneinander von Innen und Außen, der rasche Wechsel von Innen- und Außensicht, die Dynamik von Bewegung und Gegen-Bewegung und schließlich der Schrei der Frau vor dem

Gittertor der Botschaft veranschaulichen die Unmittelbarkeit des Erzählens, die durch das Fehlen eines Erzählerkommentars noch intensiviert wird.

Bauern von Hruschowo (1930)

Diese Erzählung handelt von einem kleinen Dorf in den Karpaten, in dem das Leben der Bauern seit Jahrhunderten ebenso hart und karg ist wie die Landschaft. Die großen politischen Ereignisse – der Weltkrieg, der Zerfall der europäischen Monarchien, die Oktoberrevolution, die kurzzeitige Räterepublik in Ungarn – haben einen Widerhall gefunden in dem Dorf Hruschowo. Die Bauern schließen sich zusammen und kämpfen um einen Wald, dessen Ertrag sie zum Leben notwendig brauchen. Ihr Kampf löst Solidaritätsaktionen in allen Teilen des Landes aus, so dass die Regierung in Prag schließlich per Vertrag den Bauern von Hruschowo ihren Wald »für alle Zeiten« überlässt.

Mit *Bauern von Hruschowo* gestaltet Seghers eine ihr berichtete wirkliche Begebenheit (»Diese Geschichte habe ich erzählen hören vom Sekretär der Partei im Bezirk Karpatenrußland«), der sie märchenhaft-verklärende Züge gibt. Sie ist als zugleich reales und idealisiertes Gegenbeispiel zum gescheiterten Aufstand der Fischer von St. Barbara gestaltet und angesiedelt in den Karpaten, einer Landschaft, die auch den Hintergrund für die späteren *Schönsten Sagen vom Räuber Woynok* bildet. Hier verbindet sich die Idee der Gemeinschaft mit einem konkreten politischen Ziel und mit einer konkreten politischen Macht, der Partei Lenins. Diese Erzählung korrespondiert mit einem Beitrag für die *Rote Fahne*, die Zeitung der KPD, aus dem Jahr 1932, in dem Seghers Lenin beschreibt als denjenigen, der den Arbeitern und Bauern gezeigt habe, »wie sie die Besitztümer der Erde gerecht verteilen können, damit sie beginnen können, ein Land aufzubauen, in dem es bald keine Armen und Reichen, keine Unterdrücker und Unterdrückten mehr gibt, in dem jedes Kind essen kann, was es braucht, und lernen kann, was es will« (*Wer war das eigentlich? Gespräch mit einem Kind über Lenin*). Das Einfache, das schwer zu machen ist, wird in der Erzählung an einem historischen Beispiel gezeigt. Das *Gelingen* dieses Aufstands bleibt ein singuläres Moment im Seghers'schen Werk, in dem sonst durchgängig vom Scheitern und von der Größe der Märtyrer für die revolutionäre Idee die Rede ist.

Marie geht in die Versammlung (1932)

Wie schon in den Frauenfiguren der vorangegangenen Erzählungen, Anna und Marie in *Grubetsch*, Marie in *Die Ziegler*, die Prostituierte Marie und die Fischersfrau Marie Kedennek in *Aufstand der Fischer von St. Barbara* und der Arbeiterfrau in *Auf dem Wege zur amerikanischen Botschaft* wendet sich Seghers in dieser Skizze mit Empathie und sozialpsychologischer Genauigkeit der Erfahrungswelt von Frauen zu. Sie wählt hier eine Entscheidungssituation aus dem Alltagsleben einer Arbeiterin, Mutter und Genossin, die unter der Last der einander ausschließenden Pflichten und Gefühle sich dafür entscheidet, der politischen Arbeit den Vorrang zu geben, weil sie begreift, dass ihr individuelles Leben und Lebensglück untrennbar mit dem Geschick ihrer Klasse verbunden ist: »Man darf nicht bei den Kindern hocken, man muss arbeiten, nicht für drei Kinder, sie sagt, für drei Millionen Kinder«. Seghers wählt hier, wie auch in den drei Anekdoten mit chinesischem Stoff und in *Das Vaterunser* und *Das Viereck* eine operative Kurzform, die allerdings eine spezifische Modifikation erfährt: es geht Seghers keineswegs um eine ideologisierende Agitation, sondern um eine Bestandsaufnahme der Innenwelt und der seelischen Verfassung unterdrückter, und das bedeutet für Seghers immer auch: erlösungsbedürftiger Menschen. Wie sie es in *Kleiner Bericht aus meiner Werkstatt* am Beispiel einer Beschreibung der 1.-Mai-Feier in China vorführt und poetologisch reflektiert, steht im Zentrum ihrer Beobachtung und Gestaltung ein einzelner Mensch mit seinen existentiellen Nöten und Sehnsüchten – so auch hier im Porträt der Arbeiterfrau.

Der Führerschein (1932)

Die Anekdote vom Chauffeur Wu Pei-li, der sich im Bruchteil einer Sekunde entscheidet, die vier japanischen Offiziere der Besatzungsarmee mit sich in den Tod zu nehmen, ist von unvergleichlicher stilistischer Dynamik. Wie für die Gattung typisch, wählt Seghers einen Ausschnitt aus einem komplexeren Geschehen, um die in ihren Augen herausragenden Charakterzüge des chinesischen Chauffeurs, seinen Mut und seine Selbstlosigkeit, ins Bild zu fassen. Die Tendenz zur Heroisierung dieser Figur, ein zeit- wie gattungsspezifisches Moment, das sich etwa auch in den zahlreichen Anekdoten von Franz Carl Weiskopf aus den frühen 30er-Jahren findet, ist unübersehbar, und sie fügt sich dem Muster der Märtyrerchroniken im Werk Seghers' als frühes Beispiel ein. Stoffgeschichtlich gehört diese chinesische Anekdote in den Umkreis des ersten Romans *Die Gefährten*.

Kleiner Bericht aus meiner Werkstatt (1932)

Dieser Text berichtet von der Entstehung der gemeinsam mit der chinesischen Genossin Schü-Yin verfaßten Reportage *1. Mai. Yan schuhpou* (in: *Die Rote Fahne*, Berlin,

1. Mai 1932) und gibt in seiner besonderen Mischung aus Erzählung und Reflexion des Erzählvorgangs Einblick in die Schreibweise und -intention Seghers'. Bevor die eigentliche Handlung, die Demonstration zum 1. Mai, erzählt werden kann, muss in ihr Ausgangspunkt, nämlich die genauen Lebensumstände der Menschen, die Armut ihrer Behausung, ihre aus der Härte des Arbeitsalltags resultierende Müdigkeit und ihre innere Beziehung zu der politischen Bedeutung des 1. Mai als Kampftag der Arbeiterklasse, beschrieben werden. Das auch in *Grubetsch* und *Die Ziegler* angewandte Verfahren, die innere Verfassung der Figuren in der Dürftigkeit und Armseligkeit ihrer unmittelbaren Lebensumgebung, in den Dingen des alltäglichen Gebrauchs und ihrem Umgang damit zu spiegeln, gelangt hier zu einer eindringlichen Anschaulichkeit. Die dialogische Struktur des Textes bildet, über das didaktische Moment hinaus, eine Haltung ab, die emphatisch und parteiisch ist. Ein Stück Wirklichkeit zu beschreiben, bedeutet, »den Extrakt dieser Wirklichkeit« zu erfassen. Seghers verbindet diese äußerst exakte Gestaltungsweise, die keinen Unterschied zwischen ›innen‹ und ›außen‹ macht, mit ihrem politischen Engagement: »Denn wir schreiben ja nicht, um zu beschreiben, sondern um beschreibend zu verändern«. Diese Erklärung kann als Grundlage ihrer Poetologie gelten.

Der Last-Berg
Dem Chinesischen der Shui Kiang nacherzählt (1933)

Wie *Der Führerschein* geht auch diese Anekdote auf eine wirkliche Begebenheit zurück – ein Verfahren, das Seghers in ihrem weiteren Erzählwerk immer wieder aufgreift; im Unterschied zu jener fehlt dieser Geschichte das heroisierende Moment völlig, stattdessen konzentriert sie sich auf die genaue Beschreibung der unerträglichen Be-Lastung des chinesischen Lastträgers, der solidarischen Hilfe der anderen Kulis und der Gleichgültigkeit der Passanten angesichts des wie ein Tier schuftenden Trägers. Der letzte Satz: »Niemand sagt, warum hat er so schwer tragen müssen« führt aus der Konkretheit der dargestellten Situation heraus, indem er diejenige Frage stellt, die aus der Perspektive der Erzählerin den ersten Schritt einer möglichen Veränderung angibt.

Das Vaterunser (1933)

Ein Ich-Erzähler berichtet von seiner Verhaftung in der ersten Aprilwoche (des Jahres 1933) und der brutalen Misshandlung der Verhafteten durch SA-Leute im Hof der SA-Kaserne. Im Unterschied zu den namentlich genannten Genossen des Ich-Erzählers werden die SA-Leute mit »Standartenführer« und »der Kleine« bezeichnet. Begafft und beschimpft von Menschen, die ehemals Nachbarn und Kollegen waren, werden die verhafteten Männer im Kasernenhof einer heimtückischen und brutalen Gewalt unterworfen, die schon auf die sieben Baumkreuze im KZ Westhofen verweist: die Gefangenen sollen laut das Vaterunser beten. Indem man sie zwingt, ein falsches Glaubensbekenntnis abzulegen, soll ihre Menschenwürde gebrochen werden, und doch erhebt sich, immer leiser werdend, aus dem Knäuel der misshandelten Gefangenen eine Stimme, welche die Internationale singt – aber »es ist zuletzt nichts mehr anderes als Blut aus seinem Mund gekommen, vielleicht hat er gedacht, daß man ihn noch wunder wie weit hört«. Im Vergleich mit Weiskopfs den gleichen Stoff gestaltender Anekdote *Die Internationale* wirkt die Seghers'sche Erzählintention noch deutlicher profiliert.

Dies ist der erste bekannte Text, den Seghers mit einem weiteren Pseudonym (Peter Conrad) zeichnete, und es ist der einzige pseudonyme Text, dessen Autorschaft sie anerkannt hat. Unter dem gleichen Pseudonym erschienen die Erzählung *Mord im Lager Hohenstein* und die Skizze *Flucht durch den Wald* (*Die Aktion*, Paris, 4. März 1933; vgl. Stephan, B 5: 1997). 1933 wurde in Moskau die Broschüre *Mord im Lager Hohenstein* mit Skizzen und Erzählungen proletarisch-revolutionärer Schriftsteller veröffentlicht; sie war eine der ersten öffentlichen Anklagen gegen den systematischen Terror der Nazis gegenüber politischen Gegnern, gegen Massenverhaftungen, -folterungen und -morden im Gefolge des Reichstagsbrandes vom 27. Februar 1933. In der Einleitung schrieben die Herausgeber:

> Programmgemäß brach der Terror gegen all jene los, die – zum Teil schon seit Jahren – auf der ›schwarzen Liste‹ als Opfer für die ›Nacht der langen Messer‹, die Bartholomäus-Nacht, vorgesehen waren. Noch in der Nacht vom 27. zum 28. Februar wurden alle erreichbaren Funktionäre der Kommunistischen Partei Deutschlands, ihre Reichstagsabgeordneten, ihre Redakteure und Journalisten verhaftet. [...] Wie man dort mit ihnen verfuhr, ist in der nüchternen Tonart eines Berichts überhaupt nicht zu beschreiben. Die grauenvolle, wahrhaft viehische Art, in der seit Jahren von der nationalsozialistischen Presse und Literatur aufgepeitschten Banden der SA und SS an den wehrlosen Gefangenen ihren Sadismus austobten, ist naturgemäß selbst in den objektivsten Berichten der redlichsten Berichterstatter bisher nur unzulänglich dargestellt worden.

Solche Berichte von Augenzeugen gab es: sie füllen mehrere hundert Seiten im *Braunbuch über Hitlerterror und Reichstagsbrand*, das bereits im Spätsommer 1933 in Basel erschien. Im gleichen Jahr veröffentlichte der Münchner KPD-Reichstagsabgeordnete Hans Beimler den Bericht über seine Haft und Folterung im KZ Dachau, Berichte von Gerhart Seger, Karl Billinger, Willi Bredel, Wolfgang Langhoff und anderen folgten – wenig später griff Seghers unter

anderem auf solche Augenzeugenberichte zurück, als sie
den Roman *Das siebte Kreuz* schrieb. Als die wahrscheinlich früheste Vorarbeit zu diesem Roman ist die Skizze *Das
Vaterunser* anzusehen, die Seghers auch in der Broschüre
Mord im Lager Hohenstein veröffentlichte. Sie knüpft hier
an ihre Erzählung *Auf dem Wege zur amerikanischen Botschaft* an. Von machtvollen Solidaritätsdemonstrationen ist
in der Skizze von 1933 nur ein »Karo aus Viererreihen«
geblieben.

Der Vertrauensposten (1933/1978) –
Der sogenannte Rendel (1940)

Ein Mann, Familienvater und zermürbt von langer Arbeitslosigkeit, stirbt, ehe er den Vertrauensposten als Nacht-
wächter in einer Fabrik antreten kann. An seiner Stelle tritt
seine Frau Katharina die Arbeit an, unterstützt von Marie,
die sich um die Kinder kümmert. Katharina verliert ihre Arbeit, als die Sache durch einen Zufall herauskommt, und
wird als Putzfrau weiterbeschäftigt. Soweit das stoffliche
Grundgerüst der Skizze *Der Vertrauensposten*. Es handelt
sich bei dieser Skizze um eine von mehreren Fassungen einer Geschlechtertauschgeschichte, die auf eine tatsächliche
Begebenheit zurückgeht, die sich in Seghers' Geburtsstadt
Mainz in den 20er-Jahren ereignete und von der sie wahrscheinlich aus der Presse erfuhr. *Der Vertrauensposten* war
vermutlich die erste Fassung dieses Stoffes; sie gibt eine
kurze Darstellung der Begebenheit, ohne sie auf eine bestimmte Intention hin zu profilieren. Anders die ebenfalls
in den 30er-Jahren entstandene Erzählung *Der sogenannte
Rendel*, deren Handlung um 1932 in der deutschen Stadt
M. angesiedelt ist. Hier erhält die skizzenhafte Gestaltung
von Figuren und Handlung in *Der Vertrauensposten* ihre
erzählerische Vertiefung, die, wie für Seghers typisch, im

Wechsel von psychologisch genauer Charakterisierung und Motivierung der Figuren und sozialer Bedingtheit ihres Handelns geschieht. Die aus existentieller Not geborene und durch die spontane Solidarität der beiden Frauen getragene Gemeinschaft gerät durch deren Sehnsucht nach Liebe und Lust auf eine sexuelle Beziehung zu einem Mann in einen schwer aushaltbaren Konflikt. Aber sowohl Marie wie auch Katharina entscheiden sich für ihre ›Familie‹ und geben damit ihrer Form der schwesterlichen Solidarität den Vorrang gegenüber der Bindung an einen Mann. Katharinas Unfalltod (mit diesem Ende wandelte Seghers die mutmaßliche Vorlage ab, die mit einem Prozess gegen die beiden dem äußeren Anschein nach als Mann und Frau mit ihren Kindern zusammenlebenden Frauen in Mainz ausging) setzt den Schlusspunkt unter diese frühe Geschlechtertauschgeschichte.

Seghers stellte hier, wie in den Exilerzählungen häufig, wiederum Frauenfiguren ins Zentrum; auf vergleichbare Weise wie die porträtierten Frauen in *Frauen und Kinder in der Emigration* sind auch Katharina und Marie Figuren, die sich in den Mühen der Ebenen, des Alltags, bewähren, indem sie eine kreative Lösung für eine dramatische und tragische Situation finden. Die entstehungsgeschichtliche Nähe dieser Erzählung zu dem Roman *Der Kopflohn* (durch den Namen Rendel und den Schluss-Satz: »Er nahm bloß seinen Hut ab.«), der Skizze *Das Viereck* (in der Wendung, dass Marie »die fahlen Vierecke auf der Tapete« betrachtete) und den *Schönsten Sagen vom Räuber Woynok* (durch den Namen Gruschek) fällt ins Auge, thematisch gibt es Bezüge zur pragmatischen Solidarität der Madame Meunier in der Erzählung *Das Obdach*. Interessant sind Stoffgeschichte und Fassungen aber auch unter den spezifischen Bedingungen des Exils. *Der Vertrauensposten* kann als Exposé zu einem Drehbuch gelten, an dem Seghers im französischen Exil zusammen mit Hans Richter und Frederick Kohner gearbeitet hat. Wie Alexander Stephan recherchiert hat, gibt es mehrere Fassungen des Stoffes unter Titeln wie *Das fremde Kleid*, *Der sogenannte Rendel*, *Hier gibt's keine Katharina*, *Keine Zeit für Tränen*, an denen Seghers z. T. unter dem Pseudonym Eve Brand mitgearbeitet hat. Eine filmische Realisierung des Stoffes aus den 30er- oder 40er-Jahren konnte bisher nicht nachgewiesen werden, und die verschiedenen Varianten (darunter auch die Drehbuchentwürfe) wurden auch erst in den 70er-Jahren wieder entdeckt.

Der Text *Der Vertrauensposten* gelangte vermutlich in den 30er-Jahren über den »Deutschen Autorendienst«, den Margarete Steffin, die wichtigste Mit-Autorin Brechts in den Exiljahren, im Pariser Exil gegründet hatte, zu Brecht, in dessen Nachlass sie später aufgefunden wurde. Brecht machte daraus, wahrscheinlich in Zusammenarbeit mit Margarete Steffin, 1934 die erst postum veröffentlichte Geschichte *Der Arbeitsplatz oder Im Schweiße deines Angesichts sollst du kein Brot essen*. Brecht und Steffin setzten jedoch andere Akzente bei der Bearbeitung des Stoffes als Seghers (die kleine Geschichte variiert durchaus das Grundmotiv des späteren Exilstückes *Der gute Mensch von Sezuan*). Während sich Seghers vor allem dafür interessierte, was der durch Arbeitslosigkeit und Not erzwungene Geschlechtertausch für die beiden Frauen und ihre Beziehung bedeutet, legten Brecht und Steffin den Schwerpunkt auf die sozialökonomischen Verhältnisse, die Menschen dazu bringen, ihr Geschlecht zu wechseln, also ihre (Geschlechts-) Identität aufzugeben. Das Fernsehen der DDR verfilmte 1977/78 die Geschichte *Der Arbeitsplatz* unter dem Titel *Tod und Auferstehung des Wilhelm Hausmann*, und Barbara Trottnow realisierte in einer Mischung von Dokumentar- und Spielfilm 1995 im Auftrag des ZDF *Der sogenannte Rendel* unter dem Titel *Katharina oder: Die Kunst Arbeit zu finden*.

Frauen und Kinder in der Emigration
(1. Hälfte 30er-Jahre / 1985)

Authentische Berichte von antifaschistischen Emigranten in
Paris, möglicherweise auf die Fragebogen der dortigen »Roten
Hilfe« zurückgehend, bilden den dokumentarischen Hintergrund für diese eindringlich erzählten Porträts von Frauen
und Kindern, die ihre Heimat verlassen mussten, um der Verfolgung durch die Nazis zu entgehen, weil sie Juden oder
Kommunisten waren. Seghers gibt hier einen wichtigen Einblick in die Sozial- und Alltagsgeschichte des weiblichen Exils,
die von der an der Geschlechterperspektive interessierten
Exilforschung immer wieder zitiert wird wegen ihrer Einzig-
artigkeit und Genauigkeit. So unterschiedlich die Lebensumstände dieser Frauen in Deutschland, ihre soziale Herkunft,
die Gründe für die Emigration und ihre individuellen Eigenschaften und Fähigkeiten waren – verbindendes Element ist
die Selbstverständlichkeit, mit der sie in der fremden Umgebung die Verantwortung für die Alltagsorganisation des Fa-
milienlebens übernehmen und ihren Kindern und Männern so
ein Stück Heimat ins Exil retten. Die Erzählung ist nicht frei
von Mythisierung und Heroisierung – so wird das Nazi-Regime im Bild der Naturgewalt eines »Wirbelsturms« symbolisiert, und die Emigrantin ist »wieder die Frau von Kriegszü-
gen, von Verbannungen, von Völkerwanderungen«. Es ist die
»Kraft der Schwachen«, die hier quasi naturgegeben den
Frauen zugesprochen wird und die sie als Verpflichtung annehmen, als sei es ihr Schicksal, während ihren Männern der
politische Kampf vorbehalten bleibt. Die Entstehungsum-
stände dieses Textes sind bisher nicht eindeutig geklärt; meiner
Auffassung nach ist er in der ersten Hälfte der 30er-Jahre entstanden, möglicherweise schrieb Seghers ihn für den Weltkongress der Frauen gegen Krieg und Faschismus, den Gertrude
Duby, damals Sekretärin des der KPD nahe stehenden Komitees der Frauen gegen den Krieg, 1934 in Paris organisierte.

vgl Brecht
Inschrift

Das Viereck (1934)

Aus der Perspektive des Kindes Marie wird in dieser kleinen Skizze von der Verfolgung und Ermordung von Kommunisten durch das Nazi-Regime erzählt, zu deren Opfern
auch ihr Vater gehört. Symbol für das Festhalten der Bindung an die kommunistische Bewegung wird die leere Stelle
an der Wand, wo zuvor das Bild Thälmanns hing. Was in
den Herzen und im Bewusstsein der Menschen, hier ist es
die junge Marie (die sich nicht nur an das Bild, sondern
auch an eine Rede Thälmanns erinnert) bewahrt wird, kann
nicht wirklich ausgelöscht werden. Seghers knüpft hier an
ihre Texte *Ein »Führer« und ein Führer* (um 1934) und
Ernst Thaelmann. What he stands for (1934) an. Kinder als
Hauptfiguren von Erzählungen sind in der Exilliteratur relativ selten; eine andere Autorin, Margarete Steffin, wäre
hier zu nennen, deren Stücke und Erzählungen über und
für Kinder ausschließlich im Exil entstanden, von ähnlicher
Empathie und Sensibilität geprägt und mit vergleichbarer
Einfachheit und Eindringlichkeit gestaltet sind. Seghers hat
Das Viereck in das wahrscheinlich Ende der 40er-Jahre ent-
standene Theaterexposé integriert.

Der letzte Weg des Koloman Wallisch (1934)

Wie *Das Vaterunser* und *Das Viereck* erzählt auch diese Geschichte von der Niederlage der Arbeiter- und der kommunistischen Bewegung und deren verheerenden Folgen. Die
mit der Erzählung *Aufstand der Fischer von St. Barbara*
und den Romanen *Die Gefährten* und *Der Kopflohn* entwickelte Struktur vom gescheiterten Aufstand und der unausweichlich in den Tod führenden Flucht der Verfolgten
wird in *Der letzte Weg des Koloman Wallisch* wie auch in
dem folgenden, episch weiter ausholenden Roman *Der Weg*

durch den Februar aufgegriffen und neu akzentuiert. Wallisch kam nach der Niederschlagung der Räterepublik aus Ungarn in die Steiermark. Für die einen war er ein halbherziger Sozialdemokrat, für die andern ein Hetzer und Bolschewik, alle aber anerkannten seine Courage. Er wurde zu einem der Führer des Februar-Aufstandes 1934 gegen das klerikal-faschistische Dollfuß-Regime, einer ersten Aktion im Sinne des Volksfront-Gedankens. Die Verankerung der Aufständischen in der Bevölkerung war jedoch nicht stark genug, sie wurden niedergemacht. Wallisch war offenbar keiner, der nach dem Prinzip ›Der Zweck heiligt die Mittel‹ gelebt und gekämpft hat – er und seine Leute bezahlten das Brot, das sie aßen, sie nahmen es sich nicht einfach. Und er wäre in der Lage gewesen, aus der Niederlage zu lernen, seine Kräfte für später aufzusparen, denn er war überzeugt von der Notwendigkeit des Umsturzes, von der Gerechtigkeit seiner Sache. Die Erzählerin, die aus eigener Anschauung von Land und Leuten, aus Gesprächen und Zeugenaussagen, aus der Anklagerede und aus Presseberichten ein durchaus widersprüchliches Bild des Koloman Wallisch zusammentrug, ging seinen letzten Weg, den Fluchtweg, nach, bis zum Verrat Wallischs durch einen seiner Leute, bis zur Hinrichtung, bis zu seinem Grab. Der chronikalische Berichtstil macht diesen Text jedoch nicht zu einer Reportage über ein bedeutendes zeitgeschichtliches Ereignis; die Erzählerin ist anwesend, sie geht den Weg Wallischs nicht nur im wörtlichen, sondern auch im übertragenen Sinne nach, sie *folgt ihm nach* und gibt sein Vermächtnis weiter: »Wallisch hämmerte ihnen ein, weiter an den Sieg zu glauben, nicht an den jetzigen, aber an den endgültigen«. Auch hier sind, wie in dem Roman *Die Gefährten* und in der Wallau-Episode in *Das siebte Kreuz* die Grundkonstellationen von Passion und Erlösung gegenwärtig, der Judas-Verrat und der Märtyrertod. Seghers hat u. a. Informationen zur Geschichte Wallischs aus dem Bericht Paula Wallischs, der sich in der Seghers-Radvanyi-Bibliothek befindet, übernommen.

Aufstellen eines Maschinengewehrs im Wohnzimmer der Frau Kamptschik (1934/1935)

Dieser Geschichte (zuerst veröffentlicht als Teil des Romans *Der Weg durch den Februar*: »Als eine Batterie des Bundesheeres gegen Sandleiten anrückte [...] in alle Wohnungen, in denen Schutzbündler postiert waren«) hat Seghers durch die Aufnahme in die beiden *Bienenstock*-Ausgaben das Gewicht einer Einzelerzählung gegeben. Es ist typisch für die Strukturen des Erzählens bei Seghers, dass eine Episode aus einem ihrer Montageromane in sich alle wesentlichen inhaltlichen und stilistischen Merkmale enthält, um für sich bestehen zu können. In ihrer Ausgangshaltung und ihrer Entwicklung scheint mir Frau Kamptschik eine Vorgängerin der Frau Carrar zu sein aus dem Spanienstück *Die Gewehre der Frau Carrar* von Brecht/Steffin. Christa Wolf schreibt über Seghers' Erzählung:

Sie findet die Kämpfer als Gefangene, als Angeklagte in den Prozessen der Dollfuß-Justiz, als Geschlagene, als Opfer, in abseitige Ecken der Friedhöfe verscharrt. Sie geht durch die Arbeiterviertel und sieht die Spuren der Kämpfe. Sie findet die Zerstörungen in der Genossenschaftssiedlung ›Karl Marx‹, die heute in den Geschichtsbüchern genannt wird, als Zentrum des Widerstands von sozialdemokratischen Schutzbündlern und Kommunisten. In diese Siedlung legt sie das Wohnzimmer der Frau Kamptschik. Einen ungeeigneteren Ort zum Aufstellen eines Maschinengewehrs hätte niemand sich ausdenken können. Exotischer und unsinniger wäre der friedfertigen Frau Kamptschik auch ein Krokodil in ihrer Stube nicht vorgekommen. Dann sieht man: Das Maschinengewehr, gerade an diesem Platz postiert, gerade der sinnlosen, verzweifelt leeren Friedfertigkeit einer Frau Kamptschik

gegenübergestellt, reißt mit einem Schlag den Sinn
dieser Kämpfe auf und das, was von ihnen übrig-
bleibt.   (Wolf, B 5: 1999b)

Wiedersehn (1938)

Bereits der erste Absatz dieser kleinen Erzählung schlägt
den typischen Seghers-Ton an:

> Gestern haben wir L. auf dem Boulevard St. Michel ge-
> troffen. Wir gingen minutenlang hinter ihm her, ohne
> ihn zu erkennen, aber bereits beunruhigt durch den
> scharfen Dreivierteltakt seines Hinkens. Schon einmal
> waren wir hinter ihm hergegangen. Im Frühsommer
> dieses Jahres auf einem Gelände hinter Madrid. Jetzt
> blieb er vor einer Auslage stehen, und wir erkannten
> sein Gesicht. Unter dem Haaransatz auf der linken
> Stirnseite hatte er eine unwahrscheinliche Narbe. Mit
> diesem Loch in der Stirn stand er mitten im bunten
> Gedränge des pariser Winterabends wie ein auferstan-
> dener Toter, wie ein Totenschiffkapitän. Menschen sei-
> ner Art tragen ihre eigene Legende wie ein Wappen mit
> sich herum. Mit ihrer äußeren Erscheinung nehmen
> wir jedesmal auch diese Legende auf.

Der tiefe Eindruck, den ihre Fahrt nach Spanien anlässlich des II. Internationalen Schriftstellerkongresses zur
Verteidigung der Kultur im Juli 1937 bei Seghers hinterlassen hatte, schlägt sich auch in diesem Text nieder. L., der
Interbrigadist aus dem Dombrowski-Bataillon, hat eine
schwere Verwundung mit unwahrscheinlichem Glück überlebt, obwohl er sich zuerst zum Kommissar seiner Brigade,
nicht zum Arzt tragen ließ. Die kurze Begegnung in Paris
weckt die Erinnerungen der Ich-Erzählerfigur an Begeg-

nungen mit anderen Interbrigadisten in Spanien, von denen
inzwischen einige gefallen sind, und an den politischen
Kommissar des Bataillons. Der einfache, im Ton einer persönlichen Erinnerung gehaltene Text weist dadurch Berührungspunkte auf zu den fiktiven Tagebuchseiten *Six jours,
six années* (1938).

Six jours, six années. Pages de journal (1938)

In diesem kurzen Text (dt. erstmals von Wolfgang Klein in:
»neue deutsche literatur« 42 [1984] H. 9) bilanziert Seghers
die ersten sechs Jahre der Emigration, indem sie jeweils von
Ereignissen im Juni der Jahre 1933–38 berichtet. Über das
unmittelbar Biographische hinaus enthält die Skizze in erzählerisch verdichteter Form Erfahrungen und Wahrneh-
mungen des Lebens und Arbeitens im Exil: Heimatverlust
und Fremdheit, das Nebeneinander von politischer Solidarität und unüberbrückbaren Meinungsverschiedenheiten,
von notwendigen Pflichten und Depression. Ob es sich bei
diesem Text um eine überarbeitete Fassung authentischer
Tagebuchaufzeichnungen handelt, ist nicht überliefert, jedoch eher unwahrscheinlich. Die einzelnen Abschnitte sind
jeweils einem Hauptthema gewidmet, und in ihrer Summe
ergeben sie mosaikartig ein subjektiv geprägtes Bild vom
Erleben der ersten sechs Jahre des französischen Exils.

Die schönsten Sagen vom Räuber Woynok (1936/1938)

Die Landschaft der Karpaten, bereits bekannt aus *Bauern
von Hruschowo*, bildet den Hintergrund für die wechsel-
volle Geschichte der Beziehung zwischen Woynok, dem

jungen Räuber, der am liebsten allein raubte, und dem er-
fahrenen Gruschek, dem Anführer einer Bande von vierzig
Räubern. So wie Grubetsch in der gleichnamigen Erzählung
die Sommer auf dem Fluss und die Winter unter der Treppe
im Hof verbrachte, so genießt Woynok in den Sommern die
Freiheit der Wildnis und sehnt sich in den eiskalten Wintern
nach der Gemeinschaft am Feuer. Beide Lebensweisen ent-
sprechen seinen Bedürfnissen, er lebt in der Gegenwart,
eingebunden in die wilde Landschaft und den Wechsel der
Jahreszeiten. Er rettet GrVscheks Bande, und später plant er
ihre Vernichtung, und am Ende der Geschichte begraben
ihn GrVscheks Leute im Schnee. Die Dialektik zwischen In-
dividuum und Gemeinschaft ist ein wichtiges Thema der
Sagen, auf ein anderes verweist das Motto:

> Und habt ihr denn etwa keine Träume, wilde und
> zarte, im Schlaf zwischen zwei harten Tagen? Und
> wißt ihr vielleicht, warum zuweilen ein altes Märchen,
> ein kleines Lied, ja nur der Takt eines Liedes, gar mü-
> helos in die Herzen eindringt, an denen wir unsere
> Fäuste blutig klopfen? Ja, mühelos rührt der Pfiff eines
> Vogels an den Grund des Herzens und dadurch auch
> an die Wurzeln der Handlungen.

Dieses Motto betont die Zweckfreiheit des Poetischen als
Voraussetzung dafür, dass Märchen oder Lied unmittelbar
zu Herzen gehen und dort ihre tiefe Wirkung entfalten. Die
Woynok- und *Artemis-Sagen* und *Die drei Bäume* bilden einen wichtigen Komplex innerhalb der im Exil entstandenen
Erzählungen. In ihnen werden zeitgenössische Erfahrungen
und vor allem Bedrohungen auf ihren mythologischen Ur-
text, auf menschheitliche Grundmuster zurückgeführt und
entfaltet. Deshalb sind die Lesarten gerade auch der Sagen
von Woynok vielschichtig, sie sind nach allen Seiten hin
und für alle Zeiten offen. *Die schönsten Sagen vom Räuber
Woynok* sind z. B. interpretiert worden als Gleichnis für die
Notwendigkeit der Volksfront: einer allein kann nicht be-

stehen, er muss seinen Eigensinn und seine Sehnsucht nach
Ungebundenheit zurückstellen um des gemeinsamen Über-
lebens willen in widrigsten Verhältnissen. Woynok kann
weder mit der Gruppe noch ohne sie leben. Die Figur des
Woynok erinnert ebenso an Grubetsch wie an Jason oder an
Brechts asozial-chaotischen Baal. Seghers thematisiert hier
die existentielle Problematik des Menschen zwischen Indi-
vidualismus und Gemeinschaft, und sie thematisiert das
Poetische, das die Phantasie der Menschen anregt und sie
verzaubert: mit dem Lied von der Wolfsbraut zeigt sie die
den ganzen Menschen ergreifende Wirkung von Kunst. Das
Motto dieser Erzählung, das ihrer Erstveröffentlichung vor-
anstand, in den ersten Nachdrucken weggelassen, aber 1949
der Erstveröffentlichung von *Das Argonautenschiff* beige-
geben wurde, kann als eine Art ›Gebrauchsanweisung‹ gelten, es verweist auf die der Geschichte eingeschriebene
Kunstthematik. Gleichzeitig verteidigt Seghers hier ihre
besondere, von den Genossen nicht immer akzeptierte
Schreibweise, die, um wirken zu können, weniger die
kämpferische ›richtige Linie‹, sondern vor allem den Mut
zum Träumen, die Öffnung zum Phantastischen braucht.

Sagen von Artemis (1937/1938)

Fünf Jäger sitzen in einer Waldschenke ums Feuer und erzählen einander von Begegnungen mit der geheimnisvollen
Göttin Artemis, eine merkwürdiger als die andere. Erst in
der Nacht, als die Magd der Wirtsleute vom Wasserholen
am Brunnen nicht zurückkehrt, erkennen sie, dass diese
junge Frau, die ihren Erzählungen zugehört hatte, die Göttin gewesen ist. Die *Sagen von Artemis* gestalten im Rückgriff auf die mythologische Figur und ihre Eigenschaften
Grunderfahrungen des Exils. Die Göttin Artemis erscheint
nur, wenn die Menschen offen sind für das Phantastische,

das Wunderbare, das Tröstliche, das sie aufgrund ihres Leids und ihrer Verluste schon fast vergessen haben. Die Begegnung mit der Göttin verändert das Leben der Jäger grundlegend und auf überraschende Weise. Eine besonders phantastische Geschichte erzählt der einäugige Jäger: er hat die Heimat seiner Kindheit in völlig entstellter Weise wieder gesehen, er weint darüber, und da begegnet ihm Artemis, ohne dass er sie erkennt. Sie tröstet ihn dadurch, dass sie ihm einfach zuhört, und er »erzählte ihr alles, was [ihm] widerfahren war«. Sie lehrt ihn, die Veränderung zu akzeptieren, und das zu sehen, was bleiben wird: der Wald wird weiterwachsen, die Zeit ist unendlich. Bezogen auf die Situation der Emigrantin kann man darin einen Versuch sehen, das scheinbar unabänderliche, was mit dem eigenen Heimatland geschehen ist, zu begreifen. Wichtiger als der Stoff der Sagen scheint mir die Bedeutung zu sein, die dem grundlegenden Vorgang, der hier gestaltet ist, innewohnt: dass die Götter »kommen, wenn man sie vergißt« – dass das, was Menschen in größter Not verzweifelt suchen, ihnen in den Schoß fällt, wenn sie loslassen und Vertrauen haben, den ›Glauben an Irdisches‹. Uta Feustel-Paech hat die *Sagen von Artemis* in einer Ballettoper (1971) bearbeitet.

Reise ins Elfte Reich (1939)

Reise ins Elfte Reich besteht aus neun, jeweils mit Titeln versehenen Abschnitten (»Einreise«, »Empfang«, »Die Orden«, »Berufswechsel« usw.), in denen ein kollektives Erzählmedium von den überraschenden Erfahrungen im Elften Reich berichtet. Nur diejenigen, die *keinen* Pass haben, dürfen einreisen, und die besonders »Empfangsbedürftigen« werden auf jeder Station ihrer Reise feierlich begrüßt. Zu den ungewöhnlichen Sitten im Elften Reich gehört, dass

jeder Mensch alle Orden angeheftet bekommt für alle
Dinge, in denen er sich im Leben bewähren muss: hat er
sich bewährt, reißt man ihm den entsprechenden Orden öffentlich herunter, und er muss ihn nie wieder tragen. Im
Elften Reich gibt es ein Gesetz, dass jeder Mensch mit vierzig Jahren seinen Beruf wechseln muss, und es ist der
Brauch, dass ein Paar, das sich nur für einen Tag und eine
Nacht trifft, eine riesige Hochzeitsfeier veranstaltet und am
anderen Morgen auseinander geht – bleiben sie hingegen
zusammen, beklagen die Nachbarn, dass die ganze schöne
Hochzeit umsonst war.

Diese Sammlung kurzer Prosastücke vermischt das Phantastische mit dem Realen. Das Emigrantenleben wird hier
als eine Art verkehrte Welt gezeigt: die Welt ist aus allen
Fugen geraten, nichts Vertrautes mehr an seinem Platz,
stattdessen muss man sich in einem neuen Alltag einrichten,
an neue Verhältnisse und Umgangsformen gewöhnen. Die
satirischen und grotesken Momente dieser Erzählung schaffen Distanz zu einer Realität, die Anlässe genug zum Ver-
zweifeln gibt. Die Beschreibung der Gesetze und Konven-
tionen im Elften Reich wirft aber auch ein ironisch-ver-
fremdendes Licht auf die vertrauten Gewohnheiten. *Reise
ins Elfte Reich* ist im Kontext des Romans *Transit* zu sehen,
was den Aspekt der verkehrten Welt betrifft. Der letzte Teil
trägt den Vermerk »Fortsetzung folgt«. Nach Auskunft von
Seghers (vgl. KuW 3) verhinderte der Kriegsausbruch die
weitere Arbeit an diesen Geschichten.

Das Obdach (1941/42)

Im letzten Absatz dieser Erzählung berichtet die Ich-Erzählerin, dass sie von einer der Beteiligten, der Hotelange-
stellten Annette Villard, diese Geschichte erfahren habe.
Mit novellistischer Strenge und Genauigkeit werden Ort,

Seghers in Paris, um 1940

Zeit und Umstände der Handlung – das von der Wehrmacht
besetzte Paris im September 1940 – vorgestellt. Louise
Meunier, Mutter dreier Kinder und Frau eines Metallarbei-
ters, nimmt gegen den Willen ihres Mannes den Sohn eines
von der Gestapo verhafteten Deutschen in ihrer Familie auf
und gibt ihn als Kind einer Cousine aus. (In der Geschichte
dieses Kindes verarbeitet Seghers eine Episode, die sie bereits in *Frauen und Kinder in der Emigration* beschrieben
hatte: ihm wurde in der Schule ein Zahn ausgeschlagen, weil
er sich weigerte, ein Nazi-Lied zu singen.) Diese Rettung ist
weniger das Ergebnis einer Entscheidung, als vielmehr einer
Kette von zufälligen und zugleich auch zwangsläufigen
Handlungen. Der Dreher Meunier erfährt schließlich am
eigenen Leib, dass ihm durch die Besatzer »mit feiner, ge-
wissenhafter, gründlicher Ordnung […] das Leben zerstört
worden [war], im Betrieb und daheim, seine kleinen und
großen Freuden, sein Wohlstand, seine Ehre, seine Ruhe,
seine Nahrung, seine Luft«; sein Respekt vor jenem deutschen Antifaschisten und seinem Sohn steigt – nun wäre er
bereit, das Kind aufzunehmen und vor den Deutschen zu
verstecken. Seine Frau gibt ihm die lakonische Antwort:
»Du hast ihn bereits aufgenommen«.

   Diese Erzählung entstand vermutlich noch im französischen Exil. Im Unterschied zu den Geschichten mit mytho-
logisch-sagenhaftem Stoff gestaltet Seghers hier eine wirkliche Begebenheit in der Form eines streng realistischen
Berichts: eine französische Familie nimmt das Kind eines
verfolgten deutschen Antifaschisten bei sich auf – ein Beispiel für die »Kraft der Schwachen«, für den alltäglichen
Widerstand ohne spektakuläres Heldentum. Interessant ist
hier die unterschiedliche Akzentuierung des Verhaltens der
Madame Meunier und ihres Mannes: während sie, ohne die
Gefährlichkeit ihres Tuns zu unterschätzen, mit Selbstverständlichkeit den deutschen Jungen in ihre Familie aufnimmt und so sein Leben rettet, benötigt ihr Mann erst den
Umweg über die Einsicht in die politische Richtigkeit, ja

Notwendigkeit dieser Entscheidung. In späteren Selbstzeugnissen hat Seghers diese Erzählung kommentiert; 1957
schrieb sie in einem Brief:

> Wie ich diese Geschichte schrieb – ungefähr um die-
> selbe Zeit, in der sie passiert sein mag, oder nur wenig
> später, jedenfalls in der ersten Hälfte des Krieges, als
> die Wehrmacht Frankreich besetzt hatte –, versuchte
> ich in Form dieser Novelle auszudrücken, wovon mein
> Kopf und mein Herz angefüllt waren. Ich versuchte
> mir und anderen Menschen die Ursache und den Sinn
> und das Zustandekommen des Widerstandes im fran-
> zösischen Volk klarzumachen. Ein Widerstand, der für
> den einen Menschen sofort klar ist, weil er unmittelbar
> Partei ergreift für das Menschliche, wo und wie es ihm
> zustößt, für den anderen Menschen, wohl für den
> Durchschnittsmenschen, langsam wächst auf Grund
> der verschiedensten Eindrücke und Erlebnisse. – Dafür
> hatte ich alle möglichen Beispiele miterlebt, in der Zeit,
> in der ich selbst noch im besetzten Paris war, auch in
> meiner eigenen Umgebung, auch im Kreis der Emi-
> granten, der Flüchtlinge, und so weiter.

Seghers selbst hatte sich um die Kinder des internierten
Genossen Bruno Frei gekümmert, dessen Frau bei einem
Bombenangriff auf Paris ums Leben kam, und ihre eigenen
Kinder waren während der Besetzung von Paris z. T. bei be-
freundeten Genossinnen wie Lore Wolf oder Jeanne Stern
untergebracht.

Ein Mensch wird Nazi (1942/43)

Im März 1942 spricht ein Feldgericht der Roten Armee das
Urteil über den Feldwebel und SS-Mann Fritz Müller wegen brutaler Misshandlungen und Tötungen, begangen an

Frauen und Kindern zweier sowjetischer Dörfer. Nach diesem kurzen Bericht wendet sich die Erzählung der Vorgeschichte zu, nämlich der Geburt Müllers im Oktober 1917, als sein Vater Soldat in Frankreich ist. Die Jahre der Weimarer Republik – Arbeitslosigkeit, politische Radikalisierung – prägen die Kindheit und Jugend des Jungen Fritz, der für die Parolen eines deutschnationalen Lehrers besonders empfänglich ist. Wie seine drei Brüder findet auch Fritz keine Arbeit, lebt von der Stempelstelle, leidet unter der Sinnlosigkeit seines jungen Lebens und sehnt sich nach Bewährung. So kommt er zur SA, später in ein SS-Eliteregiment – »er jagte die, die einmal die Seinen gewesen waren, wie der Wolfshund, den man dressiert hat, die Wölfe zu jagen«. Endlich kam der Krieg, »der wahre Krieg gegen den Erzfeind, gegen das Volk, dem der Bolschewismus die Seele geraubt hatte«. Im Dorf Ladowka stieß seine Einheit auf erbitterten Widerstand von Partisanen, und Müller erschoss kaltblütig Kinder und Frauen, weil sie sich weigerten, ihre Brüder und Söhne zu verraten. Schließlich eroberte die Rote Armee das Dorf zurück. Die Geschichte endet mit der Erwähnung der Mutter des Fritz Müller, die in Düsseldorf auf Feldpost von ihren vier Söhnen wartet – vergeblich.

Diese Erzählung, die wie ein Märchen beginnt (»Es gab einmal einen Deutschen, der Fritz Müller hieß«), geht zurück auf eine oder mehrere authentische Lebensgeschichten. Seghers hatte im besetzten Paris Gespräche gesucht mit Wehrmachtssoldaten. Sie versuchte sich ein Bild davon zu machen, was in diesen Männern vorging, die fremde Länder besetzten und Völker vernichteten ohne ein Unrechtsbewusstsein. Wie *Die Saboteure* wird auch diese Geschichte vom Ende her erzählt, und sie ist eine von denen, wie sie später in *Die Toten bleiben jung* vorkommen: die deutsche Geschichte vom Kaiserreich bis zum Dritten Reich wird anhand exemplarischer Lebensläufe dargestellt. Der strenge, chronikalische Stil wechselt ab mit der Innenperspektive des SS-Mannes, deren psychologische und mentale Genauigkeit von unmittelbarer Wirkung auf die Leser ist, da keine kommentierende oder bewertende Erzählerinstanz zwischengeschaltet ist. Da das Ergebnis, das Todesurteil gegen Fritz Müller, vorweggenommen wird, ist die Spannung vom Ausgang der Geschichte verschoben zur Frage: wie kam es zu dieser Entwicklung? Und diese Frage wird exemplarisch beantwortet am Beispiel des Soldaten Müller.

Der Ausflug der toten Mädchen
(1943–44/1946)

In der Rahmenhandlung dieser Erzählung macht die nach schwerer Krankheit genesende Ich-Erzählerin, Emigrantin in Mexiko, einen Ausflug in eine bizarre, von Felsen und Kakteen durchsetzte Berglandschaft, die ihr »kahl und wild wie ein Mondgebirge« erscheint. Die flimmernde Luft, die Schwäche und die Sinnestäuschungen der Ich-Erzählerin, ihr zwischen Traum und Bewusstheit gleitender Zustand wecken in ihr die Erinnerung an einen Schulausflug in ihrer Heimat am Rhein. Die Präsenz der inneren Bilder ist so gewaltig, dass sie gleichsam in der äußeren Realität Gestalt annehmen: die Erzählerin sieht sich selbst mit ihren Freundinnen Leni und Marianne auf der Schaukel, und sie hört den Namen ihrer Kindheit, Netty. In der Binnenhandlung werden auf mehreren Zeitebenen gleichzeitig die individuellen Schicksale der Erzählerin, ihrer Schulkameradinnen und Lehrerinnen, ihrer Freunde und Verwandten in einer surrealistisch anmutenden Bilderfolge in der Zeit vor dem Ersten Weltkrieg, den Jahren der Weimarer Republik, des Dritten Reiches und des Krieges evoziert. Die Erzählerin, die sich im mexikanischen Exil nach der »Heimfahrt« sehnt, ist die einzige Überlebende ihrer Schulklasse; ihre Freundinnen kamen bei Bombenangriffen, in Konzentrations- und in Vernichtungslagern ums Leben – ebenso ihre Mut-

ter: »Sie stand vergnügt und aufrecht da, bestimmt zu ar-
beitsreichem Familienleben, mit den gewöhnlichen Freuden
und Lasten des Alltags, nicht zu einem qualvollen, grausa-
men Ende in einem abgelegenen Dorf, wohin sie von Hitler
verbannt worden war«. Die Erzählerin nimmt aus ihrer Erinnerung an den Schulausflug – eine Dampferfahrt auf dem
Rhein – einen Auftrag mit in die Erzählgegenwart, den ihr
die jüdische Lehrerin damals gab: den Schulausflug zu beschreiben. Diesem Auftrag nachkommend, rekonstruiert die
Erzählerin jene frühere Gemeinschaft von Mädchen verschiedener sozialer Herkunft und verschiedener Religions-
zugehörigkeit, die durch die Liebe zu ihrer Heimat verbunden waren.

Nie hat uns jemand, als noch Zeit dazu war, an diese
gemeinsame Fahrt erinnert. Wie viele Aufsätze auch
noch geschrieben wurden über die Heimat und die Geschichte der Heimat und die Liebe zur Heimat, nie
wurde erwähnt, daß vornehmlich unser Schwarm an-
einandergelehnter Mädchen, stromaufwärts im schrä-
gen Nachmittagslicht, zur Heimat gehörte.

Diese Erzählung gilt als eines der Meisterwerke deutsch-
sprachiger Literatur, ihre Vielschichtigkeit und ihr künstle-
rischer Zauber halten immer wieder neue Lektüreerfahrun-
gen bereit. Wie in *Die Toten auf der Insel Djal* (re)konstru-
iert Seghers hier ihre Autorschaft aus dem Text heraus. Seit
Mai 1943 wusste Seghers von der Deportation ihrer Mutter
im März 1942 in das Getto Piaski bei Lublin, unmittelbar
danach begann sie mit der Erzählung, die durch ihren
schweren Unfall im Juni und die langwierige Genesungszeit
unterbrochen wurde. Die Amnesie und die Verletzung der
Augennerven, Folgen dieses Unfalls, wurden zu strukturellen Elementen von zentraler Bedeutung für diese Erzählung. Als Titel war zuerst vorgesehen »Die Toten bleiben
jung«, wie Seghers im Juni 1943 an Wieland Herzfelde
schrieb; diesen Titel wählte sie jedoch später für ihren

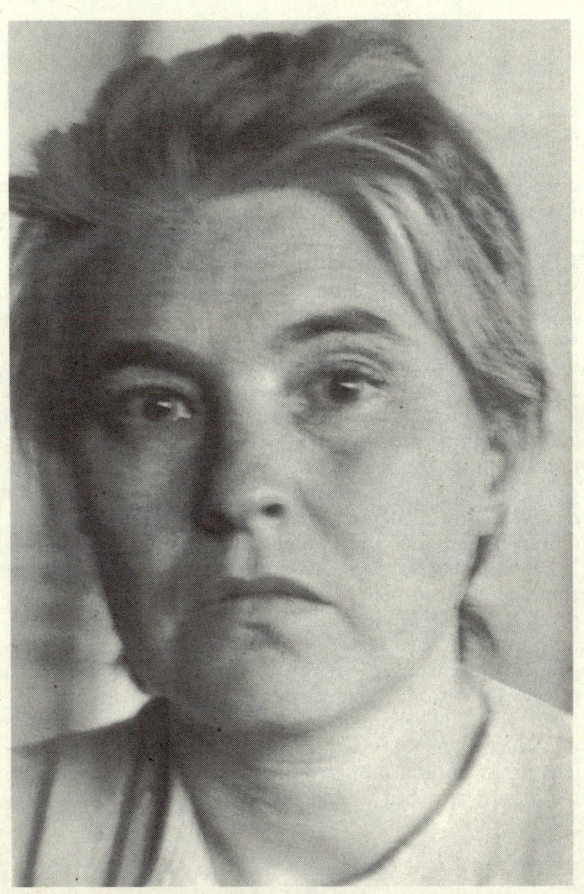

Seghers in Mexico City, um die Jahreswende 1943/44

großen Epochenroman über die Märtyrer der Arbeiterklasse in Deutschland, der eher privaten Erinnerung an die
jüdischen Mitschülerinnen, Lehrerinnen und an die Mutter
gab sie den Titel *Der Ausflug der toten Mädchen*. Trotz
deutlicher autobiographischer Züge geht die Erzählung keineswegs in dieser Dimension auf. In ihr verschränken sich
zwei Funktionen des Schreibens: die Trauerarbeit und die
Rückversicherung der Identität der Erzählerin als Deutsche jüdischer Herkunft. Die Erzählung leistet keine gesellschaftliche Analyse, sondern sie zeigt in kunstvoller Verschränkung der verschiedenen Zeitschichten exemplarische
Lebensläufe deutscher Frauen, die als Mitläuferinnen, Verfolgte oder Gegnerinnen des Nazi-Regimes sterben. Die Erinnerung der Erzählerin, die sich der Verfolgung durch die
Emigration entziehen konnte, konzentriert sich auf die
Wiederbelebung der ehemals heimatlichen Landschaft und
auf die damals lebendige Gemeinschaft der Schülerinnen
und Lehrerinnen; sie rettet den Auftrag der jüdischen Lehrerin, Fräulein Sichel, diesen Ausflug zu beschreiben, in ihr
mexikanisches Exil, und verwandelt ihn in die Aufgabe,
schreibend die Zeit zu bewältigen.

1944 bemühte sich Seghers, die Erzählung als Filmversion neu zu konzipieren, was jedoch nicht gelang (vgl. Stephan, B 5: 1993a). Wie Pohle (B 5: 1992b) nachgewiesen hat,
fehlt in den frühen DDR-Nachdrucken der Erzählung folgender mehrdeutiger Satz: »Wie es bisweilen zu gehen
pflegt, die Rettungsversuche der Freunde hatten die offensichtlichen Unglücke von mir gebannt und versteckte Unglücke beschworen.« ›Die Freunde‹ (oder auch ›die Familie‹) meint im konspirativen Sprachgebrauch der Emigranten die sowjetischen Genossen.

Post ins Gelobte Land (1944–45/1946)

Über mehrere Jahrzehnte berichtet die Erzählung von der
Geschichte und den Schicksalen der Familien Levi-Grün-
baum, die nach einem Pogrom in Polen zunächst nach
Wien, später nach Paris emigrieren. Dort wächst Jakob
Levi, der mutterlose Sohn des Kürschners Nathan Levi, auf,
und geht den Weg der Assimilation: die Bedeutung der jüdischen Festtage tritt für ihn bald zurück hinter die Feier
des Jahrestages der Französischen Revolution, »ein Fest für
alle Völker«. Jacques Levi wird Augenarzt, gründet eine Familie und schreibt dem Vater, der seinen Lebensabend in
Palästina verbringt, regelmäßig lange, wunderbare Briefe,
die nicht nur Nathan, sondern auch seinen Mitbewohnern
Freude und Trost spenden. Als Jacques schwer erkrankt,
schreibt er einen Vorrat an Briefen, die seine Frau nach seinem Tod weiterhin an den Vater schickt. Der Ausbruch des
Krieges, der Fall von Paris und die Flucht vor den Deutschen hindern die Frau nicht, das Vermächtnis ihres toten
Mannes zu erfüllen, und selbst als sie und ihr Kind den
Deutschen in die Hände fallen, schreiben französische
Freunde, die sich nach Afrika hatten retten können, einen
Brief an Nathan Levi – sie wissen nicht, dass er schon längst
beerdigt ist.

Diese Erzählung ist als »ein Requiem auf die ermordete
Judenheit« (Pohle, B 5: 1992b) zu lesen – »nicht auf das
›erwählte‹, sondern auf das verlorene Volk« (Haas, B 5:
1995) –, in ihr führt Seghers »im Gestus empathischer An-
teilnahme eine prinzipielle Auseinandersetzung mit den
Überlebenschancen jüdischer Existenz« (ebd.). Der Erzählung ist, vergleichbar mit *Der Ausflug der toten Mädchen*,
eine existentielle Leerstelle eingeschrieben: die Assimilation
in Deutschland ist gescheitert, der Zionismus in den Augen
der Autorin keine wirkliche Alternative. Über vier Genera-
tionen wird das Schicksal der Familien Grünbaum-Levi erzählt, stichwortartig genannte historische Ereignisse geben

ein grobes zeitgeschichtliches Raster, in das sich die Famili-
enchronik einfügt, und scheinbar nebensächliche Details belegen Seghers' intensive Beschäftigung mit der Geschichte
des Judentums im 19. und 20. Jahrhundert. Weder Polen,
noch Frankreich, noch Jerusalem erweisen sich als wirkliche
Heimat. Am Ende sind alle Familienangehörigen tot. Die
Erzählung relativiert die Shoah nicht durch Parallelisierung
mit früheren antisemitischen Verfolgungen, sondern berei-
tet sie historisch vor: »In der Geschichte der Levis wird so
zugleich ein Stück Geschichte des europäischen Judentums,
seiner Verfolgung, seines Glaubens, seiner Überlebensstra-
tegien sichtbar und indirekt allerdings auch ein Stück Kritik
Seghers' an den falschen Lösungen dieses Kampfes um Heimat und Daseinsrecht« (ebd.). Jede der Hauptpersonen verkörpert eine Form jüdischer Selbstbehauptung im Exil.
Möglicherweise spiegelt die Entwicklung des jungen Levi,
der aus dem Spannungsfeld zwischen orthodoxen und auf-
klärerischen Kräften den Weg der Assimilation geht, ge-
tragen von den Werten Freiheit und Vaterlandsliebe (die
Bedeutung des 14. Juli überragt schließlich die des Pesach-
Festes), ohne mit seiner Herkunft zu brechen, die Entwicklung der jungen Seghers. Erika Haas hat in ihrer Interpretation der Erzählung darauf verwiesen, dass die Heiligen
Schriften entmythologisiert werden, die Briefe des Sohnes
an seinen Vater hingegen als trostspendend und Gemeinschaft stiftend an ihre Stelle treten.

Zwei Denkmäler
Aus einer unveröffentlichten Novelle »Mariage Blanc«
(1940, 1944–45/1945)

Diese kleine Geschichte entfaltet ein außerordentlich viel-
schichtiges intertextuelles Gewebe, liest man sie in Verbin-

dung mit ihrer späteren Fassung *Zwei Denkmäler* (entstanden Frühjahr 1965). Wie Jochen Vogt in seiner detaillierten Studie (B 5: 1997b) gezeigt hat, weist die Erzählung in beiden Fassungen enge motivische Verbindungen auf zu *Das siebte Kreuz, Transit* und vor allem zu *Der Ausflug der toten Mädchen*. Seghers begann in der südfranzösischen Stadt Pamiers, wo sie mit ihren beiden Kindern 1940 lebte, einen Roman zu schreiben, den sie *Weiße Hochzeit* nannte; das Manuskript ging verloren. 1964 beschrieb Seghers die Konzeption: Ein Mädchen, Tochter eines jüdischen Weinhändlers aus der Mainzer Gegend, emigriert während der Nazi-Zeit mit ihrem Vater nach Frankreich, ihr Verlobter nach Belgien. Um zu ihrem Verlobten gelangen zu können, benötigt die junge Frau die Erlaubnis ihres ›Mannes‹. Ihr Vater organisiert eine Scheinheirat mit einem jungen Franzosen, in dessen Familie die jüdischen Emigranten aufgenommen werden. Nach der Besetzung Frankreichs durch die Wehrmacht schließt sich der ›falsche‹ Ehemann der Résistance an, der Verlobte hingegen taucht unter, der Kontakt bricht ab. Vermutlich hätte das Ende der Geschichte darin bestanden, dass sich die *Weiße Hochzeit* als eine echte, dauerhafte Verbindung erweist.

Der erhaltene Text der ersten Fassung von *Zwei Denkmäler* geht auf eine wirkliche Begebenheit zurück: bei einem Fliegerangriff auf Mainz am 9. März 1918 war unter den Opfern die junge Mutter zweier Kinder, Meta Cahn. Ihr Mann Jacob Cahn emigrierte 1939 nach Israel, die Tochter Margarete Oppenheimer nach Buenos Aires. Anfang 1945 hatte Seghers die furchtbare Gewissheit, dass ihre Mutter, im Frühjahr 1942 in das Getto Piaski bei Lublin deportiert, dort »zugrunde gegangen ist« (Brief an Kurt Kersten, 2. Januar 1945). Wie Vogt zu Recht vermutet, machte diese Information die Arbeit an dem Romanprojekt *Weiße Hochzeit* unmöglich, ging es doch in der Mutter-Tochter-Konstellation in *Zwei Denkmäler* auch um die Beziehung zwischen Seghers und ihrer eigenen Mutter: »Die ungewisse

Zukunft des jüdischen Mädchens mit Namen Eppstein enthält – unausgeführt – die beiden möglichen Schicksalswege
der Mutter wie der Tochter Reiling: Deportation und Ermordung oder Flucht und Überleben im Exil« (B 5: 1997b).

Die Unschuldigen (1945)

Diese kleine Satire gehört zu den ersten literarischen Arbeiten, die nach dem Zweiten Weltkrieg entstanden. Die Suche
der alliierten Offiziere nach den Verantwortlichen für Terror und Krieg, die beim Bürgermeister eines Dorfes beginnt, endet mit einer grotesken Entdeckung: Hitler selbst,
der als Jude verkleidet überlebt hat, weist jegliche Schuld
von sich. Seghers beschreibt hier ein Phänomen, das sie als
sozialpsychologisches interessierte: wie kam es, dass die
Mehrheit der Deutschen kein Unrechtsbewusstsein empfand? Der Grad an Abstraktion, den diese Problematik hier
erfährt, wird in den später, z. T. nach der Rückkehr entstandenen Erzählungen einer psychologisch vertieften Gestaltung weichen, wie z. B. in Der Mann und sein Name.

Das Ende (1945/1946)

Ein ehemaliger KZ-Häftling, der Ingenieur Volpert, begegnet seinem ehemaligen Peiniger Zillich. Diese zufällige Begegnung wird zum Beginn der Flucht Zillichs. Er zieht ru-
helos durchs Land, getrieben von seiner Angst, herausgefal-
len aus allen zwischenmenschlichen Bindungen, und er-
hängt sich schließlich an einem Fensterkreuz. Die Erzählung dämonisiert in der Person des KZ-Aufsehers Zillich
den Nationalsozialismus als das Böse und demonstriert eine
politisch einfache Lösung, die jedoch der Komplexität der

Problematik nicht gerecht wird. Die Figur des Niemand kann als Anspielung auf die Kriminalnovelle *Die Judenbuche* (1842) von Annette Droste-Hülshoff verstanden werden. Von größerem Interesse als die Verfolgungsgeschichte des KZ-Schergen Zillich (vgl. die Geschichte dieser Figur aus *Der Kopflohn* und *Das siebte Kreuz*) – er kennt keine Reue, nur Furcht vor Strafe –, dessen Geschichte komplementär zu der Flucht- und Rettungsgeschichte von Georg Heisler im letztgenannten Roman konzipiert ist, sind die Beobachtungen in Bezug auf die aus den KZs zurückgekehrten Antifaschisten. Sie sind lebenslang traumatisiert; für sie steht die Wiedergutmachung durch Strafe in Frage, denn dadurch werden sie nicht von ihrer Trauer erlöst. Die Erzählung fragt vielmehr: was werden sie, lebenslang Traumatisierte, weitergeben als Ingenieure des Aufbaus und als Lehrer der Jugend?

Die Saboteure (1946/1948)

Die Erzählung berichtet von der Sabotage dreier Arbeiter – Hermann Schulz, Franz Marnet und Paul Bohland – in einer Fabrik in der Frankfurter Gegend. Sie manipulieren nach dem Überfall auf die Sowjetunion im Juni 1941 die Produktion eines Tages so, dass die hergestellten Handgranaten vorzeitig oder gar nicht explodieren. Schulz wird hingerichtet, Bohland fällt im Krieg, Marnet ist vermisst. Der chronikalische Bericht nimmt, wie häufig im Werk Seghers', die Niederlage bzw. das tragische Ende vorweg und konzentriert sich – anknüpfend an Figuren aus *Das siebte Kreuz* – auf die Entwicklung, die schließlich zur Sabotage führte, und auf ihre Folgen für die vereinzelten Widerstandskämpfer. Über der spröde und distanziert erzählten Geschichte liegt keinerlei Hoffnungsfunke; das Alltagsleben der Arbeiter und ihrer Familien ist vor allem von Miss-

trauen, Angst vor Denunziation und Isolation bestimmt.
Dennoch gelingt es für einen Tag, das frühere Vertrauen,
das fünf Jahre zuvor die Rettung des KZ-Häftlings Heisler ermöglicht hatte, wiederherzustellen und die Sabotage
durchzuführen. Die Freundschaft zwischen Franz und Hermann erneuert sich, ihre Frauen Lotte und Marie setzen sie
fort. Die Erzählung gibt einen Einblick in das Leben im
nationalsozialistischen Deutschland während der letzten
Kriegsjahre. Der erste Teil beschreibt die Umstände der Sabotage am 22. Juni 1941, der zweite die unmittelbare Vorgeschichte der Verhaftung Hermann Schulz' und seine Er-
leichterung darüber, dass er nicht von seinen Kollegen verraten worden war; der dritte Teil schließlich, im Sommer
1945, deutet an, dass seine Frau Marie einen neuen Vater für
ihr Kind finden wird.

Das Dorf S. in Mecklenburg (1947)

Anlass für diesen Text war die Zeitungsnachricht, dass auf
eine anonyme Anzeige hin in einem Dorf in Mecklenburg
die im April 1945 verscharrten Leichen ehemaliger KZ-
Häftlinge ausgegraben und in einem Massengrab bestattet
worden sind. Ein Transport aus dem KZ Ravensbrück kam
in der Nacht des 13. April in der Station Sülsdorf an auf
dem Weg nach Bergen-Belsen, blieb zwei Tage stehen. »Das
dauernde Todesgeheul der Frauen war so stark, daß man es
in den entferntesten Häusern hörte. Es war verzehrender,
durchdringender als alles, was es an Bombeneinschlägen, an
Abwehrfeuer weit und breit gab«. Die Leichen der von der
Wachmannschaft erschossenen Frauen wurden neben den
Schienen verscharrt. Seghers' Perspektive in dieser Reportage ist die Frage nach dem Wegschauen und Weghören,
nach der stummen Gleichgültigkeit der Dorfbewohner, die
den gefangenen Frauen Wasser und Brot und ein Grab ver-

weigerten. Der sowjetische Kulturoffizier Sergej Tulpanow beschrieb ihre damalige Intention:

> Einmal fuhren wir zusammen nach Schwerin. Das Ziel ihrer Reise war, wie sie mir mitteilte, in einem Dorf mit den Einwohnern zu sprechen, die Zeugen einer schrecklichen Tragödie in den letzten Tagen des Hitler-Regimes gewesen waren, als ein Zug mit Gefangenen aus einem östlichen Konzentrationslager und mit sowjetischen Kriegsgefangenen auf der nahe gelegenen Station steckenblieb und seinen Weg nach Westen nicht fortsetzen konnte, worauf die Faschisten alle diese Menschen erschossen. Das gesamte Dorf schwieg, obgleich bereits zwei Jahre vergangen waren. Was ist da los? war ihre Frage. ›Sie waren doch nicht schuld an diesem Verbrechen. Womit ist eine solche Haltung zu erklären? Das ist außerordentlich wichtig für die Einschätzung, welchen Einfluß auf ihre Umerziehung, sowohl der alten als auch der Jungen, unsere Zeitungen, die politischen Parteien, ihre Organisationen, die dort existieren, und unsere gesamte Tätigkeit zur Demokratisierung haben.‹ Das ist, so sagte sie, eine Überprüfung der Wirksamkeit unserer Literatur.

(Sergej I. Tulpanow, *Erinnerungen an deutsche Freunde und Genossen*, Berlin/Weimar 1984)

Sowjetmenschen
Lebensbeschreibungen nach ihren Berichten (1948)

Im Frühsommer 1948 war Seghers in die Sowjetunion gereist; möglicherweise waren die im Auftrag der »Gesellschaft zum Studium der Kultur der Sowjetunion« herausgegebenen Lebensbeschreibungen eine Auftragsarbeit, für die sie während der Reise Material sammelte. Es handelt sich um eine Mischung verschiedener Textsorten: der Band enthält bearbeitete Protokolle – z. B. eines Schuldirektors, eines Popen, eines Zauberers, eines Stachanow-Arbeiters, einer Übersetzerin –, Porträts (z. B. von Alexandra Kollontai), Berichte von einem Besuch im Revolutionsmuseum in Moskau, vom Abend des 1. Mai, und anderes mehr.

Das Argonautenschiff. Sagen von Jason (1949)

Jason, der legendäre Kapitän des Argonautenschiffes, kehrt nach langer Zeit in seine Heimatstadt zurück und wird zugleich als ein Fremder und doch auch als unerklärlich vertraut von den Menschen wahrgenommen. Seine tiefe Einsamkeit ist durch keine Begegnung und Berührung aufzuheben, weder durch die Wirtstochter, noch durch den Knaben oder die junge Frau. Sie alle sind fasziniert von Jason und versprechen sich Erlösung aus ihrem Leid und ihrem Alleinsein. Jason begegnet schließlich dem Wächter des Hains, in welchem das Wrack der »Argo« sich befindet. Aus dem Mund des Wächters erfährt Jason seine eigene Legende, unter der »Argo« liegend ruft er die eigene Erinnerung an die Abenteuer und Fahrten seiner Jugend auf, an seine Mutter und an seine Gefährten. »Es war dabei kein Schicksal im Spiel und keine Vorsehung. Es war alles Zufall. Es gab dabei kein Gesetz. Es gab dabei keinen verborgenen Weg mit einem Ziel, das in den Sagen die klugen Menschen an einem Faden erreichen, den sie auch in der Verwirrung nicht aus der Hand lassen«. Als ein Sturm losbricht, stürzen die Trümmer der »Argo« über Jason zusammen: »Der ging mit seinem Schiff zugrunde, wie es das Volk seit langem in Liedern und Märchen erzählte«. Sein Leben und sein Tod sind jetzt im Einklang mit seiner Legende.

Nach Inge Diersen (B 5: 1992) ist diese Erzählung nach den ersten beiden karibischen Geschichten (*Die Hochzeit*

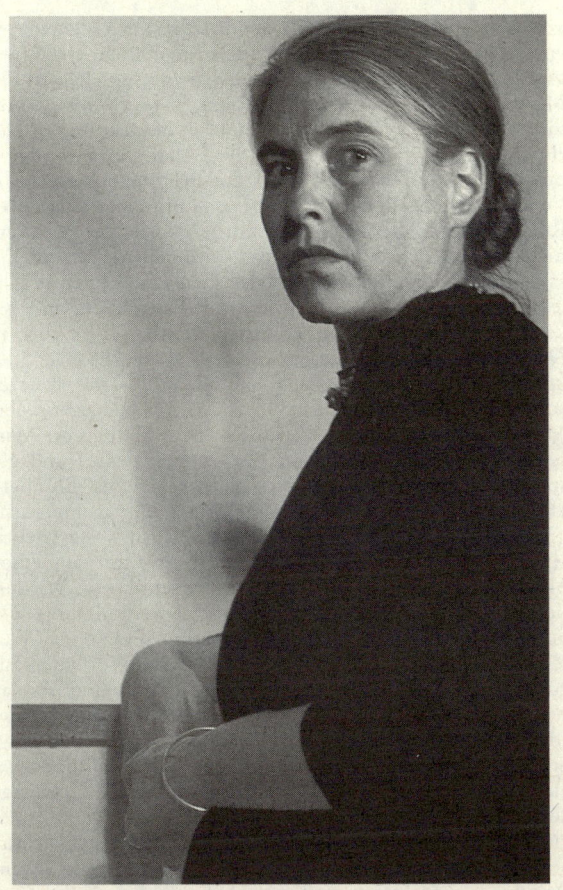

Segher, um 1948

von Haiti, Wiedereinführung der Sklaverei in Guadeloupe)
entstanden. Nur im Erstdruck trug sie den Untertitel *Sagen
von Jason*, der auf die *Sagen von Artemis* anspielt, und das
Motto von *Die schönsten Sagen vom Räuber Woynok* war
ihr vorangestellt; für die Publikation in der Sammlung *Der
Bienenstock* (1953) hat Seghers die Erzählung geringfügig
bearbeitet. Wie Diersens Recherchen belegen, gelangten die
Versuche der remigrierten Autorin, unmittelbar nach ihrer
Rückkehr aktuelle zeitgeschichtliche Stoffe zu gestalten,
nicht über Skizzen oder Reportagen hinaus. In einem Es-
sayentwurf reflektiert Seghers das Problem, keinen erzählerischen Zugriff auf Gegenwartsstoffe zu finden, aber sie
kann es noch nicht lösen. Dennoch verarbeitet sie auch in
Das Argonautenschiff Erlebnisse und Beobachtungen der
unmittelbaren Nachkriegszeit (vor allem die Kriegszerstö-
rungen und die Ambivalenz der Rückkehr), sie aktualisiert
Motive aus früheren Werken (den Alten Hafen von Marseille aus *Transit*, die Kneipe in *Grubetsch* usw.) und gestaltet in der Figur Jasons – anders als etwa Elisabeth
Langgässer in der *Märkischen Argonautenfahrt* und in si-
gnifikanter Umdeutung des tradierten Mythos – existentielle Dimensionen eigener Erfahrung, erweitert um einen
philosophischen Diskurs über »die Dialektik von Wieder-
kehr des Immer-Gleichen und ständiger Veränderung, von
Schicksal und Zufall, von Determination und freiem Willen« (Diersen, B 5: 1992). Die Schuldfrage wird hier zu-
rückgestellt zugunsten des Gewichts der Erinnerung an
nahestehende Menschen: als Jason vom Tod der Mutter
(dieses Motiv fehlt völlig in der gängigen Überlieferung)
erfährt, stürzt er in Verzweiflung; sein Lebensgefühl ist bestimmt von existentieller Einsamkeit, weil er die Gefährten
seiner Jugend unwiederbringlich verloren hat. Jason ergibt
sich in seinen Tod nicht als vorherbestimmtes Schicksal,
sondern aus tiefer Müdigkeit und Enttäuschung. »In Jasons
Abschied von seiner mythischen Laufbahn steckt auch
etwas Abschied der Autorin von Träumen, Hoffnungen,

Sehnsüchten, die dem ganz anderen, dem Aufbruch ins Ungewisse gelten, dem Aufbruch nach Utopia, wo alles möglich ist, wo das Leben noch einmal ›fast von vorn‹ anfangen kann« (ebd.). Diese sehr poetische Geschichte mit philosophisch-existentiellen Dimensionen war zu ihrer Zeit durchaus eine Provokation, sie war »ein Appell, sich auf Kunst einzulassen, von der nicht Sicherheit ausgeht, sondern Beunruhigung« (ebd.).

Die Rückkehr (1949/1953)

Die Erzählung beginnt mit der Rückkehr eines Mannes namens Werner Funk aus der sowjetischen Kriegsgefangenschaft in sein Heimatdorf, zu seiner Familie, und seinem Erschrecken über die Fremdheit, die von Menschen und Orten ausgeht. Erst die Wiederbegegnung mit seinem Freund Melzer in Berlin, der mit ihm Krieg und Gefangenschaft geteilt hatte, erscheint ihm als eigentliche Rückkehr. Im Folgenden kehrt sich alles um. Die Erfahrungen und Begegnungen Funks, seine Suche nach einem Ort, an dem er leben und arbeiten und ein Zuhause finden kann, lassen in ihm die Einsicht wachsen, dass die Entscheidung für den sowjetischen Sektor die richtige ist.

Diese erste, nach der Rückkehr in Deutschland entstandene und abgeschlossene Erzählung mit Gegenwartsstoff, fügt sich thematisch ein in die Reihe der noch in Mexiko entstandenen Erzählungen *Das Ende* und *Die Saboteure* und der DDR-Geschichte *Der Mann und sein Name* und nimmt bereits das Entscheidungs-Motiv vorweg. Die Geschichte ist reich an zeitgenössischer Wirklichkeit, die Menschen sind in ihren Widersprüchen, ihrer Trägheit und ihrer Sehnsucht nach Alltag und Normalität erfasst, ihre Gedanken und ihre Sprache wirken ungekünstelt und direkt. Die Restauration im Westen – und darin liegt der didaktische

Zug der Erzählung – lässt dem Rückkehrer aus sowjetischer
Kriegsgefangenschaft keine andere Wahl, will er nicht seine
»Zukunft gegen Bohnenkaffee« eintauschen, als in den
Osten zurückzukehren, wo – in der Logik der Erzählung –
etwas wirklich Neues beginnt.

Die Kinder des Zweiten Weltkrieges
(1950/1979)

Diese drei knappen Skizzen verdeutlichen, ebenso wie z. B.
die drei unter dem Titel *Begegnungen* zusammengefassten
kurzen Texte aus dem Jahr 1964, das, was Sigrid Bock »Stu-
fen zwischen Wirklichkeit und Werk« (KuW 3) genannt
hat. An jeweils in sich abgeschlossenen kleinen Begebenheiten gelingt es Seghers, Wesentliches von der inneren Realität
von Kindern herauszuarbeiten. Der erste Text, *Die Puppe*,
ist eine Anekdote in Kleist'scher Tradition:

> Als eine Schar Kinder, die nach dem Ende des zweiten
> Weltkrieges dem Tod in den Vernichtungslagern ent-
> gangen waren, nach Frankfurt am Main gebracht und
> dort von den Hilfskomitees beschenkt und bewirtet
> wurde, begann ein Mädchen beim Anblick der ihm
> überreichten Puppe verzweifelt zu weinen. Es schrie:
> »Warum gebt ihr mir zum Spielen ein totes Kind?«

Olga Benario-Prestes (1951)

Diese biographische Skizze über die deutsche Revolutionärin und Antifaschistin ist symptomatisch einerseits für die
verstärkte Hinwendung Seghers' zu weiblichen ›Heldin-
nen‹, andererseits ist die Stoffgeschichte typisch für die Suche

der Remigrantin Seghers nach Zugriffen auf zeitgeschichtliche Stoffe. Bereits im September 1946 hatte Seghers an ihre
Freundin Lore Wolf geschrieben: »Ich würde gern in der
kurzen Zeit, die ich noch hier bin, etwas zusammenbekom-
men über diese Olga Benario [...], die, nachdem man den
Mann einsperrte, aus Brasilien zu den Nazis geschickt
wurde. Und in der Zelle das Kind gebar, das dann durch
Hilfe der Quäker zu seiner Familie nach hier kam«. In
einem Beitrag über den brasilianischen Schriftsteller und
Freund Jorge Amado, der auch der Biograph von Luis Car-
los Prestes war, nahm dann das Bild Olga Benarios, der
Frau Prestes', zum ersten Mal Gestalt an:

Sie ließ vor ungefähr zwanzig Jahren den Lehrer
Braun, ihren Freund, in einer köstlichen Köpenickiade
durch Gefährten, die als preußische Beamte verkleidet
waren, aus dem Gefängnis von Moabit entführen. Sie
war damals strahlend und anmutig. Sie war ›wie die
Galionsfigur unseres stürmisch ziehenden Schiffes‹.
Gestorben ist sie, nicht mehr strahlend und nicht mehr
anmutig, in einem Nazigefängnis, auch hier in Berlin.
Sie hatte den Brasilianer Prestes geheiratet. Er hatte in
einem Marsch, der etwa dem Großen Marsch der chinesischen Volksarmee zu vergleichen ist, die brasilianischen Arbeitslosen von Siedlung zu Siedlung durch den
Urwald geführt. Er wurde später verhaftet und einge-
sperrt, und Olga Benario wurde auf Ansuchen der Hit-
lerregierung zu Schiff nach Deutschland verfrachtet.
Sie musste, schwanger, in Lumpen, in einem Zug von
Unglücklichen, nach ihrer Ankunft Hamburg durch-
queren unter dem Spott der Umstehenden. Das war
eine Szene, die man schwer aus dem deutschen Drama
ausmerzen kann. Ihr in der Gefängniszelle geborenes
Kind wäre verkommen, wenn es nicht Freunde mit
Hilfe der Quäker zur Mutter und Schwester Prestes'
gebracht hätten. Wir fanden das Bild der Benario, das

wir in Berlin gesucht hatten, in der Biographie von
Amado.«   *(Erlebnis und Gestaltung* [1949])

Das Porträt Olga Benario-Prestes reiht sich ein in die
Porträts von Lilo Herrmann, der ersten von den Nazis hingerichteten Frau, von Alexandra Kollontai, der sowjetischen Kommissarin und späteren Botschafterin, die über die
freie Liebe und die neue Frau schrieb, von Tina Modotti,
der Fotografin und Revolutionärin, und von Tamara Bunke,
der Gefährtin Che Guevaras, deren Foto an der Wand vor
Seghers' Arbeitsplatz in ihrer Wohnung in Adlershof hing.

Crisanta. Mexikanische Novelle (1950/1951)

»Ihr fragt, wie die Menschen in Mexiko leben? – Von
wem soll man erzählen? [...] Ich will nichts von diesen
Männern erzählen und auch nichts von anderen großen
Männern, die später in Mexiko lebten. Obwohl sie, fast
unbekannt in Europa, nicht nur dort zu den Größten
der Großen gehören. Ich erzähle nichts von Juarez und
nichts von Hidalgo und nichts von Morelos. Ich erzähle euch von *Crisanta.*

Crisanta, eine junge Waise, kommt vom Land, wo sie bei
der Familie González aufgewachsen war, nach Mexico City.
Sie hat nichts als eine Kindheitserinnerung an einen Ort, an
dem sie ein sanftes und starkes Blau gesehen und eine tiefe
Geborgenheit empfunden hat. Sie arbeitet in einer Tortille-
ria, verliebt sich in den jungen Töpfer Miguel und besucht
nach der Arbeit die Abendschule, um lesen und schreiben
zu lernen. Als Miguel sie verlässt, bricht ihr bisheriges Leben zusammen, sie verliert sich in ihrem Unglück. Die Für-
sorge der Familie González gibt ihr den Respekt vor sich
selber zurück, sie schafft es, sich durch ihre Arbeit auf dem
Markt und die Verantwortung für ihr Kind wieder im All-

tagsleben zu verankern. »Auf einmal fiel ihr der Ort wieder ein, an dem sie als Kind gewesen war. Das unvergleichliche, unbegreifliche tiefe und dunkle Blau. Das war der Rebozo, das Umschlagtuch der Frau González gewesen, und was dahinter strömte, ihr Volk.«

Die Dialektik zwischen der Sehnsucht nach dem Blau und dem ›wirklichen Blau‹ strukturiert bereits diese erste Erzählung mit mexikanischem Stoff. Ihr programmatischer Beginn signalisiert eine verstärkte Hinwendung zum ›gewöhnlichen Leben‹, zur beharrlichen Kraft der Schwachen, der Frauen. In Crisanta - sie »war hungrig auf viel Leben« – steckt etwas vom Lebenshunger der frühen Mädchenfiguren Seghers'; die krasse Benachteiligung des weiblichen Geschlechts wird hier beinahe unauffällig thematisiert. Im Zentrum der Erzählung steht das Eingebundensein im Guten wie im Schlechten in das eigene Volk, die eigenen Leute.

Der Mann und sein Name (1952)

Diese Erzählung in zwölf Kapiteln beschreibt psychologisch und zeitgeschichtlich exakt, wie ein junger Kriegsheimkehrer, ehemals Nazi, zwischen den Verstrickungen in die Kontakte zu anderen Nazis und der durch einen Zufall sich anbietenden neuen Identität als Antifaschist und KZ-Häftling in eine lange, widerspruchsvolle Entwicklung hineingestellt wird. »Er war ein Mensch, und er wollte nicht zugrunde gehen«, so umreißt die Autorin seine Ausgangssituation. Heinz Brenner, wie der Rückkehrer fortan heißt (d. h. in der Erzählung trägt er den Namen des in einem Strafbataillon umgekommenen Antifaschisten), lebt im Niemandsland zwischen zwei falschen Leben und sucht das richtige. Der Respekt, den ihm diejenigen entgegenbringen, die ihn als Antifaschisten sehen, lässt etwas Neues in ihm entstehen, während die gegen den Aufbau in der SBZ gerichteten Sabotageakte seiner ehemaligen Kumpane auf ihn eine destruktive Wirkung haben. Er bekommt Arbeit als Schlosser, besucht die Parteischule, um zu lernen; sein Meister im Betrieb, sein Dozent, seine Freundin Katharina – sie bringen ihm Vertrauen entgegen, das er jedoch nicht erwidern kann, weil er unter seiner Lebenslüge leidet, ohne den Mut zu haben, sich zu offenbaren. Schließlich trifft er eine Entscheidung und verhindert einen Sabotageakt seiner früheren Kumpane. Nun kommt alles ans Licht. Er erhält die Chance, sich zu bewähren, und steht nun vor einem echten Neubeginn.

Dies ist zweifellos die wichtigste Erzählung mit zeitgenössischem Sujet, die Seghers in den frühen DDR-Jahren schrieb. Diese Geschichte eines ehemaligen SS-Mannes und Wehrmachtssoldaten, der aus Angst vor Verfolgung in die Identität eines Antifaschisten schlüpft, war politisch brisant, und die Erzählung – psychologisch übrigens viel glaubwürdiger als *Das Ende* – löste heftige Diskussionen in der Presse und im Schriftstellerverband der DDR aus. Seghers ging es nicht darum, die ›Wandlung‹ ehemaliger Nazis oder Mitläufer zu überzeugten Sozialisten zu zeigen, wie es der Literatur jener Zeit entsprach, sondern sie interessierte die *Krise*, die diesen Prozess begleitete. Die Vergangenheit – »Er ist noch nicht fertig mit allem, was er erlebt hat« – war nicht einfach abzuschließen wie ein Buch, das man zuklappt, sondern sie war allgegenwärtig, in den Menschen, in ihrer Trauer und Ratlosigkeit, in den Trümmern der Städte und ihrer Ungeborgenheit. Das war es, was Seghers zu zeigen versuchte in dieser Erzählung, die Bilder von beklemmender und bestürzender Intensität enthält. Noch vor Brigitte Reimanns *Ankunft im Alltag* (1961) schrieb Seghers mit *Der Mann und sein Name* einen frühen ›Ankunftsroman‹, der den LeserInnen durch schwierige Veränderungsprozesse hindurch eine glaubwürdige Perspektive zeigen konnte. Der Stoff wurde 1983 in der DDR verfilmt.

Brot und Salz (1957)

Diese Erzählung verarbeitet Episoden aus dem ungarischen Aufstand gegen das stalinistische Regime Rákosis. Interessant an dieser die Vorgänge ideologisch konform darstellenden Erzählung – der Aufstand galt als ›Konterrevolution‹ – ist die Frage, ob Seghers damit ihrer eigenen Überzeugung Ausdruck verlieh oder ob andere Erwägungen zur Entstehung und Publikation dieser Erzählung geführt haben. Daher soll wenigstens in groben Zügen die historische Situation umrissen werden. Im Mai 1955 war der Warschauer Pakt gegründet worden, und im Februar 1956 hatte der XX. Parteitag der KPdSU erstmals die Verbrechen des Stalinismus öffentlich gemacht. Der Aufstand in Polen im Oktober 1956 führte zur Etablierung einer reformkommunistischen Regierung unter Gomulka. Diese Entwicklung setzte Hoffnungen auf einen vergleichbaren Umschwung in Ungarn frei und führte zu einem Aufstand und zur Bildung einer reformkommunistischen Regierung unter Nagy. Als die neue Regierung im November 1956 die Mitgliedschaft Ungarns im Warschauer Pakt aufkündigte, erfolgte eine militärische Intervention durch die Rote Armee, in deren Folge Nagy hingerichtet und Lukács, sein Kulturminister, in die Verbannung geschickt wurde. Die Rettungsversuche, die Seghers und Becher, damals Kulturminister der DDR, für Lukács unternommen hatten, waren Gegenstand der Anklage gegen Walter Janka, der ebenfalls beteiligt war. In diesem politischen Klima der Schauprozesse in der DDR entstand *Brot und Salz* – gewissermaßen das ›offizielle‹ Pendant zu *Der gerechte Richter*.

Vierzig Jahre der Margarete Wolf (1957)

Diese dem 40. Jahrestag der Oktoberrevolution gewidmete
Erzählung, die, wie *Die Saboteure* und *Das Ende*, Geschichten von Figuren aus dem Exilroman *Das siebte Kreuz*
fortführt, spricht eine andere Sprache als die apologetische
Erzählung *Brot und Salz*. In *Bauern von Hruschowo* und
den Romanen der Exilzeit war die Oktoberrevolution mit
Aufbruch und Siegesgewissheit verbunden, sie war ein ver-
heißungsvolles Zeichen mit einer großen, begeisternden
Ausstrahlungskraft. Diese Wirkung ist dem Symbol Revolution im historischen Prozess abhanden gekommen. Die
Erlösung blieb aus, die Passion dauert an. Nicht als weltge-
schichtlich umwälzendes Ereignis tritt der russische Oktober in der Erinnerung von Margarete Wolf auf, sondern als
sichtbarer, spürbarer Preis an Lebenskraft, Freude, Glück
und Zukunftshoffnung, den es eine einzelne Frau – und mit
ihr viele andere – gekostet hat.

Das wirkliche Blau
Eine Geschichte aus Mexiko (1967)

Die Erzählung greift auf Erfahrungen und Eindrücke des
mexikanischen Exils zurück. Der Töpfer Benito Guerrero,
der sich auf die Suche nach seiner blauen Farbe macht und
sie schließlich durch die Mithilfe anderer Menschen findet,
erinnert mit seinem Namen an Xavier Guerrero, einen
Schüler von Diego Rivera und Maler der mexikanischen
Freskenbewegung. In einer kritischen Rezeption von Novalis' fragmentarischem Künstlerroman *Heinrich von Ofter-
dingen* (1802), wo die blaue Blume Symbol der Selbstfin-
dung des Dichters und der erlösenden Macht der Poesie ist,
greift Seghers Motive aus Novalis' Roman auf – Brunnen,

Bergwerk, Fluss, Reise, Traum – und deutet sie um. Am deutlichsten ist diese Umdeutung in der anderen Auffassung von Kunst und Künstlertum: der Töpfer Benito ist kein Künstler, der in Weltabgeschiedenheit lebt und arbeitet, sondern er braucht die Verankerung im Alltagsleben seines Volkes, und seine Kunst lebt aus der Verbindung von Schönheit und Nützlichkeit. Die Erzählung wurde 1986 in der DDR verfilmt.

Überfahrt. Eine Liebesgeschichte (1971)

Den Plan zu dieser Geschichte, die ursprünglich »Die Früchte dieses Landes« heißen sollte, hatte Seghers bereits 1964 gefasst. Anhand der Fassungen lässt sich die Entstehungsgeschichte dieser Erzählung gut nachvollziehen; z. B. wurde aus dem rückblickenden Bericht eine verschränkte, doppelte Ich-Erzählung, in der erneut die Bedeutung des Erzählens thematisiert wird. Bezüge zu eigenen früheren Texten – v. a. *Transit* und *Das Argonautenschiff* – sind auffällig. In zwei Dimensionen dieser Erzählung werden Entfremdung und Verlust ohne Gegengewichte gestaltet: die exotische Fremde, die noch in *Der Ausflug der toten Mädchen* eine Art Mondlandschaft war und im Kontrast zur in der Erzählung lebendigen Heimat in Deutschland stand, wird für den Ich-Erzähler Triebel nun zum Fluchtpunkt, zum Sehnsuchtsort gegenüber der nüchternen, kalten DDR. Neben diesen Perspektivenwechsel in der Gestaltung der Exilerfahrung tritt die persönliche Desillusionierung, der Verlust einer großen, identitätsstiftenden Liebe. Die Erzählung kann gelesen werden als Geschichte vom Scheitern eines Entwurfs, in dem das Lebenskonzept und die Identität der Hauptfigur aufs engste mit der sozialistischen Idee verbunden sind. Dieses zweifache Scheitern, von individuellem und politischem Entwurf, reflektiert die Erzählung als Pro-

zess der Desillusionierung, deren Ergebnis fixiert wird als
»unvergessliches Leid«. Für die Hauptfigur, den Arzt und
jüdischen Remigranten Triebel, bleibt dieses Scheitern in einer charakteristischen Ambivalenz zwischen rationaler Einsicht und unbewusster Abwehr: »was so geleuchtet hat,
kann doch nicht plötzlich erloschen sein«. Dieser Satz Triebels meint nicht nur seine gescheiterte Beziehung zu Maria
Luisa, der Gefährtin seiner Jugend, sondern kann auch gelesen werden als Reflex der biographischen Erfahrung der
Autorin Seghers, bezogen auf das Scheitern des Sozialismus.
– Der Stoff wurde 1984 in der DDR verfilmt.

Steinzeit (1975)

Diese Erzählung, die an Geschichten des polnischen
Schriftstellers Joseph Conrad erinnert, greift einen authenti-
schen Fall auf. Einem ehemaligen amerikanischen Vietnam-
Soldaten war eine Erpressung gelungen, er musste mit dem
Geld verschwinden und kam schließlich auf seiner Flucht
elend und einsam ums Leben. Die Psychologie eines Täters
wird hier sehr viel subtiler gestaltet als etwa in *Das Ende*
(1945), die Erzählung enthält darüber hinaus viele symbolische Bezüge. So erfüllt sich der Befehl des amerikanischen
Generals, »Vietnam zurückzubomben in die Steinzeit«,
letztlich an dem ehemaligen Soldaten selbst: er kommt um
in einer grauen Steinwelt, in der es weder Vegetation noch
Sterne gibt. Seine Identität wird Stück für Stück zerstört,
ohne dass er begreift, dass sein vergangenes Leben sein jet-
ziges bedingt und bestimmt. Er beginnt seine Flucht mit der
Identität eines Toten, und bei jeder Begegnung mit Menschen muss er sich eine neue Lebensgeschichte erfinden. Er
wird sich selbst immer fremder, und er ist unfähig, eine
emotionale, vertrauensvolle Beziehung zu anderen Menschen einzugehen. Konsequenz seines verfehlten Lebens ist

Seghers bei einer Lesung in Leipzig, 1966

schließlich sein spurloses Verschwinden: als hätte es ihn nie
gegeben. Nach Inge Diersen ist »die schöne, kühne, uner-
bittliche Erzählung *Steinzeit*« die bedeutendste des Spät-
werks – eine Geschichte ohne Botschaft, ohne Licht, die Lö-
schung jeglicher Spur, aber nicht als Strafe (dies wäre eine
Botschaft), »sondern als Konsequenz eines von Grund auf
verfehlten Lebens, für das die Schuld nicht in individuellem
Versagen liegt, sondern sich aus in unserer Zivilisation lie-
genden Grunddispositionen ergibt« (Diersen, B 5: 1994b).

Wiederbegegnung (1977)

Diese Erzählung handelt von der scheinbar unabschließba-
ren Geschichte des Exils, ihre Hauptfiguren sind Alfonso
und Celia, republikanische spanische Genossen, deren Exil
in Mexiko sich ins Ungewisse verlängert. Diese Geschichte
von Trennungen, von kurzen, gefahrvollen Wiederbegeg-
nungen und der uneingelöst bleibenden Hoffnung auf das
Zusammenbleiben hat eine tragische Dimension. Auf diesen
tragischen Aspekt des Lebens im Aufschub in der Emigration oder in der Illegalität im Heimatland und die Trauer
über den endgültigen Heimatverlust scheint die Autorin
Wert gelegt zu haben – als sie *Wiederbegegnung* schrieb,
war Franco bereits nicht mehr an der Macht. Es ist jedoch
auch eine Geschichte über die Gemeinsamkeiten und die
Unterschiede, die das Leben und die Perspektiven der antifaschistischen Emigranten in Mexiko bestimmten. Ähnlich
wie in *Vierzig Jahre der Margarete Wolf* wird hier der Preis
an individuellem Lebensglück ins Verhältnis zum schließlich gescheiterten politischen Kampf gestellt, und angesichts
der erloschenen Leuchtkraft der Utopie bleibt nur die
Trauer um die Verluste.

Erzählzyklen

Die drei Bäume
Aus einer unveröffentlichten Sammlung von Sagen und Legenden (1940/1946)

In diesen drei kleinen, streng komponierten Geschichten thematisiert Seghers Todesangst, Einsamkeit und Entfremdung in historischem, legendärem und mythischem Kontext und aktualisiert somit menschheitliche Grunderfahrungen. Nach eigener Aussage sind sie während der Besetzung von Paris durch die Wehrmacht entstanden, wie Seghers in einem Brief an den sowjetischen Freund Steshinski 1963 schrieb. Den Ritter hat die Angst vor seinen Verfolgern umgebracht, den Propheten die furchtbare Einsamkeit, als Einziger seines Volkes zu überleben. Der Baum, der zuvor Gefängnis und Todesfalle war, wird in der dritten Geschichte – der frei erfundenen Wiederbegegnung von Odysseus und Penelope nach langer Trennung – zum Zeichen eines neu geschaffenen Vertrauens und neuer Verbundenheit. Die existentiellen Dimensionen dieses Zyklus beleuchtet die Interpretation Quilitzschs (B 5: 1993).

Die Linie. Drei Erzählungen (1949/1950)

Diese drei dem 70. Geburtstag Stalins gewidmeten Geschichten knüpfen stofflich und stilistisch an Erzählungen der Exilzeit an. Ihre Hauptfiguren – ein chinesischer Parteifunktionär, ein französischer Arbeiter und ein sowjetischer Bauer – demonstrieren vordergründig die Übereinstimmung zwischen dem Einzelnen und der Partei, die zwar manchmal schwierig zu erreichen, schließlich aber beglückend ist. *Die Linie*, d. h. die Einbindung vereinzelter Menschen aus historisch und geographisch verschiedenen Kontexten in den Kommunismus stalinistischer Prägung, ist die Kernidee des Zyklus. Hinter dieser illustrativen Fassade geht es jedoch auch um Themen, die der deutschen Leserschaft, deren Welt- und Geschichtsbild durch die Jahre des Nazi-Regimes verzerrt war, nahe gebracht werden sollen: der Hitler-Stalin-Pakt wird ihnen erklärt als taktische Maßnahme Stalins, den Frieden möglichst lange zu erhalten; die Kollektivierung der Landwirtschaft und die gerechte Verteilung des Gewinns hieraus werden beispielhaft verdeutlicht. Die Gestaltung verweist bereits auf die plakativ-didaktischen Formen der *Friedensgeschichten*. Das auf Stalin bezogene Motiv der Vertrauens, das für den späteren Roman *Das Vertrauen* (1968) zentral werden sollte, erhält seine erste Ausformung in der persuasiven Rede Jean Gilberts in *Die Kastanien*: »Gerade Vertrauen hat mit Verstand zu tun. Warum hat denn Stalin mein Vertrauen? Weil er immer getan hat, was für uns richtig ausging. Auch wenn ich etwas nicht sofort verstehe, ich weiß dann doch, es hat seine Gründe«. Das Modell des ›vormundschaftlichen Sozialismus‹ klingt hier als ideologischer Kontext an.

Die Kinder
Drei Erzählungen (1941; 1951/1951)

Dieser Zyklus, gewidmet »Der Jugend zu ihren III. Weltfestspielen für den Frieden«, verbindet die im französischen Exil entstandene Erzählung *Das Obdach* (1941) mit den in der DDR entstandenen Geschichten *Die verlorenen Söhne* und *Die Tochter der Delegierten*. Die Erzählungen vermitteln am Beispiel des von Franzosen aufgenommenen Sohnes deutscher Antifaschisten, von illegaler Parteiarbeit und sozialen Kämpfen im Polen Pilsudskis und in China etwas von den unsäglichen Schwierigkeiten und Opfern, die auf dem ›richtigen Weg‹ von einzelnen Menschen und vor allem auch von Kindern gefordert werden. Rechtfertigt der Zweck die Mittel? Diese Frage wird nicht ausgespart. Der Unerbittlichkeit, mit der die Kämpfe um das Überleben im Exil und um soziale Gerechtigkeit auch noch nach der Niederschlagung des Nazismus geführt werden, fallen die ursprünglichsten menschlichen Beziehungen zum Opfer; die permanente Kampfsituation fordert nicht nur Disziplin und Askese, sondern eigentlich den Lebensaufschub – was eine besondere Tragik einschließt für die Kinder. Die Trauer darüber ist, durchaus auch als eigene Erfahrung der Autorin, deren eigene Kinder ja nicht in Deutschland, sondern unter den schwierigen Bedingungen des Exils in Frankreich und Mexiko aufgewachsen sind, diesen Geschichten eingeschrieben. Dass der moralisierende Gestus dieser Erzählungen Seghers bewusst war, spricht aus einer Sequenz aus einem 1979 geführten Gespräch mit Achim Roscher. Dort vergleicht Seghers die Erzählung *Die Tochter der Delegierten* (die in der DDR übrigens zur Schullektüre gehörte und 1977 vom Fernsehen der DDR verfilmt wurde) mit den Erzählungen des Bandes *Auf dem Wege zur amerikanischen Botschaft* (1930) und konstatiert das völlige Fehlen »unbekümmerter Leidenschaftlichkeit«.

Der Geschichte liegt ein wahrer Vorfall zugrunde. Aber das Mädchen gerät in eine komplizierte Lage und pendelt zwischen Hoffnung und Enttäuschung, es verbraucht soviel Energie, dass es schließlich kaum noch Kraft findet, Hoffnung zu bewahren. Neulich besuchte mich ein Mädchen, es war älter als die Jozia der Erzählung, und sie meinte, ihr gefalle diese Erzählung deswegen nicht, weil die Moral der Geschichte weniger aus dem Mädchen Jozia spreche, sondern mehr aus der Schriftstellerin. Ich habe diese Erzählung daraufhin noch einmal gelesen und bemerkt, dass diese Kritik berechtigt ist. Und es fiel mir noch etwas anderes auf: Mir kommt es vor, als mangele es der Erzählung an unbekümmerter Leidenschaftlichkeit.

Dieser Grundgestus verbindet diesen Zyklus mit anderen Erzählungen, die von Leiden und Opfern des Kampfes um ein besseres Leben berichten, und darin wird etwas sichtbar von der eigenen Müdigkeit und dem Utopieverlust der Erzählerin Seghers nach ihrer Rückkehr.

Große Unbekannte. Einleitung. Miranda (1947) – *Große Unbekannte. Ein Neger gegen Napoleon* (1948)

Unter dem Titel *Große Unbekannte* schrieb Seghers nach ihrer Rückkehr zwei literarische Porträts, denen ursprünglich ein drittes folgen sollte, das jedoch nicht zustande kam. Ihr stofflicher und entstehungsgeschichtlicher Kontext verbindet diese Porträts südamerikanischer Freiheitskämpfer mit dem Zyklus *Karibische Geschichten*. Seghers interessierte an diesem Stoff, der ihr durch die Emigrationserfahrung nahe kam, die spezifische Dynamik revolutionärer Kämpfe, die zwar von Europa, von der Französischen Revolution inspiriert waren, aber dort völlig in Vergessenheit geraten waren. Das erste Porträt widmete sie dem Venezolaner Francisco Miranda,

der sein Leben der Idee der Freiheit (Freiheit des südamerikanischen Kontinents) widmet, an den europäischen Höfen des aufgeklärt absolutistischen Europa hierfür wirbt, ebenso in den unabhängig gewordenen Vereinigten Staaten, im revolutionären Frankreich, der irgendwann nicht mehr warten kann, eine sinnlose Aktion unternimmt, später in Kämpfen taktische Fehler begeht, scheitert, den Erfolg, die Unabhängigkeit Venezuelas, nicht mehr erlebt. (Greiner, B 5: 1994)

Das zweite Porträt beschreibt den haitianischen Revolutionär Toussaint l'Ouverture, dessen charismatische Gestalt auch in den Erzählungen *Die Hochzeit von Haiti* und *Der Schlüssel* eine zentrale Bedeutung hat. Toussaint, der ›schwarze Napoleon‹, ein ehemaliger Sklave, den ein Priester lesen lehrte, steigt auf zum General der Revolutionsarmee und wird, nach dem Umschwung der revolutionären Entwicklung im Mutterland, nach Frankreich deportiert und stirbt dort im Gefängnis. Zahlreiche Informationen, Toussaint betreffend, hat Seghers aus dem Buch *Citizen Toussaint* (Boston 1944) von Ralph Korngold entnommen, dessen Exemplar in der Seghers-Radvanyi-Bibliothek zahlreiche Anstreichungen und Notizzettel enthält. – Das dritte, nicht ausgeführte Porträt, sollte dem mexikanischen Dorfpfarrer José María Morelos y Pavón gelten, der zu einem der großen Armeeführer im mexikanischen Unabhängigkeitskampf wurde. Seghers rekurriert in diesen Geschichten wiederum auf das Muster von Passion und Erlösung, auf die messianische Hoffnung, die sich in solchen charismatischen Führern wie Miranda, Toussaint und Morelos, die andere von ihrer Freiheitsmission zu überzeugen vermögen, verkörpert.

Friedensgeschichten (1950/1953)

Der Zyklus *Friedensgeschichten* berichtet nicht, wie *Der erste Schritt*, von der Avantgarde der internationalen kommunistischen Bewegung, sondern von Menschen im Nachkriegsdeutschland. Nicht ohne Absicht können die hier porträtierten Menschen (noch) nicht für sich selber sprechen, vielmehr gibt die Erzählerin ihnen Gesicht und Stimme. In novellistischen und anekdotischen Formen zeigt sie am Beispiel der Lebensgeschichten ganz verschiedener Menschen, wie der Aufbau eines neuen Lebens und der weltweite Kampf um Frieden zusammenhängen und zu-

sammengehören. In diesen Berichten werden Ausschnitte
dieser Zeit greifbar, die in Veränderung begriffen war. Die
Menschen waren vom Krieg zermürbt, aus früheren Bindungen und Gewissheiten herausgerissen, häufig ohne Lebensmut und Vertrauen. Gewohnte Denk- und Handlungs-
muster werden bewusst gemacht und auf Einbrüche des
Neuen hin, auf den Keim der Veränderung hin untersucht.
Ganz allmählich kommt das alltägliche Leben wieder in
Gang, indem die Menschen lernen, Neues zu wagen. Die
Titel der einzelnen Geschichten verallgemeinern, ohne dass
das jeweils Individuelle der Figuren verloren geht. Die opti-
mistische Tendenz, die diesen Erzählungen im Hinblick auf
die weitere Entwicklung innewohnt, lässt sie leicht als pro-
pagandistische Illustration der ›antifaschistisch-demokrati-
schen Umwälzung‹ der ersten Nachkriegsjahre in der DDR
erscheinen. Die genaue Lektüre verweist jedoch auf ein Pro-
blembewusstsein, das die Brüche und Widersprüche dieser
Entwicklung nicht ausspart. In der Einfachheit ihrer Sprache erinnern die *Friedensgeschichten* an die *Kalendergeschichten* Brechts. Heiner Müller hat die Erzählungen *Die
Umsiedlerin* und *Der Traktorist* aufgegriffen und bearbeitet.
Unter dem Titel *Die Bauern* erzählt die 1964 entstandene
Neufassung von *Die Umsiedlerin oder Das Leben auf dem
Lande*, ausgehend vom Seghers-Motiv, im Gewand der Ko-
mödie die Geschichte eines mecklenburgischen Dorfes von
der Bodenreform 1946 bis zur Kollektivierung 1960 als
Epochenwandel, und sein Stück *Traktor* (1959; 1975) verar-
beitet Motive aus *Der Traktorist*.

Der erste Schritt (1952)

Seghers griff in diesem Zyklus auf das operative Schreiben
aus den Jahren der Weimarer Republik zurück, auf anekdo-
tisches Erzählen mit deutlich aktivierendem Charakter. Der

Titel spielt möglicherweise auf Worte aus Lao-tses *Tao-Tê-King* an, wonach auch eine Reise von zehntausend Meilen mit einem ersten Schritt beginnt. Es war ein Versuch, ihre Leserinnen und Leser da abzuholen, wo sie nach zwölf Jahren Nazismus und Krieg standen; ihnen zu zeigen, dass keine revolutionären Taten vonnöten sind, dass die ersten Schritte zur grundlegenden Veränderung der Verhältnisse ruhig klein sein können, dass sie vielleicht – wie bei der Figur des Paul – im Zuhören und Nachdenken über das Gehörte, das Gelesene bestehen können. Es sind didaktische Geschichten, was sie nicht verbergen. Den deutschen Leserinnen und Lesern sollten mit diesem Zyklus Erfahrungsbereiche erschlossen werden, die der Autorin vertraut, ihnen aber bislang verstellt, von denen sie ausgeschlossen waren. »Schreiben, um zu verändern« – das frühe poetologische Programm Seghers' gilt hier erneut. Die Frage der Authentizität der berichteten Lebenswege ist dabei von untergeordneter Bedeutung, sie verweisen auf die ausgeprägten intertextuellen Referenzen innerhalb des eigenen Werks: Lan-si erzählt z. B. die Geschichte vom *Last-Berg*, in der Geschichte von Francesca ist das Motiv der Viererreihe aus *Auf dem Wege zur amerikanischen Botschaft* variiert, Friedrich macht in Westdeutschland ähnliche Erfahrungen wie die Hauptfigur in *Die Rückkehr*, und die lebhaften Eindrücke von Rembrandts Bild »Der barmherzige Samariter«, von denen Jarmila berichtet, gehen zweifellos auf eigene Kunsterfahrungen der Autorin zurück. Der kurze Text, der den Zyklus einleitet und den Titel *Der Bienenstock* trägt, wird wenig später der gleichnamigen Erzählsammlung vorangestellt.

Der Bienenstock
Ausgewählte Erzählungen in zwei Bänden (1953)

Der »Bienenstock«, das Haus, in dem sich die Teilnehmer
eines Friedenskongresses zum Erzählen treffen, symbolisiert den solidarischen Zusammenhalt einer friedlichen Gemeinschaft, ein utopisches Bild, anknüpfend an eine Erfahrung aus der Emigration: ›Bienenstock‹ (*la ruche*) hieß das
Internat der Privatschule bei Bellevue, die Seghers' Kinder
besuchten. »Diesen Namen übernahm später meine Mutter
für eine Erzählungssammlung. Die Direktorin, Madame
Roubakine, ihr Mann war ein russischer Kinderarzt, nahm
uns aus Solidarität umsonst auf«, so erinnert sich später die
Tochter Ruth Radvanyi. Der »Bienenstock« steht aber auch
für Seghers' eigenes politisches Engagement, das in den Jahren in der DDR verstärkt der internationalen Friedensbe-
wegung galt – damit setzte sie die antifaschistische Arbeit
des Exils fort. Diese Arbeit – sie hatte als Mitglied des Weltfriedensrates u. a. 1950 am »Stockholmer Appell« zum Verbot und zur Ächtung aller Atomwaffen teilgenommen –
und die Reisen zu den Treffen des Friedensrates nach Warschau, Paris und in andere Städte waren ein wichtiger
Bestandteil ihres Lebens in der engen DDR geworden, dabei begegnete sie Freunden aus aller Welt. Der kurze Vor-
spann zum *Bienenstock*, der bereits die Rahmengeschichte
für *Der erste Schritt* abgab, zitiert und variiert zugleich literarische Vorbilder wie Goethes *Unterhaltungen deutscher
Ausgewanderten,* Wielands *Hexameron*, Tiecks *Phantasus*
oder E. T. A. Hoffmanns *Serapionsbrüder.* Ein wichtiger Unterschied liegt darin, dass hier keine phantastischen, sonder-
baren und unterhaltsamen Begebenheiten vorgetragen werden, sondern dass existentielle Entscheidungssituationen explizit politischer Art im Leben der einzelnen Menschen im
Vordergrund stehen, erste Schritte, die aus der Vereinzelung
in die Gemeinschaft führten. Das Erzählen selbst ist, wie

in zahlreichen anderen Seghers-Werken auch, nicht nur Bericht und Mitteilung von Erfahrenem, sondern gleichzeitig Selbstreflexion und gemeinschaftsbildend. Diese Sammlung von Erzählungen aus dem bisherigen Schaffen realisiert zugleich eine seit den frühen Emigrationsjahren immer wieder in Briefen erwähnte Lieblingsidee Seghers, eine Art Tausendundeine-Nacht-Zyklus zusammenzustellen. Diese Konzeption verweist auf ein zentrales Strukturprinzip des Seghers'schen Erzählens, die Montage von novellistischen und anekdotischen, phantastischen und sagenhaften, realistischen und legendären Geschichten, also letztlich auf einen ästhetischen Pluralismus, wie er in der späten Erzählung *Die Reisebegegnung* poetologisch diskutiert wird. Einige der nach der Rückkehr entstandenen Erzählungen wie *Das Argonautenschiff* wurden hier erstmals publiziert. Alle Erzählungen sind nach ihrer Entstehung geordnet.

Auffällig ist, dass die frühen Erzählungen *Grubetsch*, *Die Ziegler*, *Auf dem Wege zur amerikanischen Botschaft* und *Die Wellblech-Hütte* sowie die seinerzeit preisgekrönte Geschichte vom *Aufstand der Fischer von St. Barbara* und die Auseinandersetzung mit der Geschichte der europäischen Juden, *Post ins Gelobte Land*, in der ersten Ausgabe des *Bienenstock* fehlen – Lücken, die etwas aussagen über die selektive Seghers-Rezeption in der frühen DDR. Die meisten dieser Erzählungen finden 1963 Eingang in eine 3-bändige Ausgabe des *Bienenstock*.

Karibische Geschichten (1962)

Dieser Zyklus, dessen erste beide Erzählungen (*Die Hochzeit von Haiti*, *Wiedereinführung der Sklaverei in Guadeloupe*) bereits 1949 und dessen letzte (*Das Licht auf dem Galgen*) 1960 publiziert wurden, gibt am deutlichsten Auskunft über die gravierende Veränderung des Seghers'schen

Erzählmusters von der verlorenen zur verratenen Revolution. In allen drei Geschichten thematisiert Seghers die Ausstrahlungskraft der Revolution, das Freiheitsversprechen, das von ihr ausgeht, die Freiheitskämpfe, die sie inspiriert, ohne Rücksicht auf Verluste. In *Die Hochzeit von Haiti* legt sie das Gewicht auf die historische Notwendigkeit der Sklavenbefreiung und auf die Zusammenarbeit schwarzer und weißer Revolutionäre dabei. Der jüdische Juwelier Michael Nathan und der ehemalige Sklave Toussaint l'Ouverture, Gefährten während der revolutionären Phase auf Haiti, sterben fast gleichzeitig, ohne voneinander zu wissen, der eine im Exil, der andere in Haft. *Wiedereinführung der Sklaverei in Guadeloupe* thematisiert das Scheitern der Sklavenbefreiung, weil die ehemaligen Sklaven aus dem Freiheitsrausch nicht in die Arbeits- und Alltagsrealität zurückfinden. Mit beiden karibischen Geschichten nahm Seghers Bezug auf die Nachkriegssituation – nicht nur in aufklärerischer Absicht und mit antirassistischer/antikolonialistischer Intention, sondern auch, indem sie die Widersprüchlichkeit von Befreiungsprozessen am historischen Beispiel gestaltete und damit das zeitgenössische Geschehen kritisch kommentierte.

Das Licht auf dem Galgen bilanziert traurig-nüchtern das Scheitern einer Revolution durch Verrat. Die umfangreiche Erzählung ist äußerst kunstvoll aufgebaut, sie wirkt verhaltener und distanzierter als die beiden vorangegangenen karibischen Geschichten. Durch die Wiederholung des immerwährenden Scheiterns aller Aufstände wird eine tiefe Resignation spürbar. Auch hier ist die Revolution nicht mehr nur Verheißung und Glück, sondern auch ihre widersprüchlichen und verhängnisvollen Seiten geraten ins Blickfeld. Auffälligerweise liegt der Schwerpunkt hier nicht bei denen, um deren Befreiung es geht, den jamaikanischen Sklaven, auch wenn deren Porträts (Bedford, Ann, Douglas) sehr eindringlich sind. Neben dem farbigen Schmied Bedford riskiert der französische Seemann Galloudec am meisten, aber auch er hat für die Erzählerin offenbar einen

eher geringen Stellenwert. Er ist kein Funktionär, sondern
ein Kämpfertyp. Im Mittelpunkt stehen vielmehr die Funktionäre Debuisson, ein auf Jamaika geborener Franzose,
und Sasportas, ein französischer Jude spanischer Herkunft.
Debuisson hatte sich ehemals von der Revolution mitreißen
lassen, sich gegen die Klasse seiner Herkunft entschieden
und verfolgte gehorsam seinen Auftrag, solange dieser
durch die Macht im Mutterland gedeckt war. Sasportas hingegen ist ein junger Idealist, der durch seine Begeisterung
für Debuisson und später für Toussaint für die Befreiung
der Sklaven gewonnen wird. In die Analyse der Ursachen
des Scheiterns der per Dekret des Direktoriums verfügten
Sklavenbefreiung gehen die unterschiedlichsten Aspekte
ein. So wird die Spannung zwischen dem Auftrag, eine ›Befreiung‹ von oben durchzuführen, und der allmählich in
Gang kommenden Befreiung von unten thematisiert. Die
spontane Befreiungsaktion Bedfords wird von den Funktionären verurteilt und, schlimmer noch, von Bedfords Leuten überhaupt nicht als Zeichen zum Aufstand realisiert.
Debuisson tritt von seinem Auftrag zurück, als er erfährt,
dass Napoleon zurückgekehrt ist, das Direktorium abgesetzt und sich zum Konsul ernannt hat. Sein Verhältnis zum
Auftrag verändert sich, weil die Träger der zehn Jahre zurückliegenden Revolution sich verändert haben. Napoleon
nimmt nicht nur das Befreiungsdekret für die Kolonien zurück, sondern wird in seinem Machtmissbrauch und seinem
Welteroberungsdrang zum Verräter der revolutionären
Idee. Diese Veränderungen nimmt Debuisson wahr, aber
nicht Sasportas. Debuissons Abschied vom Auftrag ist Ergebnis seiner Einsicht, dass die Idee der Befreiung nicht
immer und überall befördert werden kann, dass sie abhängt vom Zustand der revolutionären Entwicklung im
Mutterland – mit anderen Worten: die verschiedenen Phasen einer Revolution verändern auch ihre Ursprungsbotschaft. Debuissons Haltung und Entscheidung wird von Sasportas und Galloudec nicht grundsätzlich verworfen, sie

versuchen ihn zu begreifen und nicht zu verurteilen. In Debuisson geht eine Veränderung vor: nicht nur fühlt er sich der im Mutterland verratenen Revolution nicht mehr verpflichtet, sondern der Funktionär in ihm tritt zurück, es zeigen sich Müdigkeit und Resignation, der Wunsch nach Heimat und Ruhe, nach Kampflosigkeit kommt in ihm auf. Er rettet sein Leben durch ein Geständnis, während Sasportas der Idee treu bleibt bis zu seinem Tod am Galgen. Die Erzählung macht beide Haltungen verständlich. Die DEFA hat diese Erzählung 1976 verfilmt, Heiner Müller den Stoff von *Das Licht auf dem Galgen* in seinem Stück *Der Auftrag* (1980) bearbeitet.

Die Kraft der Schwachen
Neun Erzählungen (1965)

Dieser Zyklus ist eines der Kernstücke des Seghers'schen Schaffens in den DDR-Jahren. Als Vorabdruck erschien *Das Schilfrohr* (1964); *Der gerechte Richter* wurde erst 1990 postum publiziert. 1964 äußerte sich Seghers im Gespräch mit Günter Caspar über die neun Erzählungen:

> Es sind Geschichten, ganz verschieden nach Inhalt und Länge, Ort und Zeit. Allen gemeinsam ist das, was der Titel sagt. Ich erzähle von ganz unheroischen Menschen, die vielleicht schwach oder schwächlich wirken. Aber durch bestimmte geistige und seelische Kräfte werden sie wirksam, in gewissen Momenten, wenn es darauf ankommt, tun sie etwas ganz Starkes, manchmal zeigen sie, daß sie, obwohl sie schwach scheinen, eine große Kraft haben. Sie widerstehen, sie widersetzen sich, und ihre Weigerung übt dann große Kraft aus. Die Geschichten sind keineswegs alle tragisch. […] Und diese Menschen sind alle ganz unbekannt, nur mir bekannt. Wenn ich, die einzige, die sie kennt, nicht über

sie schreiben würde, so würde niemand erfahren, daß sie existieren. Wie sollte ich sie also verlorengehen lassen, wie sollte ich nicht über sie schreiben.

Die ersten dieser Geschichten entstanden vermutlich bereits nach dem XX. Parteitag der KPdSU. Über die Reihenfolge ihrer Entstehung gibt es keine gesicherten Belege. Wahrscheinlich ist die fragmentarisch gebliebene Novelle *Der gerechte Richter* um 1957/58 entstanden, und zwar nach *Der Führer* und vor *Die Heimkehr des verlorenen Volkes.* Im Nachlass fanden sich Entwürfe bzw. Anfänge zu weiteren Erzählungen, die in den Band Aufnahme finden sollten (Hilzinger, B 5: 2000).

Von seiner Konzeption und Programmatik her stellt der Zyklus ein Gegenstück dar zu *Die Linie* – und zwar nicht nur, was die Figuren und ihre Geschichten betrifft, sondern auch im Hinblick auf den ethischen und ästhetischen Pluralismus: chronikalischer Bericht und Märchen, Legende und Liebesgeschichte, Novelle und Märtyrergeschichte stehen hier nebeneinander, und der Titel *Die Kraft der Schwachen* geht auf einen Ausdruck aus dem 2. Korintherbrief des Paulus zurück. In einigen der Erzählungen spiegeln sich auch Erinnerungen und Erfahrungen der Autorin an Kindheit und Emigration. Seghers hat zwar die Anordnung der Geschichten mehrfach verändert, die erste und die letzte blieben jedoch stets an der gleichen Stelle und bilden einen spannungsvollen Rahmen: *Agathe Schweigert* und *Die Heimkehr des verlorenen Volkes.* Die Ich-Erzählerin trifft Agathe Schweigert während ihrer Internierung auf den Antillen im Kriegsjahr 1941, beide sind auf dem Weg nach Mexiko, jenem Land, das unter seinem Präsidenten Cárdenas nicht nur das verlorene indianische Volk, sondern auch ein anderes ›verlorenes Volk‹, die antifaschistischen Emigranten aus Europa, aufnahm. Die Geschichten des Zyklus variieren Motive, die Seghers' erzählerisches Schaffen bis dahin prägten, sie greifen auf die vielfältigen Gestaltungsweisen der

Exiljahre zurück. Aufs Ganze gesehen verweigern sie sich,
bis auf *Das Duell* (diesen Stoff bearbeitete Heiner Müller in
seinem Stück *Wolokolamsker Chaussee III* von 1987), dem
Zeitgeschichtssujet ebenso wie der sozialistisch-realistischen
Präsentation der ›positiven Helden‹. Die nicht aufgenommenen, nicht zu Ende geführten Erzählungen hatten teilweise den Zugriff auf das Zeitgenössische versucht. Exemplarisch wird dies an dem Erzählfragment *Der gerechte
Richter* deutlich, welches die Autorin mit dem Vermerk
»Wichtig! Durcharbeiten!« weglegte. Im Mittelpunkt steht
eine ›unerhörte Begebenheit‹: in einem sozialistischen Land
der Nachkriegszeit soll ein junger Richter gegen seine Überzeugung ein Urteil fällen; er weigert sich, wird mit Berufs-
verbot und Lagerhaft bestraft und hält doch an seiner Überzeugung fest. An dieser Stelle bricht die Novelle ab – um
wieder einzusetzen mit der Mitteilung, dass der Richter
freigekommen sei.

Wie Inge Diersen anhand der Schreibhefte Seghers' recherchiert hat, ergibt sich für die wahrscheinlich erste Ar-
beitsphase an diesem Zyklus um 1957 folgendes Bild: auf
die noch titellose Frühfassung der äthiopischen Geschichte
Der Führer folgten Entwürfe zum *Gerechten Richter*, und
das letzte Drittel dieses Hefts enthält das früheste Manuskript von *Heimkehr des verlorenen Volkes*. Diersen entwickelt aus dieser Reihenfolge die These:

> *Die Heimkehr des verlorenen Volkes* ist die schaffens-
> immanente Antwort auf den im *Gerechten Richter* dar-
> gestellten Verlust an Zukunftsgewissheit, gibt das Ge-
> genbild zum Utopieverlust, der in der Welt des gerech-
> ten Richters eingebrochen ist und sie fragwürdig
> macht. Zum Versuch, den Utopieverlust aufzufangen,
> der in der Gegenwartsgeschichte, im ›realistischen‹ Ma-
> terial nicht recht gelingen wollte, setzt sie ein zweites
> Mal an, diesmal in der Arbeit mit einem ganz anders
> beschaffenen Material. (Diersen, B 5: 1994b)

Die DEFA verfilmte 1970 *Das Duell*, das Fernsehen der DDR *Die große Reise der Agathe Schweigert* (1972) und *Das Schilfrohr* (1974).

Sonderbare Begegnungen (1970–1972/1973)

Die erste Erzählung *Sagen von Unirdischen* handelt von der Bedeutung der (bildenden) Kunst in einer hoch technisierten Welt. Kundschafter von einem anderen Stern, deren Phantasie lediglich für wissenschaftliche Erkundungen und Entdeckungen ausreicht, treten in Austausch mit Erdenbewohnern, die trotz Krieg, Zerstörung und Verfolgung ergreifende bildkünstlerische Werke zu schaffen vermögen. Der Bildhauer Matthias, der während der Bauernkriege lebt, beantwortet die Frage des Kundschafters Michael nach dem Nutzen seiner Kunst: »Zu Gottes Lob und zur Freude und Belehrung unserer Gemeinde. Jesus, Johannes, Judas – hier werden sie die Gesichter wiedererkennen«. Aber nicht nur vom Lob der Kunst ist in den *Sagen* die Rede, sondern auch vom notwendigen Austausch zwischen der wissenschaftlich-technischen und der künstlerisch-schöpferischen Welt. In der sagenhaften Figur der Hexe Kathrin, die den Kundschafter Melchior liebt und ihn auf Erden zu halten vermag, hat Seghers das Urbild jener zahlreichen Hexen geschaffen, die in der Frauen-Literatur der DDR eine phantastische Rolle spielen. Die zweite Erzählung, *Der Treffpunkt*, handelt von Selbstverlust und Wiederfinden: ein von Jugend an der sozialistischen Idee verpflichteter Genosse verändert sich während der illegalen Arbeit im Dritten Reich, er verliert zuerst die Genossen, dann die Idee und am Ende sich selbst. Auf wunderbare Weise erhält er jedoch die Chance zu einer erneuten Veränderung, die ihn mit dem Verlorenen wieder in Beziehung bringt: sein Jugendfreund, den er damals im Stich gelassen hatte, hat ihn und den Treffpunkt nicht vergessen.

Die zentrale Rolle in dem Band *Sonderbare Begegnungen*, der insgesamt ein Plädoyer für die »Emanzipation des Phantastischen« (Klaus Schuhmann) in der Literatur darstellt, nimmt *Die Reisebegegnung* ein, die Seghers selbst eine »Literatur-Geschichte« nannte. Drei Phantastiker von Weltrang, deren ungleichzeitige Leben sie niemals zusammengeführt hätten – E. T. A. Hoffmann (1776–1822), Nikolai Gogol (1809–1852) und Franz Kafka (1883–1924) – treffen sich um 1922 in einem Prager Café, um über Aufgaben, Gestaltungsweisen und Wirkungsmöglichkeiten von Literatur nachzudenken und zu sprechen. Wenige Jahre nach der Niederschlagung des Prager Frühlings war der Schauplatz Prag sicher nicht zufällig gewählt für eine undogmatisch-pluralistisch geführte Realismusdebatte, die zugleich anschloss an die Literaturdebatten der Exilzeit. Zweifellos war Hoffmann derjenige unter den drei Dichtern, dem sich Seghers am nächsten fühlte; sein ›Lebensmut‹ und ›Schreibmut‹ scheint in der Erzählung am wenigsten gebrochen, und seine phantastische Schreibweise erweist sich nicht nur als kritische Auseinandersetzung mit der reaktionären gesellschaftlichen Umwelt, sondern auch als Möglichkeit, der Enge und Bedrückung seines Lebens zu entfliehen. Gogol (über ihn hatte Seghers das meiste Material gesammelt) gilt ihr als der genialste unter den dreien: mit seinem Roman *Die toten Seelen* habe er ein für alle Mal die Wahrheit über die Leibeigenschaft in Russland gezeigt; allerdings wird kritisch vermerkt, dass die Furcht vor der Staatsmacht in Gogols letzter Lebenszeit eine dem Schöpferischen hinderliche Selbstzensur in ihm befördert hat. Mit Kafka schließlich wird ein Dichter vorgestellt, für den das Schreiben innere Notwendigkeit und Gestaltung seelischer Verstrickungen, ausweisloser Albträume und Ängste war. Diesen Kafka zitierte übrigens auch Franz Fühmann in seiner Erzählung *Pavlos Papierbuch* (in: *Saiäns-Fiktschen*, 1981), und das Seghers'sche Hoffmann-Bild wirkte, vertieft und verwandelt, hinein in Fühmanns wunderbare Essays über Hoffmanns Erzählungen und Figuren.

Drei Frauen aus Haiti (1978–1980/1980)

Die erste Geschichte (*Das Versteck*) war bereits Mitte 1978 abgeschlossen, die beiden anderen (*Der Schlüssel*, *Die Trennung*) entstanden nach dem Tod von Seghers' Mann. Alle drei Erzählungen fragen nach dem unterschiedlichen Anteil von Frauen und Männern sowohl an den revolutionären Veränderungen in der Geschichte als auch am Ertragen der Begleiterscheinungen und der Folgen. Während eine Autorin wie Irmtraud Morgner in ihrem Roman programmatisch den »Eintritt der Frauen in die Geschichte« gestaltete, gab Seghers (sie fühlte sich bei der Lektüre von Morgners *Leben und Abenteuer der Trobadora Beatriz*, 1974, an die Frauenbeschlüsse der UNO erinnert) ein poetisches Bild, ein Triptychon vom Leid der Frauen in der von Männern beherrschten Welt und Geschichte. Zugleich führt sie in diesen drei Geschichten den Diskurs über Möglichkeiten und Grenzen revolutionärer Veränderungen weiter – sie desillusioniert die Hoffnungen auf Humanisierung und ein Ende des Kämpfens, es bleibt Trauer über die Verluste an Menschlichkeit im Verlauf dieser Kämpfe. In der Zusammenschau weisen die drei Erzählungen des Zyklus menschheitsgeschichtliche Dimensionen auf, sie umfassen ein halbes Jahrtausend.

Die erste Geschichte, *Das Versteck*, ist in der Zeit der Eroberungen des Kolumbus für die spanische Krone angesiedelt. Das Mädchen Toaliina kann sich zwar der Versklavung entziehen, ihr Los bleibt jedoch die lebenslange Gefangenschaft und Isolation. Ihr Versteck wird Zufluchtsort für andere, die wieder weggehen – warum sie nicht? Bei einem Sturm ertrinkt sie im Meer. »Sie wußte, ihre Flucht war geglückt« – dies der letzte Satz. Der Tod erscheint als Erlösung aus einem Leben, in dem es alternativlos nur die Gefangenschaft gab, durch die Kolonisatoren oder im Versteck, aber kein Leben in Freiheit.

Der Schlüssel scheint mir die wichtigste Erzählung des Zyklus – sie erhält außerdem durch das Titelsymbol eine weitreichende Bedeutung. Nach dem Umschlag der Revolution in Frankreich und der Verhaftung Toussaints auf Haiti folgen ihm die ehemaligen Sklaven Amédée und Claudine nach Frankreich. Claudine erzählt dort ihrer Freundin Sophie »aus ihrem vergangenen Sklavenleben in Haiti«. Weil sie eine kostbare Vase zerbrach, wird sie in ein enges Verlies gesperrt. Beim Aufstand der Sklaven flüchtet die Herrschaft, aber die Aufständischen übersehen die einzelne Gefangene, bis auf Amédée, der sie schließlich mit dem Schlüssel befreit. »Keiner gab auf mich acht, mich einzelne. Ich rüttelte an meinem Gitter, ich schrie, ich heulte, sie aber, die im Begriff waren, alle Schwarzen auf der Insel zu befreien, bemerkten mich gar nicht.« Ihr späterer Mann, und auch Toussaint, nehmen sie als Einzelne und als Frau wahr. In dieser Sequenz stecken wichtige Gedanken über die Ursachen des Scheiterns einer Revolution: es liegt eine Gefahr darin, dass über der Menschheit, über der Idee der konkrete einzelne Mensch, die einzelne Frau vergessen wird. Zur Erinnerung daran soll Amédée, der auf Claudines Wunsch mit seinem Schlüssel begraben wird, diesen tragen »bis zur Auferstehung aller Sklaven der Welt«. Der Schlüssel ist nicht nur das Symbol der Befreiung, sondern auch des achtsamen Umgangs mit dem einzelnen Menschen im Kampf um ein großes Ziel.

Die letzte Geschichte, *Die Trennung*, die in Haiti unter der Herrschaft der Duvaliers spielt, knüpft an diesen Gedanken an. Sie beginnt mit dem Satz: »Luisa wartete auf dem Steg«, und dies ist bereits eine Charakteristik der Haltung Luisas: sie wartet auf Cristobal, sie liebt ohne Gegenliebe diesen fanatischen und scheinbar emotionslosen Revolutionär. Er lässt sie schließlich im Stich, weil sie durch im Gefängnis erlittene Folter und Misshandlungen völlig entstellt ist. In den Augen anderer Genossen »war das Verlassen der Frau schandbar. Die ganze Idee büßte an Wert ein,

Seghers und Christa Wolf, 1975

auf der Luisas Befreiung beruhte«. Für Cristobal bestand
der Sinn seines Lebens darin, an der Befreiung seines Landes von der unterdrückerischen Herrschaft teilzuhaben; Beziehungen zu anderen Menschen ordnete er diesem Ziel
unter, und mit seinem Egoismus und seiner fehlenden Empathie beschädigte er auch die Idee, in deren Namen er handelte. Für Luisa hingegen bestand der Sinn ihres Lebens in
der Liebe zu Cristobal, im Bezogensein und Warten auf ihn,
im Festhalten an der Bindung, die zugleich eine Bindung an
die Idee war. Nicht nur die menschliche Kälte, die ein Revo-
lutionärstum wie das Cristobals scheinbar notwendig mit
sich bringt, beschädigt die Idee, sondern auch, dass ein Opfer wie das Luisas – sie gibt ihn für eine andere Frau ›frei‹
– scheinbar notwendig wird. Wofür dann die Kämpfe um

ein besseres Leben für alle, wenn diejenigen Frauen und
Männer, die daran beteiligt sind, einen so unsäglich hohen
Preis dafür bezahlen müssen und die Verhältnisse doch
noch immer die gleichen sind? Könnte diese Bilanz uner-
bittlicher ausfallen? Sie gewinnt dadurch an Intensität und
Ausdruckskraft, dass sie geschlechterdifferente Haltungen –
aus der Perspektive von Seghers' Generation – und zweifellos auch eigene Erfahrungen mitreflektiert. Uns erscheint
heute dieses Geschlechterbild überholt – auch vor dem Hintergrund der zeitgleichen Literatur von Autorinnen wie
Christa Wolf, Irmtraud Morgner, Brigitte Reimann, Maxie
Wander und anderen, der die Rebellion und Polemik gegen
ein männerbestimmtes Frauenbild und das sozialistische
Patriarchat eingeschrieben ist; seine historische Bedingtheit
weist es jedoch als realistisch aus.

Romane

Die Gefährten (1932)

Dieser erste Roman Seghers' ordnet das Aufstandsmotiv
der preisgekrönten Erzählung *Aufstand der Fischer von
St. Barbara* (1928) historisch konkret in den internationalen Kampf der Arbeiterklasse ein und versucht zugleich
eine frühe, grundsätzliche Auseinandersetzung mit dem Faschismus als der verschärften Form bürgerlicher Herrschaft.
Seghers verdichtet die Erfahrungen der gescheiterten proletarischen Revolutionen und des Sieges der Reaktion in Ungarn, Polen, Italien, Bulgarien und China während der
Jahre 1919–30 zu einem Modell für das Funktionieren von
Geschichte. Allerdings bringt diese Reduktion Vereinseiti-

gungen und Unschärfen hervor, die sich am deutlichsten in
der Profilierung der Figuren zeigen: im Zentrum der Gestaltung steht die Avantgarde der Arbeiterbewegungen der
verschiedenen Länder, die Figuren (fast ausschließlich Männer) sind strikt auf ihre Aufgabe als diszipliniert-aszeti-
sche Kämpfer reduziert. Was ihre Hoffnungen und Ängste
ausmacht, was sie zu Disziplin und Solidarität befähigt, ihr
Alltagsleben, ihre Träume und Wünsche erhalten keinen
angemessenen Raum. Indem sie jedoch wesentliche Herr-
schaftsinstrumente der Konterrevolution erfasst, benennt
und analysiert Seghers auch zentrale Züge des Nationalsozialismus, wie sie nur wenig später in Deutschland mit aller
Härte erfahrbar werden: die völlige Zerschlagung der Arbeiterbewegung, die physische Vernichtung der politischen
Gegner durch brutalen Terror, die Zerstörung der parla-
mentarischen Demokratie. Um diese historisch neuartigen
Erfahrungen erzählerisch fassen zu können, suchte Seghers
nach neuen epischen Strukturen, die den veränderten Verhältnissen, dem offenen historischen Prozess gerecht zu
werden vermochten. Sie orientierte sich dabei an der avantgardistischen internationalen Prosa der 20er-Jahre, insbesondere am Verfahren des simultanen Erzählens, d. h. der
Montage kurzer Szenen aus verschiedenen Erzählsträngen
mit jeweils unterschiedlichen zeit-räumlichen und Figuren-
Konstellationen. (Diese Erzählstruktur behält Seghers in allen ihren Romanen bei.) Sie schrieb eine »Märtyrerchronik
von heute« (Siegfried Kracauer, 1932), für die sie eine völlig
neue Form fand. Der Roman bricht radikal mit der traditionellen epischen Integration; es gibt keine übergeordnete Er-
zählperspektive, sondern die Gestaltung erfolgt strikt aus
der Figurenperspektive, die verschiedenen Erzählstränge
setzen sich aus einzelnen Szenen zusammen, die keine oder
nur eine lose, zufällige Verbindung miteinander haben. Die
Einheit aller Szenen und Handlungen besteht in der Ausrichtung auf das Märtyrer-Motiv, in der Darstellung von
Kampf und Tod von Kommunisten. Die Berichte über

Streiks, Demonstrationen und Versammlungen zielen nicht
darauf ab, die LeserInnen mit dem politischen Bewusstsein
und den politischen Zielen der Figuren bekannt zu machen,
sondern mit deren moralisch-idealistischer Haltung.

Biographisch betrachtet gibt Seghers in diesem Roman
die literarische Begründung für ihre eigene politische Entscheidung, sich der kommunistischen Bewegung anzuschließen: vor dem Hintergrund ihres an Dostojewski und
Kierkegaard orientierten Grundmusters von Passion und
Erlösung, das ihr Schreiben von Anfang an prägte, waren
es der Kampfesmut und die Kühnheit der Gefährten, die
Seghers als junge Frau für ihre Sache einnahmen (vgl. *Wiedersehen mit den Gefährten,* 1948, geschrieben als Vorwort
zum Nachdruck des Romans in der Gewerkschaftszeitung
Tribüne und in die im selben Jahr erschienene Buchausgabe
übernommen).

Der Kopflohn. Roman aus einem deutschen Dorf im Spätsommer 1932 (1933)

Von den Avantgardegestalten kommunistischer Funktionäre in ihrem ersten Roman *Die Gefährten* geht Seghers –
jetzt im französischen Exil – zurück zu den bäuerlichen
Schichten, in denen sich bereits in der Endphase der Weimarer Republik nationalsozialistische Gesinnung verankert
hatte. Dieser in der rheinhessischen Heimat Seghers' spie-
lende Roman stellt ein kritisches Gegenstück zum völki-
schen Bauernroman dar, ähnlich wie auch Adam Scharrers
Maulwürfe. Ein deutscher Bauernroman (Prag 1933). Wahrscheinlich hat Seghers ihren im Amsterdamer Exilverlag
Querido, den ihr früherer Lektor im Berliner Kiepenheuer-
Verlag, Fritz Landshoff, leitete, 1933 veröffentlichten Roman noch in Deutschland begonnen. Der Kontrast zwischen ihrem ersten Roman, den Seghers »den Menschen in

allen Ländern« widmete, »die für die Freiheit und ein besseres Leben kämpfen«, und diesem zweiten könnte im Hinblick auf Stoff und Stil nicht größer sein. Aber hier wie dort
zeigte sie den Wert und die (moralische) Überlegenheit des
Kommunismus nicht inhaltlich-argumentativ, sondern anhand der Größe der Opfer. Die verfolgten und ermordeten
Kommunisten erinnern hier wie dort an die frühen christlichen Märtyrer, sie sind Gefährten im Sinn einer säkularisierten Nächstenliebe, die jetzt Solidarität heißt. Der
»Kopflohn« lässt an den Judaslohn denken, und anders als
im *Siebten Kreuz* für Georg Heisler kann für den verratenen Johann Schulz die Passions- nicht zu einer Erlösungs-
oder Rettungsgeschichte umgeschrieben werden. Handlungsort und -zeit des Romans sind durch den Untertitel
fixiert. Die erzählte Zeit umfasst den Sommer des Jahres
1932, von Johanns Flucht aus Leipzig im April bis zu seiner
Gefangennahme im August, unmittelbar nach den Reichs-
tagswahlen. Diese Wahl am 31. Juli machte die NSDAP mit
fast 40 % der Stimmen zur stärksten Fraktion im Reichstag.
Die politische Macht, als die der Nazismus sich in den Kri-
senjahren der Weimarer Republik etablieren konnte, wird
in diesen Zahlen fassbar.

Aber die Autorin Seghers interessierten keine Zahlen,
sondern die Beweggründe, die Ängste und Hoffnungen der
Menschen. Sie untersucht die genauen Verhältnisse, in denen sie leben und arbeiten, ihre Beziehungen untereinander
in der Familie und im Dorf, ihre Werte und Traditionen,
ihre Vorurteile und die Ursachen ihrer Verführbarkeit. Obwohl Seghers sich also auf die Gestaltung der sozialpsychologischen Dimension des Nationalsozialismus konzentriert,
gibt ihr Roman kein unzulässig vereinfachtes oder einseiti-
ges Bild. Ökonomische Zwänge, die zur Existenzbedro-
hung ausarten, kräftezehrende, ausbeuterische Arbeitsver-
hältnisse – all dies gerät in den Blick, wo nach Ursachen und
Folgen geforscht wird. Unter dem Druck der Existenzangst
verändern sich die Menschen und ihre Beziehungen unter-

einander; die Wirtschaftskrise macht nicht nur dem Schuh-
macher Bastian, dessen zehnjährige Tochter Dora als Magd
bei seinem Bruder schuftet, oder dem Kleinbauern Algeier,
der seine Zentrifuge nicht bezahlen kann, zu schaffen, sondern auch dem wohlhabenden Bauer Merz, der wegen der
Mitgift der Tochter ein Haus verkaufen muss, und dem jüdischen Viehhändler Naphthel. Neugebauer heiratet eine
ungeliebte Frau, um mit ihrer Mitgift seine Schulden bezahlen zu können; Großmann schlägt seinen Sohn zum Krüp-
pel, weil er Unterhalt für dessen uneheliches Kind zahlen
soll, während der junge Merz einer Unterhaltszahlung
durch kaltblütigen Meineid entgeht. Schüchlin heiratet die
schwachsinnige Susann und schindet sie unter den Augen
des ganzen Dorfes buchstäblich zu Tode, um endlich an das
Erbe zu kommen. Die brutale Ausbeutung der Frauen, sei
es als Gebärerin und Arbeitstier wie Susann Schüchlin, die
erst im selbstgewählten Tod ihre Würde wiedererlangt, sei
es als Sexualobjekt wie Sophie Bastian, die an den gewalttätigen jungen Merz verschachert wird, betont das patriar-
chale Element dieser Menschenverachtung, die Voraussetzung und Bestandteil des Nazismus ist. Wie sehr das Bild
der Frau als Dienende und Objekt männlicher Bestimmung
und Ausbeutung im Denken und Verhalten der Bauern verankert ist, zeigen ihre sexistischen, gewalttätigen Angriffe
gegen Frau Rendel. Diese selbstbewusste, politisch aktive
und schlagfertige Frau provoziert die Bauern nicht nur, weil
sie Kommunistin, sondern weil sie der verkörperte Einspruch gegen ihr Frauenbild ist. Den Beziehungen der
Dorfbewohner untereinander kommt aber nicht nur im Ne-
gativen, sondern auch im Positiven Bedeutung für das ge-
samte Geschehen zu. Allerdings sind die Ausnahmen, also
diejenigen, die über dem Streben nach Geld, Besitz und
Macht nicht ihre Mitmenschlichkeit vergessen, dünn gesät.
Als Ursache der Resistenz gegen die wachsende Faschisie-
rung macht die Autorin bei Andreas Bastian und seiner
Frau wie auch bei Algeier und seiner Tochter Marie ihre

Religiosität aus. Ihr Glaube lässt sie christliche Nächstenliebe praktizieren. Für die meisten anderen hat der Nazismus eine große Anziehungskraft, die nicht vollständig ra-
tional erklärbar scheint. Er zieht mit seinen Versprechungen
und scheinbar einfachen Lösungen nicht nur die an, die
durch die Härte ihres Existenzkampfes ihre menschlichen
Züge mehr und mehr eingebüßt haben, oder jene wie den
Bauern Zillich (diese Figur greift Seghers in *Das siebte
Kreuz* und in *Das Ende* wieder auf), die ein sozial erlaubtes,
ja sanktioniertes Ventil für aufgestaute Frustration und
blinden Hass brauchen. Viel mehr, und das macht vor allem
die Aktualität dieses Romans aus, interessiert Seghers sich
für die Motive der jungen Bauern und Arbeiter, sich den
Nationalsozialisten anzuschließen. Die Väter-Generation
blickte immerhin auf eine Vergangenheit zurück, auch wenn
das der Krieg war – für die Jungen hingegen gab es in den
Jahren der Wirtschaftskrise weder ein befriedigendes Aus-
kommen noch eine Perspektive. Sie wuchsen in die Arbeitslosigkeit hinein wie Johann Schulz oder der junge Gärtner
Kößlin, ihre Kraft und Bereitschaft zu produktiver Arbeit
wurde sinnlos vergeudet. Die Nazis zogen diese jungen
Männer mit dem Versprechen von Ordnung und Aufbau an
sich, lockten sie mit einer Gemeinschaft von scheinbar Gleichen, ohne das Verhältnis von Herr und Knecht faktisch an-
zutasten. Eine saubere, ungeflickte Hose, besohlte Schuhe
und ein Essen im Bauch waren in Zeiten solcher Armut bereits ein politisches Argument. Der Aspekt, der sich in den
Handlungen und den Gedanken der meisten Bauern als der
dominierende zeigt – Eigennutz und Vorteilsdenken um je-
den Preis –, bestimmt auch ihre Bewertung des Nazismus.
In den beiden jungen Arbeitslosen Schulz und Kößlin hat
Seghers zwei komplementäre Figuren entworfen, deren
Entwicklung sie in zwei entgegengesetzte Lager führte;
Herkunft und Freunde, aber auch Zufälle spielen dabei eine
Rolle. Sie gleichen sich in wesentlichen Charakterzügen, sie
mögen einander, aber der eine wird zum Verräter des ande-

ren. Seghers stellt eine Entscheidungssituation ins Zentrums
ihres Romans. Dabei spielt es keine Rolle, ob Johann wirklich einen Polizisten erstochen hat, sondern wichtig ist, was
die Konfrontation mit dem Steckbrief in Verbindung mit
der immensen Summe von 500 Mark in den einzelnen
Dorfbewohnern auslöst. Bastian merkt, dass Johann in einer
schwierigen Lage ist, aber er fragt nicht, sondern nimmt ihn
auf, teilt Arbeit und Essen mit ihm und gewinnt ihn
schließlich lieb wie einen eigenen Sohn. Algeier kennt den
Jungen kaum; das Geld könnte er gut gebrauchen, um seine
Zentrifuge auszulösen, aber er begreift, dass ihn etwas mit
Johann verbindet, das sie beide in Gegnerschaft zu den Verfolgern bringt. Auch dem jüdischen Händler Naphthel wäre
das Geld willkommen, aber in ihm erwacht jener Widerwille, »heftiger als vor Mord oder Raub oder Lüge oder
sonst einem Laster, uralter, dem unverfälschten Menschen-
herzen eingeglühter Widerwille, einen Verfolgten der
Staatsgewalt auszuliefern«. Für den alten Merz, der die Roten hasst, ist es lediglich eine Frage des opportunen Zeit-
punktes, wann er den Gesuchten anzeigt. Kößlin schließlich
wird zum Verräter, weil er sich entschließt, den unbeding-
ten Gehorsam gegenüber seinem Gruppenführer über seine
Freundschaft zu Johann zu stellen. Wie später im *Siebten
Kreuz* wird auch hier die Entscheidung zwischen Verrat
oder Solidarität zum Maßstab für den wirklichen Wert eines
Menschen.

Der Weg durch den Februar (1935)

Unmittelbar nach dem Scheitern des österreichischen Fe-
bruar-Aufstands 1934 hatte Seghers vor Ort recherchiert
und zunächst die Erzählung *Der letzte Weg des Koloman
Wallisch* geschrieben. *Der Weg durch den Februar* erweitert
den Stoff zum Roman hin. Seghers benutzt zeitgenössische

Quellen (u. a. Presseberichte über den Prozess, vor allem aber Paula Wallischs Buch *Ein Held stirbt*, hrsg. von der Deutschen sozialdemokratischen Arbeiterpartei in der Tschechoslowakischen Republik, Karlsbad 1934). Die Berufung auf die Faktizität des Dargestellten (wobei Seghers Fehler unterlaufen: Wallisch wurde nicht in Klagenfurt, sondern in Leoben hingerichtet) steht in eigentümlichem Kontrast zur Vorbemerkung, die ausdrücklich darauf verweist, dass die historischen Vorgänge in künstlerisch »verdichteter« Weise dargestellt seien. In sechs Kapiteln mit insgesamt 45 Abschnitten, die teilweise formal abgeschlossene Episoden gestalten, schreibt Seghers die Geschichte des gescheiterten Aufstands gegen das klerikalfaschistische Dollfuß-Regime, zentriert auf die Passionsgeschichte Koloman Wallischs. Der erzählende Nachvollzug des Passionsweges ist auch hier im säkularisierten Sinne des Seghers'schen Erzählmusters zu verstehen. Mit dem auf Wallisch bezogenen Schluss-Satz: »Er kennt die Seinen, und die Seinen kennen ihn« wird der Gute Hirte des Evangeliums zitiert. Seghers gebraucht auch in diesem Roman wieder das simultane Erzählverfahren mit dem Querschnitt als Strukturprinzip, gegenüber den *Gefährten* jedoch so vertieft und differenziert, dass ihr eine umfassendere, mehrschichtigere Gestaltung von Vorgängen und Figuren gelingt. Das alltägliche Leben, die Träume und Sehnsüchte der Menschen, ihre Schwächen und Grenzen treten hier anschaulich hervor. Ihr Verhalten wird nun nicht mehr aus vorgegebenen Charakteren oder ausschließlich aus ihrer sozialen Gebundenheit heraus erklärt, sondern der Spielraum ihrer Entscheidungen wird stärker betont und erzählerisch ausgelotet.

Die Rettung (1937)

Mit diesem zweiten im Exil entstandenen Deutschlandroman, für den sie im belgischen Bergbaurevier Borinage recherchiert hatte, ging Seghers zurück in die letzten Jahre der Weimarer Republik, in das durch Arbeitslosigkeit und Krisenstimmung geprägte Milieu von Bergarbeitern in einer schlesischen Stadt. Er erreichte seine deutschen LeserInnen erst nach dem Krieg: 1947 legte der Aufbau-Verlag diesen Roman neu auf, mit einem aufschlussreichen Vorwort von Seghers. Die Frage, wovon *Die Rettung* handelt, ist nicht leicht zu beantworten. Der Roman erzählt vom Erleben einer Krisenzeit, von physischer und psychischer Zerrüttung von Menschen, von Ratlosigkeit und ausweglose Lage. Sein Ausgangspunkt ist die Rettung sieben verschütteter Bergleute aus einer Grube in Schlesien. (Im Januar 1932 hatte sich in der oberschlesischen Stadt Beuthen ein verheerendes Grubenunglück ereignet, dem über vierzig Bergleute zum Opfer fielen, und nur sieben überlebten.) Auf die Rettung aus der Naturkatastrophe folgt die soziale Katastrophe der Arbeitslosigkeit, aus der es keine Rettung gab. Die erzählte Zeit des Romans reicht von November 1929 bis zum Frühjahr 1933, bis zur Ernennung Hitlers zum Reichskanzler. Seghers zeigt, wie bereits in *Der Kopflohn*, dass der Nazismus nicht mit dem Jahr 1933 über Deutschland hereinbrach, sondern dass die Vorgeschichte seiner äußeren und inneren Machtübernahme weit zurückreicht. Wie auch im *Kopflohn* findet man in *Die Rettung* Daten und Fakten zur Zeitgeschichte lediglich peripher. Seghers konzentriert sich vielmehr darauf, herauszuarbeiten, wie eine bestimmte Gruppe von Menschen – Bergarbeiter und ihre Familien – diese Krisenzeit erlebten, wie sie ihre Erfahrungen verarbeiteten und wie sich ihr Bewusstsein dadurch prägt und verändert. Der Nationalsozialismus, schrieb Walter Benjamin in seiner Rezension (»Eine Chronik der deutschen Arbeitslosen«, in: *Die neue Weltbühne* 34 [1938] H. 19), habe in der durch langjährige Arbeitslosigkeit verursachten Erschütterung proletarischen Klassenbewusstseins eine der Bedingungen seines Aufstiegs gefunden, und gerade diesen Zusammenhang greife das Buch auf.

Die Hauptfigur des Romans ist der Häuer Andreas Bentsch, katholisch, parteilos, Familienvater. Unter Tage hatte er seinen Kumpels Mut zugesprochen und dadurch zu ihrer Rettung beigetragen; aber derselbe Mann, der angesichts der Naturkatastrophe eine unerschütterliche Zuversicht zeigte, ist der sozialen Katastrophe, die nun hereinbricht, nicht gewachsen. Das zähe Einerlei der Tage, die Isolierung und das Ausgeschlossensein von produktiver Tätigkeit, das anwachsende Gefühl der Wertlosigkeit und die seelische Abstumpfung, der Autoritätsverlust innerhalb der Familie und die zermürbende Perspektivlosigkeit seines Daseins – dies alles trägt Schritt für Schritt zum Abbau seiner Persönlichkeit bei, zur Zerstörung seiner Identität und Würde. Sein Grundgefühl ist das eines überflüssigen Menschen, und aus dieser lähmenden Haltung vermag er erst spät auszubrechen. Seine Freundschaft mit dem jungen Lorenz verändert diesen mehr als Bentsch; ihr Verhältnis beginnt sich umzukehren, und nun erklärt Lorenz dem Älteren, warum der eine so lebt und der andere so, »und wie sich das alles ändern läßt«. Auch andere Menschen in Bentschs Umfeld sind tiefgreifenden Veränderungen ausgesetzt, und nirgends tun sich einfache, gerade Wege auf. Auf der Suche nach dem Wie und Wohin zeigen sich die unterschiedlichsten Motive, die Seghers in den Lebenswegen etwa von Sadovski, Triebel, Janausch, Kreutzer psychologisch glaubwürdig nachzeichnet. Dabei enthält sie sich jeglicher Bewertung ihrer Figuren und überlässt es den LeserInnen, Schlüsse zu ziehen. Dazu gehört auch, dass sie den Weg zu den Nazis, den einige der Figuren wählen, nicht denunziert als Konsequenz eines falschen Bewusstseins. Sie zeigt vielmehr – etwa an Malzahn, Kreutzer, Tante Emilie und Onkel Paul –, dass es tiefe und echte Bedürfnisse und Sehnsüchte sind, die diese Menschen der Verführung durch den Nazismus erliegen lassen: es sind Wünsche nach Aufbruch und Abenteuer, nach Gebrauchtwerden, nach einem Leben ohne Hunger und Elend, nach Freude und Glück, Geborgenheit und Zukunftsperspektive. Die Berechtigung solcher Sehnsüchte stellte Seghers nirgends in Frage. Aber sie zeigt nachdrücklich, dass die Gesellschaftsordnung, die solche Krisen produziert, nicht willens und fähig ist, soziale Gerechtigkeit, Freiheit und Gleichheit für alle zu garantieren. Daher müssen solche Bedürfnisse am Elend des Bestehenden abprallen und sich ihre eigenen Wege suchen, wodurch sich irrationale und Scheinhorizonte öffnen, wie bei Katharina oder bei Sadovski.

Dennoch steht nicht die Nutzung brachliegender Sehnsüchte und Kräfte der Menschen durch die Nazis im Zentrum des Romans, sondern die Versäumnisse und Fehler der Kommunisten, die zur Spaltung der Arbeiterbewegung beigetragen haben. Seghers trägt jedoch weniger eine ideologische Kritik vor als eine menschliche: die Kommunisten, die sie im Roman darstellt, sind *als Menschen* nicht in der Lage, Unentschlossene und Suchende von der Überlegenheit ihres Gesellschaftsentwurfs zu überzeugen, sie mitzureißen, ihren scheinbar unnützen Sehnsüchten eine Richtung zu geben. Zwar gibt Seghers in der Figur des Lorenz ein Beispiel für einen Antifaschisten nach ihrem Herzen, aber daneben stellt sie den jungen Funktionär Albert, einen Genossen mit klaren Augen und klaren Gedanken, aber ohne Zweifel, ohne Träume und ohne die Fähigkeit, andere für die Sache zu gewinnen. Mit Lorenz ist eine Figur gestaltet, der eine Synthese zwischen dem Privaten und dem Politischen, zwischen individuellem Lebensanspruch und gesellschaftlicher Veränderung zu schaffen vermag. Im Gespräch mit Albert formuliert er eine fundierte Kritik an den Genossen und ihrer Politik:

All das Falsche von den Nazis ist so viel leichter als unser Richtiges. Ich kann begreifen, daß es da viele hinzieht. Deutschland, das ist doch etwas, was du unter den Füßen hast, der Boden unter den Füßen, der Wald dort oben. Aber bei uns mußt du erst durch etwas furchtbar Schweres hindurch, durch das Allerschwerste. Aber schwer ist es schon immer, und sie wollen jetzt endlich auf der Stelle etwas haben, lieber irgendein kleines Glück. Deshalb müssen wir doch das Glück, unser wirkliches Glück, das dahintersteht, mit all dem Schweren, wo wir durchmüssen, dieses Glück müßten wir doch ganz unwiderstehlich zeigen, gerade das Glück, aber wir zeigen immer nur das Schwere.

Aber Seghers liefert in ihrem Roman keine Lösungen – was sie zeigt und an ihre LeserInnen weitergibt, sind Ratlosigkeit, Fragen und Suchen. Unter Verzicht auf eine kommentierende Erzählinstanz entwickelt Seghers auch hier ihre soziale Analyse ausschließlich aus wechselnden Figurenperspektiven. Alles Geschehen wird durch das Erleben der Figuren vergegenwärtigt, in ihrer Wahrnehmung reflektiert. *Die Rettung* hängt nicht nur thematisch, sondern auch kompositorisch eng mit dem folgenden Roman *Das siebte Kreuz* zusammen: in beiden Romanen spielt die Zahl sieben eine Rolle (sieben Bergleute sind sieben Tage verschüttet, ehe sie gerettet werden – sieben Häftlinge brechen aus einem KZ aus, nur einer erlebt nach sieben Tagen seine Rettung) und beide Titel haben eine komplexe Symbolstruktur, die auf Passion und Erlösung verweist.

Das siebte Kreuz
Roman aus Hitlerdeutschland (1942)

Seghers begann wahrscheinlich 1937 im französischen Exil mit der Arbeit an *Das siebte Kreuz* und schloss den Roman 1939 ab. Indem sie die Geschichte der Flucht des KZ-Häftlings Georg Heisler erzählt, erkundet sie die verschiedenen sozialen Schichten in Deutschland und die Verankerung der Menschen in regionalen und historischen Traditionen, wodurch ›das Volk‹ als ein lebendiges, zugleich gefährdetes Kollektiv erscheint. In verschiedenen Erzählsträngen folgt der Roman den sieben Häftlingen, die im Oktober 1937 aus dem rheinhessischen KZ Westhofen fliehen und von denen sich nur einer retten kann. Neben der Hölle der Lagerwelt existiert dicht dabei die Normalität des Alltags, neben Angst und Gleichgültigkeit gibt es Mitleid und Hilfsbereitschaft. Die atemberaubende Lebendigkeit des Romans wird wiederum erreicht durch Fragmentierung des Geschehens und die Montage der szenischen Momentaufnahmen aus den unterschiedlichen Lebenswelten und Figurenperspektiven; so entsteht der Eindruck zeitlicher Simultaneität, von sinnlicher Unmittelbarkeit.

Obwohl auch dieser Roman von tatsächlichen Vorgängen ausgeht, greift eine auf den dokumentarischen Gehalt des Dargestellten zielende Rezeption zu kurz. Seghers' Intention, exemplarisch ausgeführt in ihren während der Arbeit am Roman geschriebenen Briefen an Georg Lukács, war keine Abbildung realen Geschehens, sondern dessen Verwandlung und Verdichtung im Interesse der besseren Erkennbarkeit der Realität, deren Unabgeschlossenheit als historischem Prozess sie in der Wahl ihrer erzählerischen Mittel Rechnung tragen wollte. Daher erteilte sie der an normativen literaturtheoretischen Konstrukten wie Widerspiegelung, Totalität, positiver Held usw. orientierten Realismus-Definition Lukács' eine deutliche Absage und plädierte für eine zeitgebundene, offene Schreibweise als

»Richtung auf die der jeweiligen Zeit erreichbarste höchstmögliche Realität«.

Aus Augenzeugenberichten, aus publizistischen und literarischen Texten wusste Seghers, wie es im Dritten Reich aussah und was der Nazi-Terror für die politischen Gegner bedeutete. Sie bezieht sich im Roman auf solche Quellen, wie die Broschüren *Mord im Lager Hohenstein* und *Ein Mann in Moabit*, auf das *Braunbuch über Hitlerterror und Reichstagsbrand*, die Berichte von geflohenen KZ-Häftlingen wie Hans Beimler, Gerhart Seger, Karl Billinger, Wolfgang Langhoff und anderen. Im Roman sucht Wallaus Frau Hilde Rat und Hilfe in den »Legenden von gelungenen Fluchten, Beimler aus Dachau, Seeger [sic] aus Oranienburg. Und in Legenden steckt ja auch eine gewisse Auskunft, eine gewisse Erfahrung«. In ihrem Nachruf auf den im Spanienkrieg gefallenen Beimler hielt Seghers Gedanken fest, die sie in ihren Roman übernahm: »Noch gibt es deutsche Menschen in diesem Land, die einen Beimler verstecken, der etwas in ihnen geweckt hat, das stärker ist als Todesfurcht«. Und: »Für Beimler war Spanien der Schauplatz, um sein neu gewonnenes Leben einzusetzen«. Genauso wird für den geretteten Georg Heisler Spanien der Ort, sein »neu gewonnenes Leben« (Kap. 7) einzusetzen. Die Geschichte der Flucht fällt »in jene Oktoberwoche, da in Spanien um Teruel gekämpft wurde«, also Oktober 1937, und rückblickend berichtet ein anderer ehemaliger Häftling von dem Eindruck, den die Einlieferung des durch Verrat erneut gefangenen Wallau auf die Häftlinge in Westhofen machte: »wie der Sturz Barcelonas oder der Einzug Francos in Madrid oder ein ähnliches Ereignis, aus dem hervorzugehen scheint, daß der Feind alle Macht der Erde für sich hat« (Kap. 3). Seghers wählt also den Kampf der Zweiten spanischen Republik gegen die von Hitler und Mussolini mit Truppen und Waffen unterstützten Putschisten unter Franco, das Vorspiel zum Zweiten Weltkrieg, als romaninterne Chronologie und gibt damit der Perspektive des bewaffneten Kampfes gegen den Faschismus ein starkes Gewicht. Dass Heisler, der zu Beginn seiner Flucht nur um das nackte Überleben kämpft, den Sinn seiner Rettung in diesem Kampf erkennt, ist Ergebnis der Veränderung, die mit ihm geschehen ist. Zwischen ihm und seinen Helfern entsteht ein unsichtbares Netz von Verbindungsfäden, das in allen Beteiligten, dem Flüchtling wie den Helfern, neue Kraft und Zuversicht wachsen lässt und so die präsente Allmacht des nazistischen Terrors und der paralysierenden Angst durchbricht. Es ist sicher kein Zufall, dass der gerettete Flüchtling den Namen Georgs, des Drachentöters, trägt. Das siebte Baumkreuz im Lager, das leer geblieben ist, symbolisiert nicht märtyrerhafte Duldung, sondern am Beispiel Heislers deren Widerlegung. Der Passionsgeschichte Wallaus wird in der siebentägigen Flucht Heislers eine umgedeutete Schöpfungsgeschichte zur Seite gestellt: Heisler reift durch seine Erfahrung mit der Solidarität anderer zu einem neuen Menschen, dessen Leben einen neuen Sinn bekommt. *Das siebte Kreuz* ist ein »Heimatroman« (Frank Benseler) besonderer Art – die Haltung, aus der heraus Seghers' Deutschlandromane geschrieben sind, ist die historisch reflektierter »Vaterlandsliebe«, wie in ihrer Pariser Rede 1935 und schon in ihrem 1933 entstandenen Text über Hitler und Thälmann, *Ein »Führer« und ein Führer*, ausgeführt und in späteren publizistischen Arbeiten wie *Deutschland und wir* (1940) und anderen weiter vertieft. Seghers widmete ihren Roman (die beiden ersten Kapitel erschienen 1939 als Vorabdrucke in der Moskauer Exilzeitschrift *Internationale Literatur* und zwei weitere Abschnitte 1941/42 in *Freies Deutschland*, Mexico), der 1942 zuerst in englischer und dann in deutscher Sprache veröffentlicht wurde, »den toten und lebenden Antifaschisten Deutschlands«.

Der Roman wurde zu einem Bestseller (noch vor Kriegsende erschienen Übersetzungen in London, São Paulo, Stockholm und Mexiko), und bis heute gehört er zu den bedeutendsten Werken des deutschsprachigen Exils. Der Stoff

wurde als Comicstrip (1942) und als Film (1944) in den
USA populär (vgl. Stephan, B 5: 1988). Dort entstanden
noch in den vierziger Jahren Theaterbearbeitungen des Romans (vgl. Stephan, B 5: 1996). Die Rezeption des *Siebten
Kreuzes* im Nachkriegsdeutschland ist symptomatisch sowohl für die DDR wie für die BRD (vgl. Hilzinger, B 5:
1990b). In der DDR entstanden eine Hörspielfassung
(1955) und eine Theaterbearbeitung (1981), welche die Dimension des alltäglichen Faschismus, die der Roman gestaltet, aktualisierte; eine geplante Neuverfilmung kam hingegen nicht zustande (vgl. Nehring, B 5: 1993). Im Westen
Deutschlands erschienen zwar 1947 und 1948 zwei Ausgaben des Romans, für den Seghers 1947 den Büchner-Preis
erhielt, aber die Debatte um die Neuauflage des *Siebten
Kreuzes* durch den Luchterhand-Verlag im Jahr 1962 im
Zeichen des Kalten Krieges führte in der Folge zur fast völligen Ausblendung nicht nur des Seghers'schen Romans,
sondern der antifaschistischen Exilliteratur überhaupt in
Schulen, Universitäten und auf dem Buchmarkt. Heute hingegen ist *Das siebte Kreuz* der bekannteste und durch literaturwissenschaftliche Arbeiten am besten erschlossene Roman Seghers'.

Transit
(in span. und engl. Übers. 1944; dt. 1948)

Ein junger deutscher Antifaschist, der (wie Georg Heisler)
1937 aus einem deutschen KZ und später, nach der Besetzung Frankreichs durch die Wehrmacht, aus einem französischen Internierungslager geflohen ist, erzählt in einem
Bistro im Alten Hafen von Marseille einem oder einer Un-
bekannten seine Geschichte, die im Emigrantenmilieu Mar-
seilles im Winter 1940/41 spielt. Sein Satz: »Alle Einzelhei-
ten stimmten. Was machte es aus, daß das Ganze nicht
stimmte?« trifft am ehesten das Kompositionsprinzip dieses

Romans, den Seghers auf der Überfahrt nach Mexiko
schrieb. Dem namenlosen Ich-Erzähler, mit falschen Papieren auf den Namen Seidler und – durch einen Zufall – mit
der Hinterlassenschaft des emigrierten Schriftstellers Weidel
ausgestattet, gelingt es entgegen aller Wahrscheinlichkeit,
eine Passage nach Übersee zu erhalten; er gibt sie jedoch zurück, weil er sich entschieden hat, in Frankreich zu bleiben
und sich der Résistance anzuschließen. (Da Seghers die beiden letzten Seiten des Romans, auf denen diese Entscheidung fällt, unmittelbar vor der Drucklegung neu geschrieben hat, ist zu vermuten, dass der ursprüngliche Schluss anders war.) Nahezu alle den Ich-Erzähler und einige andere
Figuren – Emigranten aus Deutschland, Polen, Italien und
anderen Ländern – betreffenden Handlungsmomente sind
nach dem Prinzip der verkehrten Welt aufgebaut: *ohne* An-
strengung erhält er Papiere und eine Passage; er bleibt im
besetzten Land, während andere verzweifelt nach Flucht-
möglichkeiten suchen; die Flucht bringt dem deutschen
Arzt und seiner Freundin Marie nicht die Rettung, sondern
den Tod; eine Emigrantin, die »Diana der Konsulate«, wird
deshalb gerettet, weil sie die beiden Hunde eines bereits
emigrierten Paares nach Übersee begleitet; eine jüdische Familie bleibt bei der sterbenden Großmutter zurück, obwohl
dadurch die lebensrettenden Passagen für die anderen ver-
fallen usw. Der polnische Jude entscheidet sich zur Rückkehr in die Heimat, weil er das zermürbende Warten auf ein
Visum nicht mehr erträgt; er erinnert im Gespräch mit dem
Ich-Erzähler an die Geschichte des Türstehers aus Kafkas
Der Prozeß:

> Und hier? Was erwartet mich hier? Sie kennen viel-
> leicht das Märchen von dem toten Mann. Er wartete in
> der Ewigkeit, was der Herr über ihn beschlossen hatte.
> Er wartete und wartete, ein Jahr, zehn Jahre, hundert
> Jahre. Dann bat er flehentlich um sein Urteil. Er
> konnte das Warten nicht mehr ertragen. Man erwiderte

ihm: »Auf was wartest du eigentlich? Du bist doch längst
in der Hölle.« Das war sie nämlich: ein blödsinniges Warten auf nichts. Was kann denn höllischer sein? Der Krieg?
Der springt euch über den Ozean nach. Ich habe jetzt genug von allem. Ich will heim.

Die Grundkonstellation, die den Roman strukturiert, ist
nicht die Rettung vor den nazistischen Verfolgern oder die
Auslieferung an sie und damit an den sicheren Tod, sondern
die Dialektik von Zufall und Notwendigkeit und die Entscheidung zwischen der Treue zu sich selber (und den eigenen Werten) und zur Verbundenheit mit nahestehenden
Menschen, oder Verrat und Selbstverlust. Die Entwicklung
des Ich-Erzählers in der flüchtigen und chaotischen Transit-
Welt, die er im Erzählen noch einmal rekapituliert, führt
ihn schließlich dahin, in der Solidarität mit anderen sich
selbst zu bewahren, deren Symbol sein Anteil an der Rettung des im Spanienkrieg verwundeten Genossen ist. Die
Identität des namenlosen Erzählers bleibt hinter den Mas-
ken der diversen ›Identitäten‹ verborgen, die nichts anderes
sind als eine für die jeweilige Behörde zusammengestellte
Sammlung von Papieren. Sein wahres Selbst, der Kern seines Menschseins, droht ihm zunächst verloren zu gehen in
dem Maße, wie er sich auf die Flüchtigkeit des Transitwe-
sens einlässt. Dass er sich dennoch nicht selbst verliert, ver-
dankt er den Gesprächen und Begegnungen mit Mitemigranten und französischen Freunden. Seine Entwicklung
von einem, der permanent auf der Flucht ist, zu dem, der
bleiben und um sein Bleiberecht kämpfen will, wäre ohne
diese Begegnungen in der Transit-Welt, wo die Zeit stillzu-
stehen und nur aus Warten zu bestehen scheint, nicht möglich gewesen. Andere bereiten verzweifelte Lebensgeschichten vor ihm aus, und aus dem Ich-Erzähler wird ein neugie-
riger, mitleidender, tröstender und hilfreicher Zuhörer, der
es dem Gegenüber ermöglicht, sich erzählend frei zu machen von der Bedrückung, das Erlebte zu bewältigen und

vor allem in dieser Geste der Solidarität die eigene Verlassenheit zu überwinden.

In der Hinterlassenschaft Weidels, der sich beim Einmarsch der Wehrmacht in Paris das Leben nahm (seine Geschichte erinnert an den Schriftsteller Ernst Weiss), fand der Ich-Erzähler ein unfertiges Manuskript, das er in einer Situation »tödlicher Langeweile« zu lesen begann und von dem er vom ersten Moment an »verzaubert« war: er vergaß alles um sich herum, es erschloss sich ihm eine neue Welt, in der er sich wieder fand, und mit dem Klang seiner Muttersprache wurden Kindheit und Heimat in seiner Erinnerung wieder lebendig. Sein Urteil als Leser, dass »der Mann, der das geschrieben hat [...], seine Kunst verstanden« habe, gründet sich darauf, dass die ganzen Verwicklungen und Vertracktheiten der Figuren in der nicht zu Ende erzählten Geschichte durch Komposition und Schreibweise durchschaubar und verständlich wurden: »Ich begriff ihre Handlungen, weil ich sie endlich einmal verfolgen konnte von dem ersten Gedanken ab bis zu dem Punkt, wo alles kam, wie es kommen mußte«. Nach und nach trägt der Erzähler einzelne Informationen zusammen, anhand derer er die Lebensgeschichte Weidels zu begreifen versucht. Seine Frau hat ihn verlassen, sein Verleger lehnt die Publikation seiner Geschichten ab, Mitemigranten, darunter die Schriftstellerkollegen Strobel und Achselroth, haben ihn im Stich gelassen, als er sich auf sie verließ. Weidel war der Typ des linksintellektuellen Schrifstellers, der in seiner Isolation und Todesangst schließlich aufgab. Aber sein nachgelassenes Manuskript hilft dem Ich-Erzähler, die Transit-Welt und seine Rolle darin zu durchschauen und ihrer Flüchtigkeit Widerstand entgegenzusetzen. Er lernt, solidarisch zu handeln, und ein Akt der Solidarität ist das Zuhören. Das Verhältnis von Leben und Schreiben bzw. Erzählen wird im Roman überprüft mit dem Ergebnis, dass das Erzählen dieser krisenhaften Zeit – deren Zeichen im umfassenden Sinn *Transit* ist, nämlich das Transitäre einer Welt, in der jeder je-

den im Stich lässt – etwas entgegensetzt, weil es die Kräfte
der Menschen auf sich selbst und die Verbundenheit mit
anderen konzentriert. Während das Schreiben ein einsames
Geschäft ist, erfordert das Gespräch mindestens zwei
Menschen: der eine kann sich, während er seine Lebensgeschichte noch einmal durchdenkt und ordnet, seiner Identität vergewissern, der andere kann teilhaben an den Erfahrungen seines Gesprächspartners und daraus Einsichten für
seine eigene Situation gewinnen. In dieser sozialen Funk-
tion des Erzählens liegt seine Bedeutung in der existentiellen Krise. Das weiß auch der Erzähler; zwar hat er seine
Entscheidung schließlich getroffen, aber es fehlt ihm noch
etwas Wichtiges: »Ich möchte gern einmal alles erzählen,
von Anfang bis zu Ende«.

Die Vielschichtigkeit dieses Romans, dessen Zentrum die
Erzählerfigur bildet, ermöglicht eine Vielzahl von Lesarten:
als quasi-dokumentarisches Zeugnis der Verfolgung im besetzten Frankreich, als kafkaeske Gestaltung der Verlorenheit menschlicher Existenz, als Geschichte(n) von Selbstverlust und -bewahrung. Er steht in stofflicher und stilistischer
Nähe zu anderen im französischen Exil entstandenen Erzählungen wie *Reise ins Elfte Reich*, *Die drei Bäume* oder
Das Obdach. Das Gewicht, das dem Erzählen in einer Kri-
sen- und Entscheidungssituation zukommt, verbindet ihn
mit der späteren Erzählung *Überfahrt*. Im Unterschied zu
den anderen Romanen Seghers', die durch simultanes Erzählen und das Prinzip der Montage charakterisiert sind,
geschieht hier epische Integration durch die Figur des Ich-
Erzählers, was eher für die Erzählungen typisch ist.

Die Ablehnung der Publikation von *Transit* durch den
mexikanischen Exilverlag El libro libre unter der Leitung
Jankas führte dazu, dass die Erstveröffentlichung in spanischer Übersetzung erfolgte, danach erschien die englische
Übersetzung, ehe der Roman 1948 in Konstanz schließlich
in deutscher Sprache erstveröffentlicht wurde. Motive des
Romans wurden unter dem Titel *Fluchtweg Marseille*

(1977) verfilmt, eine Mischung aus Dokumentar- und Spielszenen (*Transit Marseille*, 1985) und eine weitere Verfilmung durch den französischen Regisseur René Allio (*Transit*, 1992) liegen vor. Die literaturwissenschaftliche Rezeption hat diverse Lesarten hervorgebracht, an denen sich u. a. exemplarisch die ost- und westdeutsche Seghers-Rezeption verfolgen lässt.

Die Toten bleiben jung (1949)

Erste Überlegungen zu diesem Roman, der die deutsche Geschichte seit der Novemberrevolution und bis zum Ende des Zweiten Weltkriegs in einem groß angelegten, mehrsträngigen Panorama entfaltet, formuliert Seghers bereits Anfang 1939 in einem Brief an Johannes R. Becher, also unmittelbar nach Abschluss von *Das siebte Kreuz*; damals allerdings dachte sie noch daran, »eine große Novelle [zu] schreiben, deren Handlung von Januar 1919 bis Januar 1939 reichen wird«. Der spätere Romantitel *Die Toten bleiben jung* war ursprünglich für die Erzählung vorgesehen, die dann *Der Ausflug der toten Mädchen* heißen sollte. Seit 1944 hatte Seghers im mexikanischen Exil an diesem Roman gearbeitet, den sie fast abgeschlossen nach Deutschland mitbrachte, wo er 1949 erschien.

Der Roman beginnt mit der Ermordung eines jungen Spartakisten während der Novemberrevolution durch weißgardistische Offiziere und deren Gefolgsleute. Durch die Jahre der Weimarer Republik, des Dritten Reiches bis zum Ende des Krieges werden die in der Eingangsszene eingeführten Figuren in sechs parallel geführten, simultan verbundenen Handlungssträngen begleitet. Ein Panorama dieser Epoche deutscher Geschichte entsteht auf diese Weise, gespiegelt in den Lebensgeschichten und im Alltag von etwa dreißig Figuren, proletarischer (Erwin, Marie,

Geschke, Hans, Emmi, Helene, Franz, Martin, Triebels, Tante Emilie, Heiner), bäuerlicher (Wilhelm Nadler, Liese Nadler, Christian Nadler, Paul Strobel) und kleinbürgerlicher Herkunft (Becker), von preußischen Offiziersfamilien (von Wenzlow, Amalie von Wenzlow, von Malzahn), Junkern (von Lieven, Elisabeth von Lieven) und Industriellen (von Klemm, Lenore von Klemm, Helmut von Klemm, Anneliese von Klemm). Seghers vermeidet bei der Figurengestaltung eine einfache Schwarz-weiß-Zuordnung und gestaltet in Figuren (vor allem außerhalb der proletarischen Sphäre, was in der DDR-Rezeption kritisch vermerkt wurde) wie dem baltischen Emigranten von Lieven, seiner Frau Elisabeth, in der an Fontane'sche Figuren erinnernden, durch und durch preußischen Amalie von Wenzlow, ihrer Nichte Lenore von Klemm und ihrer Enkelin Anneliese von Klemm, in dem Kriegsinvaliden Christian Nadler, in dem Sozialdemokraten Geschke usw. differenzierte, psychologisch glaubwürdige Charaktere. An Maries und Geschkes Söhnen Hans und Franz zeigt sie über die Jahre hinweg den Einfluss der jeweiligen Lehrer und später der unterschiedlichen Freundeskreise, die den einen zu einem klassenbewussten Arbeiter und – nachdem er bereits Wehrmachtssoldat ist – zum Deserteur, den anderen zu einem jungen Nazi werden lassen. Zeit-Ereignisse wie die französische Besetzung des Rheinlandes, der Kapp-Putsch, der Tod Lenins, der Spanienkrieg, die Pogromnacht, Konzentrationslager, »Judentransporte« und andere werden in den Reaktionen und Kommentaren der Figuren erfasst. Deren politische Haltung wird motiviert durch Herkunft und Milieu, durch charakterliche Dispositionen und Freundschaften, tradierte Werte, und nicht zuletzt durch Erfahrungen. Handlungsorte des Romans sind Berlin und sein märkisches Umland, der Rheingau und das Baltikum, Schauplätze des Zweiten Weltkriegs in Frankreich und der Sowjetunion. Die Symbolik des Titels wird im Roman mehrfach aufgegriffen und gedeutet: die »junggebliebenen Toten« sind die revolutionären Märtyrer Liebknecht und Luxemburg, Erwin, den von Wenzlow auf verlorenem Posten an der russischen Front glaubt auf sich zukommen zu sehen, ehe er dessen Sohn Hans erschießt, und Hans, dem sein und Emmis Kind ebenso gleichen wird wie er selbst seinem Vater.

Wie in *Die Gefährten* und den Deutschlandromanen aus dem Exil greift Seghers auch in *Die Toten bleiben jung* auf simultanes Erzählen und Montage von Szenen aus verschiedenen Erzählsträngen zurück. Im Unterschied zu allen anderen Romanen ist jedoch die erzählte Zeit auf einen Zeitraum von einem Vierteljahrhundert ausgedehnt. Es handelt sich hier um einen groß angelegten Gesellschaftsroman, der in der Tradition von Tolstois *Krieg und Frieden* oder Fontanes *Vor dem Sturm* steht. Von der zeitgenössischen Kritik wurde der Roman zurückhaltend aufgenommen; so wurde z. B. negativ vermerkt, dass quantitativ die Darstellung der ›konterrevolutionären‹ Seite und nicht der proletarischen Seite überwiege. Als Schwäche wurde die zwiespältige Konzeption der Hauptfigur ausgelegt: »In Hans soll die ungebrochene Tradition von Spartakus aufbewahrt sein, und zugleich läßt die Autorin ihn den Weg der Schuld eines deutschen Soldaten gehen« (Kurt Batt).

Der Roman wurde als erstes Seghers-Werk in der DDR verfilmt (1968). Im Nachlass existiert ein wahrscheinlich um 1949 entstandener Entwurf (rund 75 Seiten) für ein Theaterszenarium, das thematisch und strukturell (ein historisches Panorama von der Weimarer Republik bis in die Nachkriegszeit als Montage einzelner knapper Szenen) dem Epochenroman verwandt ist; eingebettet in eine Rahmenhandlung (ein Wartesaal in einem Bahnhof im Jahr 1948, in dem sich die unterschiedlichsten Menschen treffen und miteinander ins Gespräch kommen) werden Alltagsszenen montiert, die z. T. Motive aus Erzählungen und Romanen Seghers' aufgreifen und modifizieren (vgl. *Das Viereck*, *Die Stiefel* u. a.), v. a. aber aus *Die Toten bleiben jung*.

Die Entscheidung (1959)

Mit diesem Roman, dessen Handlung zwischen 1947 und 1951 in der DDR und Westdeutschland sowie in Nord- und Südamerika angesiedelt ist, führt Seghers die Geschichten einiger Figuren aus *Die Toten bleiben jung* fort, zahlreiche neue Figuren kommen hinzu. Im Unterschied zu dem vorangegangenen Roman wird die komplexe, mehrschichtige Gestaltung der Figuren jedoch weitgehend aufgegeben zugunsten ihrer Perspektivierung auf die grundsätzliche Entscheidung zwischen Ost und West. Durch diese Vereinfachung und Vereinseitigung, die auch die Handlungsführung prägt, geht – trotz der Beibehaltung der (hier allerdings weniger dynamisch ausgeprägten) typischen Seghers'schen Erzählverfahren – der poetische Mehrwert verloren. Seghers versuchte in *Die Entscheidung* einen Systemvergleich zwischen dem kapitalistischen Westen und dem sozialistischen Osten, dessen Vergleichspunkt aber nicht der zeitgenössischen Realität entnommen ist, sondern dem Rückbezug auf den Nationalsozialismus und dessen tendenzieller Restauration im Westen bzw. auf das antifaschistische Erbe im Osten. Die moralisierende Argumentation im Roman in Verbindung mit der überwiegend eindimensionalen Figuren- und Handlungsgestaltung macht diesen Roman, wie auch den folgenden, heute lediglich als Dokument einer bestimmten Phase der Literatur der DDR interessant.

Das Vertrauen (1968)

In Stoff und Komposition schließt dieser Roman an *Die Entscheidung* an. Wichtigster Handlungsort ist wiederum das (fiktive) Stahlwerk Kossin in der DDR, die anderen Handlungsorte und -stränge (Westdeutschland, USA, Me-

xiko) treten demgegenüber deutlich zurück. Der Roman
thematisiert die Zeit zwischen Stalins Tod im März und den
Juni-Ereignissen 1953, also eine der schwersten Krisen in
den stalinistischen Ländern und der DDR im Besonderen.
Die überlieferten Materialien zur Entstehungsgeschichte
des Romans – zeitgeschichtliche Dokumente, Entwürfe,
Fassungen – sowie die sehr lange, mehrfach unterbrochene
Arbeitszeit legen nahe, dass die Gestaltung gerade dieses
Stoffes bei der Autorin auf besondere Schwierigkeiten stieß.
Die beiden zentralen Themen, den Umgang der Figuren mit
dem Personenkult und den Informationen über den stalinistischen Terror der 30er- und 40er-Jahre sowie ihre Einschätzungen und Reaktionen in Bezug auf den Arbeiterauf-
stand ging Seghers nicht direkt an, sondern sie wählte dafür
jenes »Sprechen in Andeutungen« (Sigrid Bock), das von ihren LeserInnen in der DDR verstanden werden konnte – als
der Roman erschien, wurde er offensichtlich auch als Kommentar der Ereignisse um den Prager Frühling, eines erneuten gescheiterten reformkommunistischen Versuchs, gelesen. Seghers stellt zwar die Entwicklung des Konflikts zwischen SED-Regime und Teilen der Bevölkerung keineswegs
affirmativ dar, sondern lotet die Spannungen aus, bleibt
aber dennoch innerhalb des historischen Horizonts der
Handlungszeit des Romans. Wie in *Die Entscheidung* sind
auch in *Das Vertrauen* die Figuren eher typisiert und ein-
schichtig konzipiert, der Stil ist spröde und flach, und die
tragischen Momente der Handlung, die dem vorigen Roman noch stellenweise eine anrührende Tiefe gegeben hatten (etwa der Tod Katharinas) erscheinen hier schwach motiviert. Dies gilt auch für die eindringliche Titelmetaphorik,
der in beiden Romane keine überzeugende Sinngebung zugrunde liegt. In der westlichen Rezeption gelten die beiden
Romane nicht zu Unrecht als »systemtreue und menschen-
ferne Propagandaschriften« (Heinz Ludwig Arnold), allerdings ohne dass die Ursachen und Hintergründe hierfür
ausreichend erforscht sind.

Seghers, 1975

Hörspiele

Der Prozeß der Jeanne d'Arc zu Rouen 1431
Ein Hörspiel (1937)

Seghers bearbeitete wahrscheinlich 1935/36 die in Pariser Archiven lagernden, in Latein überlieferten Prozessprotokolle für dieses Hörspiel, das im Frühjahr 1937 im Flämischen Rundfunk gesendet und im selben Jahr in der Moskauer Zeitschrift *Internationale Literatur* sowie in *Sowjetliteratur* publiziert wurde und dessen Honorar ihr die Recherchen im belgischen Bergbaurevier Borinage für den Roman *Die Rettung* ermöglichte. Das Hörspiel stellt in verschiedener Hinsicht eine Ausnahme im Werk Seghers' dar. Die Präsentation von dokumentarischem Material ohne jegliche Kommentierung ist in dieser Ausschließlichkeit neu. Während ihr Erzählwerk (trotz des Einbezugs mythischer Dimensionen) in der Zeitgeschichte verankert bleibt, handelt es sich hier um Ereignisse, die mehr als 500 Jahre zurückliegen. Durch die Fixierung auf die Überlieferung fallen wichtige Motive des Seghers'schen Erzählens weg (Lehrer-Schüler-Beziehung, Bedeutung von Landschaften als Projektion für das Innenleben von Figuren, Verwendung bevorzugter Figurennamen usw.). Das Seghers'sche Verfahren erinnert an Büchners Revolutionsstück *Dantons Tod* – während hingegen Brecht und Elisabeth Hauptmann in ihrem Stück *Die heilige Johanna der Schlachthöfe* (1932) eine moderne Parallele zur historischen Johanna schufen.

Seghers' Hörspiel gestaltet *auch* die Geschichte einer Märtyrerin und knüpft damit an das Grundmotiv der *Gefährten* an. Ihre Jeanne d'Arc ist eine Widerstandskämpferin, die aus dem Volk kommt und im Volk verankert ist. Eine spätere Aufführung des Hörspiels in den Besatzungs-

zonen lehnten die Sowjets, die Amerikaner und die Eng-
länder mit jeweils unterschiedlichen Argumenten ab, wie
Seghers in ihrer Rede auf dem II. Deutschen Schriftstellerkongress 1950 berichtete. Brecht bearbeitete das Hörspiel
als Bühnenfassung (1954), und 1950 bzw. 1959 produzier-
ten Radio DDR und der NDR zwei neue Fassungen des
Hörspiels. Eine Buchausgabe in der DDR (Leipzig 1975)
enthielt wohl auf Seghers' Wunsch Fotos aus dem Stumm-
film *La Passion de Jeanne d'Arc* (1927) des dänischen Regis-
seurs Carl Dreyer mit der ausdrucksstarken Mimik von
Marie Falconetti in der Titelrolle. Die Seghers-Forschung
hat dieses Hörspiel erst in den letzten Jahren ›entdeckt‹ und
macht zwei unterschiedliche historische Kontexte für die
Aktualisierung der Passion der Jeanne d'Arc aus. Alexander
Stephan und Helen Fehervary erkennen eine Bezugnahme
auf die Moskauer Schauprozesse vom August 1936 (weitere
folgten im Januar 1937 und März 1938), die im Rundfunk
übertragen und deren Protokolle in der internationalen
Presse abgedruckt waren. Fehervary (B 4: 1996) sieht in
Seghers' Hörspiel eine kritische Auseinandersetzung mit
dem Verhalten der Angeklagten in den Moskauer Prozessen, deutet ihre Jeanne-Figur als ›chiliastischen‹ Menschen,
eine Rezeption, die auf die Mimik Falconettis zurückgehe.
Stephan (B 4: 1993) betont darüber hinaus den feministi-
schen Aspekt in der Geschichte Jeannes als »einer jungen
Frau, die Männerkleider anlegt, um dem gewöhnlichen Leben als Tochter, Ehefrau und Mutter zu entkommen«. Kerekes (B 5: 1986) hingegen ordnet das Hörspiel jenem Teil der
Exilliteratur zu, die an historischen Stoffen deutsche Verhältnisse thematisiert und nennt als Analogfall die Prozesse
gegen Antifaschisten in Leipzig und Berlin, wo seit 1934
der Volksgerichtshof seine Terrorurteile fällte. Waine (B 5:
1998) deutet die Figur der Jeanne d'Arc unter Zugrundele-
gung einer Information von Ruth Radvanyi (»Meine Mutter sollte Jeannette genannt werden. Als ihr Vater ihre Geburt beim Standesamt anmeldete, lehnte der Beamte diesen

Namen ab, er sei französisch«) als sowohl historische als
auch geistig-moralische Identifikationsfigur der exilierten
antifaschistischen Autorin – Jeanne d'Arc als eine leidenschaftliche Patriotin, eine Widerstandskämpferin und Märtyrerin. Bleibt man im Grundmuster des Seghers'schen Erzählens, der Märtyrergeschichte, lässt sich das Hörspiel als
moralischer Triumph eines von seiner Sache vollständig
überzeugten Menschen lesen, der auch angesichts des Todes
an seiner Gesinnung festhält. Im Unterschied zu den *Gefährten* und den Funktionären und Revolutionären etwa
der *Karibischen Geschichten* ist Jeanne d'Arc ein weiblicher
Märtyrer.

Ein ganz langweiliges Zimmer. Ein Hörspiel
(Erstsendung 1938 / Erstdruck 1973)

Mit diesem Hörspiel, das Seghers im französischen Exil
schrieb, knüpfte sie an die beiden Dialogstücke *Die Entdeckung Amerikas. Gespräch mit einem kleinen Jungen, wört-
lich nachgeschrieben* (1931) und *Wer war das eigentlich?
Gespräch mit einem Kind über Lenin* (1932) an, die sie im
»Berliner Tageblatt« und der »Roten Fahne« veröffentlicht
hatte. Kinder nehmen ja überhaupt einen nicht unwesent-
lichen Stellenwert im erzählerischen Werk ein. Während die
beiden zuerst erwähnten Dialogtexte komplexe Zusammen-
hänge auf das Wesentliche zentriert und in einfachen Worten vermitteln, spricht das Hörspiel die Phantasie an. Es
handelt sich um ein Märchen in der Art von Hermynia Zur
Mühlens *Was Peterchens Freunde erzählen* (1924): die Ge-
genstände im Zimmer haben neben ihrer funktionellen
äußeren Erscheinung und ihrem Gebrauchswert noch eine
zweite, poetische Existenz. Der griechische Junge, der nach
Schwämmen taucht, der junge amerikanische Baumwoll-
pflücker, die Weberin, der schwedische und der kaukasische

Bergmann und der Flößer erzählen, unter welch ausbeuterischen Bedingungen sie ihrer Arbeit nachgehen, deren Produkte den kleinen Jungen umgeben, und die ihm nun, nachdem er die Geschichten der mit ihnen verbundenen Menschen kennt, vertraut und lieb werden.

Die Stiefel
(Erstsendung 1949 / Erstdruck 1969)

Diese anekdotische Begebenheit erzählt von einem Wehrmachtssoldaten, der in den Stiefeln eines Rotarmisten jene eines Partisanen wiederzuerkennen glaubt, den er seinerzeit nicht verraten hatte. In *Die Toten bleiben jung* wird diese Episode als Erlebnis von Hans Geschke erzählt (16. Kapitel). Es handelt sich um eine anekdotische Erzählung in der Art, wie sie auch in Brechts *Kalendergeschichten* und Bechers *Der Aufstand im Menschen* zur Charakterisierung von Menschen und Schicksalen in der unmittelbaren Nachkriegszeit verwendet werden.

Bearbeitungen

Verfilmungen

Der Aufstand der Fischer von St. Barbara. SU 1934. Regie: Erwin Piscator

Das siebte Kreuz. USA (Metro Goldwyn Mayer) 1944. Regie: Fred Zinnemann

Die Toten bleiben jung. DDR (DEFA) 1968. Regie: Joachim Kunert

Das Duell. DDR (DEFA) 1970. Regie: Joachim Kunert

Die große Reise der Agathe Schweigert. DDR (Ferns.) 1972. Regie: Joachim Kunert

Das Schilfrohr. DDR (Ferns.) 1974. Regie: Joachim Kunert

Das Licht auf dem Galgen. DDR (DEFA) 1976. Regie: Helmut Nitschke

Jozia, Tochter der Delegierten. DDR/VR Polen (Ferns.) 1977. Regie: Wojciech Ziwek

Fluchtweg nach Marseille. BRD (ZDF) 1977. Regie: Ingemo Engström, Gerhard Theuring [Dokumentar- und Spielfilm nach Motiven aus *Transit*]

Der Mann und sein Name. DDR (Ferns.) 1983. Regie: Helmut Richter

Der Kopflohn. BRD (SWF) 1984. Regie: Rüdiger Diezemann [Dokumentarfilm mit Spielszenen]

Überfahrt. DDR (Ferns.) 1984. Regie: Fritz Bornemann

Transit Marseille. BRD (ZDF) / ORF 1985. Regie: Norbert Beilharz [Dokumentar- und Spielfilm]

Das wirkliche Blau. DDR (Ferns.) 1986. Regie: Christa Mühl

Der Aufstand der Fischer von St. Barbara. DDR (Ferns.) 1988. Regie: Thomas Langhoff

Transit. F 1992. Regie: René Allio

Katharina oder: Die Kunst Arbeit zu finden. BRD (ZDF) 1995. Regie: Barbara Trottnow [Dokumentar- und Spielfilm nach Motiven von *Der sogenannte Rendel*]

Hörspiele

Der Prozeß der Jeanne d'Arc zu Rouen 1431. Radio DDR 1950, Regie: Herwart Grosse

Das siebte Kreuz. Rundfunk Berlin (DDR) 1955. Bearb. von Hedda Zinner

Der Prozeß der Jeanne d'Arc zu Rouen. NDR Hamburg
1959. Regie: Hans Lietzau

Theaterbearbeitungen

Der Prozeß der Jeanne d'Arc zu Rouen 1431. Bearb. von
Bertolt Brecht & Co. UA 1954, Berliner Ensemble
Das siebte Kreuz. Ein deutsches Volksstück. Bearb. von Bär-
bel Jaksch und Heiner Maaß. UA 1981, Staatsschauspiel
Schwerin
Heiner Müller: *Die Bauern (Die Umsiedlerin oder Das Le-
ben auf dem Lande)* [nach Motiven aus *Die Umsiedlerin*
aus *Friedensgeschichten*]
– *Der Auftrag* [nach Motiven von *Das Licht auf dem Gal-
gen*]
– *Das Duell / Wolokolamsker Chaussee* [nach Motiven von
Das Duell aus *Die Kraft der Schwachen*]

Musikalische Bearbeitungen

Uta Feustel-Paech: *Artemis*. Ballettoper in drei Akten nach
Motiven einer Erzählung von Anna Seghers. Berlin 1971
[Typoskript]
Hans Werner Henze: Sinfonia Nr. 9 für Gemischten Chor
und Orchester (1998) [Hans-Ulrich Treichel: Dichtung
zur Sinfonie auf Anna Seghers' Roman *Das siebte
Kreuz*]

Zeittafel

1900   Geburt von Netty Reiling am 19. November in Mainz

1920–24   Studium der Kunstgeschichte, Sinologie und Geschichte an den Universitäten Heidelberg und Köln, Promotion über *Jude und Judentum im Werk Rembrandts*; *Die Toten auf der Insel Djal*

1925   Heirat mit Dr. Laszlo Radvanyi (Johann-Lorenz Schmidt), Umzug nach Berlin

1926   Geburt des Sohnes Peter

1927   *Grubetsch*

1928   Geburt der Tochter Ruth; *Aufstand der Fischer von St. Barbara;* Kleist-Preis; Beitritt zur KPD

1929   Beitritt zum Bund Proletarisch-Revolutionärer Schriftsteller (BPRS)

1930   *Auf dem Wege zur amerikanischen Botschaft und andere Erzählungen*; Teilnahme an der II. Konferenz Proletarisch-Revolutionärer Schriftsteller in Charkow

1932   *Die Gefährten*

1933   Flucht über die Schweiz nach Frankreich; Redaktionsmitglied der *Neuen deutschen Blätter* (Prag 1933–35); *Der Kopflohn*

1934   Reise nach Österreich; *Der letzte Weg des Koloman Wallisch*

1935   Teilnahme am I. Internationalen Schriftstellerkongress zur Verteidigung der Kultur in Paris; *Der Weg durch den Februar*

1937   Teilnahme am II. Internationalen Schriftstellerkongress zur Verteidigung der Kultur in Valencia und Madrid; *Die Rettung*; *Der Prozeß der Jeanne d'Arc zu Rouen 1431*

1940   Flucht aus dem besetzten Paris in den unbesetzten Süden; Tod des Vaters; *Die schönsten Sagen vom Räuber Woynok*; *Sagen von Artemis*

1941   Flucht aus Marseille über Ellis Island, Kuba und Veracruz nach Mexico City; Mitbegründerin und Präsidentin des Heinrich Heine-Klubs, Mitarbeit an der Zeitschrift *Freies Deutschland*

1942   *Das siebte Kreuz*; Deportation und Tod der Mutter

1943   Schwerer Verkehrsunfall

1944   *Transit*

1947   Rückkehr über New York und Schweden nach Berlin;
         Büchner-Preis
1948   Reise in die Sowjetunion, *Sowjetmenschen*
1949   Teilnahme am Weltfriedenskongress in Paris; *Die Hoch-
         zeit von Haiti. Zwei Novellen; Die Toten bleiben jung*
1950   Mitglied des Weltfriedensrates, in der Folgezeit Teilnah-
         me an Kongressen in Paris, Warschau, Helsinki usw.
1951   Reise nach China; Nationalpreis der DDR; Stalin-Frie-
         denspreis; *Crisanta; Die Kinder*
1952   Vorsitzende des Schriftstellerverbandes der DDR (bis
         1978); Rückkehr ihres Mannes aus Mexiko nach Berlin;
         Der Mann und sein Name
1953   *Der Bienenstock*
1954   Reise in die Sowjetunion, Teilnahme am 2. sowjetischen
         Schriftstellerkongress
1957   Prozeß gegen Walter Janka, Gustav Just, Wolfgang Ha-
         rich u. a.
1958   *Brot und Salz. Zwei Erzählungen*
1959   Ehrendoktorwürde der Universität Jena; Nationalpreis
         der DDR; *Die Entscheidung*
1960   Vaterländischer Verdienstorden in Gold
1961   Reise nach Brasilien; *Das Licht auf dem Galgen*
1963   Reise nach Brasilien; *Über Tolstoi. Über Dostojewski*
         (Essays)
1965   *Die Kraft der Schwachen*
1967   Teilnahme am 4. Allunionskongreß der sowjetischen
         Schriftsteller; *Das wirkliche Blau*
1968   *Das Vertrauen*
1970   *Briefe an Leser*
1971   Nationalpreis der DDR; *Überfahrt*
1973   *Sonderbare Begegnungen*
1975   Kulturpreis des Weltfriedensrates; Ehrenbürgerin von
         Berlin/DDR; *Steinzeit; Wiederbegegnung*
1977   Schwere Krankheit; Ehrenbürgerschaft der Johannes
         Gutenberg-Universität Mainz
1978   Tod von Laszlo Radvanyi (Johann-Lorenz Schmidt);
         Ehrenpräsidentin des Schriftstellerverbandes der DDR
         nach Rücktritt vom Vorsitz
1980   *Drei Frauen aus Haiti*
1981   Ehrenbürgerschaft der Stadt Mainz
1983   Tod am 1. Juni in Berlin; Grab auf dem Dorotheenstädti-
         schen Friedhof

Verzeichnis der Erstveröffentlichungen

Auflösung der Siglen vgl. S. 205

Erzählungen

Die Toten auf der Insel Djal. Eine Sage aus dem Holländischen. Nacherzählt von Antje Seghers. In: Frankfurter Zeitung und Handelsblatt 1924. Sondernr. Weihnachten. – SE 1.

Jans muss sterben. Mit einer Nachbem. von Pierre Radvanyi und einem Nachw. von Christiane Zehl Romero. Berlin: Aufbau-Verlag, 2000.

Grubetsch. In: Frankfurter Zeitung und Handelsblatt, 10.–18. 3. 1927. – SE 1.

Aufstand der Fischer von St. Barbara. Potsdam: Kiepenheuer, 1928. – Berlin 1993.

Die Wellblech-Hütte. Bruchstücke einer Erzählung. In: 24 neue deutsche Erzähler. Hrsg. von Hermann Kesten. Berlin: Kiepenheuer, 1929. – SE 1.

Der letzte Mann der ›Höhle‹. In: Frankfurter Zeitung und Handelsblatt. 22. 12. 1929. 2. Morgenblatt. – SE 1.

Die Ziegler. In: A. S.: Auf dem Wege zur amerikanischen Botschaft und andere Erzählungen. Berlin: Kiepenheuer, 1930. [Enthält: *Grubetsch, Die Ziegler, Auf dem Wege zur amerikanischen Botschaft, Bauern von Hruschowo.*] – SE 1.

Auf dem Wege zur amerikanischen Botschaft. In: A. S.: Auf dem Wege zur amerikanischen Botschaft und andere Erzählungen. [Vgl. oben: *Die Ziegler.*] – SE 1.

Bauern von Hruschowo. In: A. S.: Auf dem Wege zur amerikanischen Botschaft und andere Erzählungen. [Vgl. oben: *Die Ziegler.*] – SE 1.

Marie geht in die Versammlung. In: Illustrierte Welt [Berlin]. Nr. 1. 1932. – SE 1.

Der Führerschein. In: Die Linkskurve [Berlin] 4 (1932) H. 6. – SE 1.

Kleiner Bericht aus meiner Werkstatt. In: Die Linkskurve [Berlin] 4 (1932) H. 9. – KuW 2.

Der Last-Berg. Dem Chinesischen der Shui Kiang nacherzählt. In: Die Rote Fahne [Berlin]. 12. 1. 1933. – SE 1.

Das Vaterunser [unter dem Pseudonym Peter Conrad]. In: Internationale Literatur [Moskau] (1933) H. 4. – SE 1.

Der Vertrauensposten. In: neue deutsche literatur (1978) H. 5. / Der sogenannte Rendel. In: National-Zeitung [Basel]. 15.–21. 5. 1940. – SE 1 (Der Vertrauensposten). SE 2 (Der sogenannte Rendel).

Frauen und Kinder in der Emigration. In: Anna Seghers – Wieland Herzfelde. Ein Briefwechsel. 1939–1946. Hrsg. von Ursula Emmerich und Erika Pick. Berlin/Weimar: Aufbau-Verlag, 1985.

Das Viereck. In: Unsere Zeit [Berlin/Prag/Paris/Basel] 7 (1934) H. 9. – SE 2.

Der letzte Weg des Koloman Wallisch. In: Neue Deutsche Blätter [Prag/Wien/Zürich/Paris/Amsterdam] 1 (1933/34) H. 10. – SE 2.

Aufstellen eines Maschinengewehrs im Wohnzimmer der Frau Kamptschik. In: Der Weg durch den Februar. Paris: Editions du Carrefour, 1935.

Wiedersehn. In: Die neue Weltbühne [Berlin/Wien/Paris] 34 (1938) H. 2.

Six jours, six années. Pages de journal. In: Europe. Revue mensuelle [Paris] (1938). Dt. in: neue deutsche literatur 42 (1984) H. 9. (Übers.: Wolfgang Klein.)

Die schönsten Sagen vom Räuber Woynok. In: Das Wort [Moskau] 3 (1938) H. 6. – SE 2.

Sagen von Artemis. In: Internationale Literatur [Moskau] 8 (1938) H. 9. – SE 2.

Reise ins Elfte Reich. In: Die neue Weltbühne [Prag/Wien/Zürich] 35 (1939) H. 3, 4, 7. – SE 2.

Der sogenannte Rendel. In: National-Zeitung [Basel]. 15.–21. 5. 1940. – SE 2.

Das Obdach. In: Freies Deutschland [Mexiko] 1 (1941/42) H. 1. – SE 2.

Ein Mensch wird Nazi. In: Freies Deutschland [Mexiko] 2 (1942/1943) H. 4. – SE 2.

Der Ausflug der toten Mädchen. In: A. S.: Der Ausflug der toten Mädchen und andere Erzählungen. New York: Aurora Verlag, 1946. [Enthält: *Der Ausflug der toten Mädchen, Post ins Gelobte Land, Das Ende.*] – SE 2.

Post ins Gelobte Land. In: A. S.: Der Ausflug der toten Mädchen und andere Erzählungen. [Vgl. oben: *Der Ausflug der toten Mädchen.*] – SE 2.

Zwei Denkmäler. Aus einer unveröffentlichten Novelle »Mariage Blanc«. In: Demokratische Post. Organo de los Alemanes Demócratos de México y Centro-América. 1. 8. 1945. / Zwei Denkmäler. In: Atlas. Zsgest. von deutschen Autoren. Hrsg. von Klaus Wagenbach. Berlin 1965. – A 6 (1997) [beide Fassungen].

Die Unschuldigen. In: Freies Deutschland [Mexiko] 4 (1944/45) H. 7. – KuW 3.

Das Ende. In: A. S.: Der Ausflug der toten Mädchen und andere Erzählungen. [Vgl. oben: *Der Ausflug der toten Mädchen.*] – SE 2.

Die Saboteure. In: A. S.: Der Ausflug der toten Mädchen und andere Erzählungen. Berlin: Aufbau-Verlag, 1948. – SE 2.

Das Dorf S. in Mecklenburg. In: Rhein-Neckar-Zeitung [Heidelberg]. 13. 9. 1947. – Eine leicht veränderte Fassung u. d. T. *Vorher – Während – Nachher* in: A 7 (1998).

Sowjetmenschen. Lebensbeschreibungen nach ihren Berichten. Hrsg. im Auftrag der Gesellschaft zum Studium der Kultur der Sowjetunion. Berlin: Verlag Kultur und Fortschritt, 1948. – KuW 4.

Die Hochzeit von Haiti. In: A. S.: Die Hochzeit von Haiti. Zwei Novellen. Berlin: Aufbau-Verlag, 1949. [Enthält: *Die Hochzeit von Haiti, Wiedereinführung der Sklaverei auf Guadeloupe.*] – SE 3.

Wiedereinführung der Sklaverei in Guadeloupe. In: A. S.: Die Hochzeit von Haiti. [Vgl. oben: *Die Hochzeit von Haiti.*] – SE 3.

Das Argonautenschiff. Sagen von Jason. In: Sinn und Form 1 (1949) H. 6. – SE 3.

Die Rückkehr. In: A. S.: Der Bienenstock. Ausgewählte Erzählungen in zwei Bänden. Berlin: Aufbau-Verlag, 1953. – SE 3.

Die Kinder des Zweiten Weltkrieges. In: KuW 4.

Olga Benario-Prestes. In: Neue Erziehung in Kindergarten und Heim [Berlin] 4 (1951) H. 3. – KuW 3.

Crisanta. Mexikanische Novelle. Leipzig: Insel Verlag, 1951. – SE 4.

Der Mann und sein Name. Berlin: Aufbau-Verlag, 1952. – SE 4.

Brot und Salz. In: Neues Deutschland, Beilage Kunst und Literatur. Berlin-Ausgabe. 13./14. 4. 1957. – SE 5.

Vierzig Jahre der Margarete Wolf. In: Neues Deutschland, Beilage Kunst und Literatur, Berlin-Ausgabe. 7. 11. 1957. – SE 5.

Das Licht auf dem Galgen. Eine karibische Geschichte aus der Zeit der Französischen Revolution. In: Sinn und Form 12 (1960) H. 5/6.

Das wirkliche Blau. Eine Geschichte aus Mexiko. Berlin/Weimar: Aufbau-Verlag, 1967.

Überfahrt. Eine Liebesgeschichte. Berlin/Weimar: Aufbau-Verlag, 1971.

Steinzeit. In: Sinn und Form 27 (1975) H. 4. – SE 6.

Wiederbegegnung. In: Steinzeit. Wiederbegegnung. Berlin/Weimar: Aufbau-Verlag, 1977. – SE 6.

Erzählzyklen

Die drei Bäume. Aus einer unveröffentlichten Sammlung von Sagen und Legenden. In: Neues Deutschland [Mexiko] 5 (1946) H. 6. – SE 2.

Die Linie. Drei Erzählungen. Berlin: Aufbau-Verlag, 1950. [Enthält: *Die Überbringung des neuen Programms an das Südkomitee, Die Kastanien, Die gerechte Verteilung.*] – SE 3.

Die Kinder. Drei Erzählungen. Berlin: Aufbau-Verlag, 1951. [Enthält: *Die verlorenen Söhne, Das Obdach, Die Tochter der Delegierten.*] – SE 2 (*Das Obdach*), SE 4 (*Die verlorenen Söhne, Die Tochter der Delegierten*).

Große Unbekannte. Einleitung. Miranda. In: Ost und West [Berlin] 1 (1947) H. 2. / Große Unbekannte. Ein Neger gegen Napoleon. In: Ost und West [Berlin] 2 (1948) H. 3. – KuW 3.

Friedensgeschichten [*Das Urteil, Die Umsiedlerin, Der Traktorist, Der Kesselflicker, Der Landvermesser, Das Erntedankfest*]. In: Der Bienenstock. Ausgewählte Erzählungen in zwei Bänden. Berlin: Aufbau-Verlag, 1953. – SE 5.

Der erste Schritt. In: Tägliche Rundschau [Berlin]. 19. 10. – 4. 11. 1952. – SE 4.

Der Bienenstock. Ausgewählte Erzählungen in zwei Bänden. Berlin: Aufbau-Verlag, 1953. [Bd. 1: *Bauern von Hruschowo, Die Stoppuhr, Der Führerschein, Der letzte Weg des Koloman Wallisch, Aufstellen eines Maschinengewehrs im Wohnzimmer der Frau Kamptschik, Das Viereck, Die schönsten Sagen vom Räuber*

*Woynok, Sagen von Artemis, Die drei Bäume, Das Obdach, Der
Ausflug der toten Mädchen, Das Ende, Die Saboteure, Die Hoch-
zeit von Haiti, Wiedereinführung der Sklaverei in Guadeloupe.*
Bd. 2: *Überbringung des neuen Programms an das Südkomitee,
Die Kastanien, Die gerechte Verteilung, Die Rückkehr, Crisanta,
Friedensgeschichten, Die Tochter der Delegierten, Die verlorenen
Söhne, Der Mann und sein Name, Der erste Schritt.*] – SE 1–6.

Der Bienenstock. Gesammelte Erzählungen in drei Bänden. Berlin/
Weimar: Aufbau-Verlag, 1963. [Bd. 1: *Grubetsch, Die Ziegler, Die
Bauern von Hruschowo, Auf dem Wege zur amerikanischen Botschaft, Der letzte Weg des Koloman Wallisch, Aufstellen eines Maschinengewehrs im Wohnzimmer der Frau Kamptschik, Das Viereck, Die schönsten Sagen vom Räuber Woynok, Sagen von Artemis, Die drei Bäume, Das Obdach, Ausflug der toten Mädchen,
Post ins Gelobte Land.* Bd. 2: *Das Ende, Die Saboteure, Das Argonautenschiff, Die Hochzeit von Haiti, Wiedereinführung der
Sklaverei auf Guadeloupe, Die Linie, Die Rückkehr, Crisanta.*
Bd. 3: *Friedensgeschichten, Die Tochter der Delegierten, Die verlorenen Söhne, Der Mann und Name, Der erste Schritt, Brot und
Salz, Vierzig Jahre der Margarete Wolf, Das Licht auf dem Galgen*]. SE 1–6.

Karibische Geschichten. Berlin/Weimar: Aufbau-Verlag 1962. [Ent-
hält: *Die Hochzeit von Haiti, Wiedereinführung der Sklaverei
in Guadeloupe, Das Licht auf dem Galgen*]. – SE 3 (*Die Hochzeit
von Haiti, Wiedereinführung der Sklaverei in Guadeloupe*), SE 5
(*Das Licht auf dem Galgen*).

Die Kraft der Schwachen. Neun Erzählungen. Berlin/Weimar: Aufbau, 1965. [Enthält: *Agathe Schweigert, Der Führer, Der Prophet,
Das Schilfrohr, Wiedersehen, Das Duell, Susi, Tuomas beschenkt
die Halbinsel Sorsa, Die Heimkehr des verlorenen Volkes.*] *Der
gerechte Richter.* In: Sinn und Form 42 (1990) H. 2. – SE 5.

Sonderbare Begegnungen. Berlin/Weimar: Aufbau-Verlag, 1973.
[Enthält: *Sagen von Unirdischen, Der Treffpunkt, Die Reisebegegnung.*] – SE 6.

Drei Frauen aus Haiti. Berlin/Weimar: Aufbau-Verlag, 1980. [Ent-
hält: *Das Versteck, Der Schlüssel, Die Trennung.*] – SE 6.

Romane

Die Gefährten. Berlin: Kiepenheuer, 1932. – GW 1.

Der Kopflohn. Roman aus einem deutschen Dorf im Spätsommer 1932. Amsterdam: Querido, 1933. – Berlin 1995.

Der Weg durch den Februar. Paris: Editions du Carrefour, 1935. – GW 2.

Die Rettung. Amsterdam: Querido, 1937. – Berlin 1995.

The Seventh Cross. Translated from the German by James A. Galston. Boston: Little, Brown and Co., 1942.

Das siebte Kreuz. Roman aus Hitlerdeutschland. México: El Libro Libre, 1942. – Berlin 1993.

Visado de tránsito. Traducción alemán por Angela Selke y Antonio Sánchez Barbudo. México: Nuevo Mundo, 1944.

Transit. Translated from the German by James A. Galston. Boston: Little, Brown and Co., 1944.

Transit. Konstanz: Weller, 1948. – Berlin 1993.

Die Toten bleiben jung. Berlin: Aufbau-Verlag, 1949. – GW 6.

Die Entscheidung. Berlin: Aufbau-Verlag, 1959. – GW 7.

Das Vertrauen. Berlin/Weimar: Aufbau-Verlag, 1968. – GW 8.

Hörspiele

Der Prozeß der Jeanne d'Arc zu Rouen 1431. Ein Hörspiel. In: Internationale Literatur [Moskau] 7 (1937) H. 5. – Frühe sozialistische Hörspiele. Hrsg. von Stefan Bodo. Frankfurt a. M. 1982.

Ein ganz langweiliges Zimmer. Ein Hörspiel. In: neue deutsche literatur 21 (1973) H. 5.

Die Stiefel. In: neue deutsche literatur 17 (1969) H. 5. – SE 3.

Bibliographie

Siglen

A   Argonautenschiff. Jahrbuch der Anna-Seghers-Gesell-schaft Berlin und Mainz e.V. Berlin/Weimar: Aufbau-Ver-lag, 1992 ff.

ASP   Anna Seghers in Perspective. Hrsg. von Ian Wallace. Am-sterdam/Atlanta (GA): Rodopi, 1998. (German Monitor. 43.)

GW   Gesammelte Werke in Einzelausgaben. 14 Bde. Berlin/Weimar: Aufbau-Verlag, 1977–80. [Bd. 1: Aufstand der Fi-scher von St. Barbara / Die Gefährten. Bd. 2: Der Kopf-lohn / Der Weg durch den Februar. Bd. 3: Die Rettung. Bd. 4: Das siebte Kreuz. Bd. 5: Transit. Bd. 6: Die Toten bleiben jung. Bd. 7: Die Entscheidung. Bd. 8: Das Ver-trauen. Bd. 9: Erzählungen 1926–1944. Bd. 10: Erzählun-gen 1945–1951. Bd. 11: Erzählungen 1952–1962. Bd. 12: Erzählungen 1963–1977. Bd. 13: Aufsätze, Ansprachen, Essays 1927–1953. Bd. 14: Aufsätze, Ansprachen, Essays 1954–1979.]

KuW   Anna Seghers: Über Kunstwerk und Wirklichkeit. Bearb. und eingel. von Sigrid Bock. 4 Bde. Berlin: Aufbau-Verlag, 1970–1979.

SE   Sämtliche Erzählungen 1924–1980. 6 Bde. Mit Nachw. von Sonja Hilzinger. Berlin: Aufbau-Verlag, 1994. [Bd. 1: Der letzte Mann der Höhle. Erzählungen 1924–1933. Bd. 2: Reise ins Elfte Reich. Erzählungen 1934–1946. Bd. 3: Die Hochzeit von Haiti. Erzählungen 1948–1949. Bd. 4: Crisanta. Erzählungen 1950–1952. Bd. 5: Das Schilfrohr. Erzählungen 1957–1965. Bd. 6: Steinzeit. Erzählungen 1967–1980.]

1. Ausgaben

a) Prosa, Essays, Publizistik

Gesammelte Werke in Einzelausgaben. 14 Bde. Berlin/Weimar: Aufbau-Verlag, 1977–80. [Bd. 1: Aufstand der Fischer von St. Barbara / Die Gefährten. Bd. 2: Der Kopflohn / Der Weg durch den Februar. Bd. 3: Die Rettung. Bd. 4: Das siebte Kreuz. Bd. 5: Transit. Bd. 6: Die Toten bleiben jung. Bd. 7: Die Entscheidung. Bd. 8: Das Vertrauen. Bd. 9: Erzählungen 1926–1944. Bd. 10: Erzählungen 1945–1951. Bd. 11: Erzählungen 1952–1962. Bd. 12: Erzählungen 1963–1977. Bd. 13: Aufsätze, Ansprachen, Essays 1927–1953. Bd. 14: Aufsätze, Ansprachen, Essays 1954–1979.]

Werkausgabe. 21 Bde. Berlin/Weimar: Aufbau-Verlag, 2000 ff. [Abt. 1: Das erzählerische Werk. Bd. 1,1: Aufstand der Fischer von St. Barbara / Die Gefährten. Bd. 1,2: Der Kopflohn / Der Weg durch den Februar. Bd. 1,3: Die Rettung. Bd. 1,4: Das siebte Kreuz. Bd. 1,5: Transit. Bd. 1,6: Die Toten bleiben jung. Bd. 1,7: Die Entscheidung. Bd. 1,8: Das Vertrauen. Bd. 1,9: Überfahrt / Sonderbare Begegnungen. – Abt. 2: Das erzählerische Werk. Bd. 2,1: Erzählungen 1924–1940. Bd. 2,2: Erzählungen 1941–1949. Bd. 2,3: Erzählungen 1950–1958. Bd. 2,4: Erzählungen 1958–1980. – Abt. 3: Hörspiele / Theaterarbeit. – Abt. 4: Essays. Bd. 4,1: Essays 1924–1940. Bd. 4,2: Essays 1941–1952. Bd. 4,3: 1953–1962. Bd. 4,4: Essays 1963–1979. – Abt. 5: Briefe. Bd. 5,1: Briefe 1924–1952. Bd. 5,2: Briefe 1953–1983. – Registerbd.]

Der Bienenstock. Gesammelte Erzählungen in drei Bänden. Berlin: Aufbau-Verlag, 1963.

Glauben an Irdisches. Essays aus vier Jahrzehnten. Hrsg. und mit einem Nachw. von Christa Wolf. Leipzig: Reclam, 1969.

Über Kunstwerk und Wirklichkeit. Bearb. und eingel. von Sigrid Bock. 4 Bde. Berlin: Akademie-Verlag, 1970–1979. [Enthält auch Briefe und Gespräche.]

Sämtliche Erzählungen 1924–1980. 6 Bde. Mit Nachw. von Sonja Hilzinger. Berlin: Aufbau-Verlag, 1994. [Bd. 1: Der letzte Mann der Höhle. Erzählungen 1924–1933. Bd. 2: Reise ins Elfte Reich. Erzählungen 1934–1946. Bd. 3: Die Hochzeit von Haiti. Erzählungen 1948–1949. Bd. 4: Crisanta. Erzählungen 1950–1952.

Bd. 5: Das Schilfrohr. Erzählungen 1957–1965. Bd. 6: Steinzeit. Erzählungen 1967–1980.]

Aufstand der Fischer von St. Barbara. Mit einem Nachw. von Sonja Hilzinger. Berlin: Aufbau-Verlag, 1993.

Das siebte Kreuz. Ein Roman aus Hitlerdeutschland. Mit einem Nachw. von Sonja Hilzinger. Berlin: Aufbau-Verlag, 1993.

Das wirkliche Blau. Eine Geschichte aus Mexiko. Mit einem Nachw. von Sonja Hilzinger. Berlin: Aufbau-Verlag, 1993.

Transit. Mit einem Nachw. von Sonja Hilzinger. Berlin: Aufbau-Verlag, 1993.

Karibische Geschichten. Mit einem Brief von Anna Seghers zur Entstehung der Antillen-Novellen. Berlin: Aufbau-Verlag, 1994.

Der Kopflohn. Roman aus einem deutschen Dorf im Spätsommer 1932. Mit einem Nachw. von Sonja Hilzinger. Berlin: Aufbau-Verlag, 1995.

Die Rettung. Mit einem Nachw. von Sonja Hilzinger. Berlin: Aufbau-Verlag, 1995.

Überfahrt. Eine Liebesgeschichte. Mit einem Nachw. von Sonja Hilzinger. Berlin: Aufbau-Verlag, 1995.

Die Heimkehr des verlorenen Volkes. Ein Lesebuch. Hrsg. und mit einem Nachw. von Sonja Hilzinger. München: Deutscher Taschenbuch Verlag, 1996.

b) Briefe

Briefe an Leser. Berlin/Weimar: Aufbau-Verlag, 1970.

Briefe an J. R. Becher, Wieland Herzfelde, Bruno Frei, Georg Lukács. In: KuW 1 und 4.

Anna Seghers – Wieland Herzfelde. Ein Briefwechsel. 1939–1946. Hrsg. von Ursula Emmerich und Erika Pick. Berlin/Weimar: Aufbau-Verlag, 1985.

Brief an Johannes R. Becher vom 6. 8. 1946. In: neue deutsche literatur 33 (1985) S. 5.

Briefe an F. C. Weiskopf. In: neue deutsche literatur 33 (1985) H. 11. S. 5–46.

Alexander Stephan: »Liebe [ausgeschwärzt] . . .« Briefe von und an Anna Seghers. In: A. S.: Anna Seghers im Exil. Essays, Texte, Dokumente. Bonn: Bouvier, 1993. S. 130–171.

Berger, Christel / Pforte, Dieter: Zur Anna Seghers-Korrespondenz im Archiv der Akademie der Künste Berlin-Brandenburg. In: A 5 (1996) S. 283–298.

Ein Briefwechsel zwischen Jacob Cahn, Jerusalem, und Anna
Seghers, Berlin, im Januar 1970. In: A 6 (1997) S. 117–120.

Berger, Christel: »Eine solche Verknotung von allen möglichen
durchgelebten Wahnsinnen und Leiden und Gemeinheiten und
auch von Opfern und Erfahrungen.« Anna Seghers' Briefwechsel
von Mai 1947 bis Mai 1948. In: A 7 (1998) S. 141–152.

Schiller, Dieter: Anna Seghers und der Bund proletarisch-revolutionärer Schriftsteller im Pariser Exil (1933 bis 1934). In: A 7 (1998)
S: 251–269.

– Etwas Anständiges, das auch etwas Wind macht. Zu Anna
Seghers' Briefwechsel mit der Redaktion der Zeitschrift Das
Wort. Exil und Avantgarden. Hrsg. [...] von Claus-Dieter Krohn.
Exilforschung. Ein internationales Jahrbuch 16 (1998) S. 87–
104.

Zehl Romero, Christiane: »Armer und lieber Sagetete« – Anna
Seghers and Franz Carl Weiskopf. In: ASP. S. 29–63.

Prinsen-Eggert, Barbara: Mädchenfreundschaften. – »Geschriebene
Worte sind viel zu wenig, um Ihnen zu danken.« Anna Seghers'
Briefe an eine Mainzerin. In: A 8 (1999) S. 376–380.

Seghers, Anna: »Hier im Volk der kalten Herzen«. Briefwechsel
1947. Hrsg. von Christel Berger. Berlin: Aufbau-Verlag, 2000.

c) Gespräche

Gesammelte Werke in Einzelausgaben. Bd. 14: Aufsätze, Ansprachen, Essays 1954–1979. Berlin/Weimar: Aufbau-Verlag. [Ge-
spräche mit Christa Wolf (1959, 1965), Günter Caspar (1964,
1968, 1971, 1973, 1978), Hans Schaul (1966), Wilhelm Girnus
(1967), Ilse Hörning (1970), Horst Simon (1973), Werner Neu-
bert (1973), Heinz Plavius (1974).]

Gespräch mit Anna Seghers. In: Anna Seghers Materialienbuch.
Hrsg.von Peter Roos und Friederike Hassauer-Roos. Darmstadt/
Neuwied: Luchterhand, 1977. S. 152–158.

Wirklichkeit und Phantasie. Fragen an Anna Seghers. In: Achim
Roscher: Also fragen Sie mich! Gespräche. Halle/Leipzig: Mittel-
deutscher Verlag, 1983. S. 51–58.

Anna Seghers. Ein Interview von John Stuart mit der berühmten
Autorin von The Seventh Cross. Die Erlebnisse und das Glaubensbekenntnis einer antifaschistischen Kämpferin. ›Heislers und

Wallaus gibt es überall.‹ [1943]. Übers. von Alexander Stephan. In: Exilforschung. Ein internationales Jahrbuch 3 (1985) S. 252–257.

d) Audio-visuelle Materialien

Tonband und Videokassetten mit Hörspielen und Verfilmungen nach Seghers-Texten sowie Fernseh- und Hörfunksendungen über Seghers, Aufnahmen von Seghers-Lesungen und Interviews mit ZeitgenossInnen sind auszuleihen über die Anna Seghers-Gedenkstätte der Akademie der Künste zu Berlin, Anna Seghers-Str. 81, 12489 Berlin-Adlershof, Tel. 030/6 77 47 25.

2. Bibliographien

Bilke, Jörg Bernhard: Auswahlbibliographie zu Anna Seghers 1942–1972. In: Anna Seghers. München 1973. (text + kritik. 38.) S. 31–45.

Rost, Maritta / Weber, Peter: Veröffentlichungen von und über Anna Seghers. In: Kurt Batt (Hrsg.): Über Anna Seghers. Ein Almanach zum 75. Geburtstag. Berlin/Weimar 1975.

Behn-Liebherz, Manfred: Auswahlbibliographie zu Anna Seghers 1974–1981. Anna Seghers. 2. Aufl. Neufass. München 1982. (text + kritik. 38.) S. 129–147.

Hilzinger, Sonja: Auswahlbibliographie 1982–1992. In: A 1 (1992) S. 213–226.

Bircken, Margrid / Rabe, Thorid: Auswahlbibliographie 1992–1997. In: A 7 (1998) S. 339–349.

3. Gesamtdarstellungen zu Leben und Werk

Anna Seghers. Eine Biographie in Bildern. Hrsg. von Frank Wagner, Ursula Emmerich, Ruth Radvanyi. Mit einem Essay von Christa Wolf. Berlin/Weimar 1994.

Batt, Kurt: Anna Seghers. Versuch über Entwicklung und Werk. Leipzig 1973.

Brandes, Ute: Anna Seghers. Berlin 1992.

Sauer, Klaus: Anna Seghers. München 1978.

Schrade, Andreas: Anna Seghers. Stuttgart 1993.

Zehl Romero, Christiane: Anna Seghers. Mit Selbstzeugnissen und Bilddokumenten. Reinbek 1993.

– Anna Seghers. Eine Biographie. Berlin 2000.

4. Zur Biographie und Zeitgeschichte

Albrecht, Friedrich: Gespräch mit Pierre Radvanyi. In: Sinn und Form 42 (1990) S. 510–525.

Benz, Wolfgang: Die jüdische Erfahrung. In: A 6 (1997) S. 149–158.

Berger, Christel: Gespräch mit Dr. med. Ruth Radvanyi, Tochter von Anna Seghers. In: A 1 (1992) S. 150–156.

– »Eine solche Verknotung von allen möglichen durchgelebten Wahnsinnen und Leiden und Gemeinheiten und auch von Opfern und Erfahrungen«. Anna Seghers' Briefwechsel von Mai 1947 bis Mai 1948. In: A 7 (1998) S. 141–152.

Bircken, Margrid: Begegnungen: Anna Seghers und Elisabeth Langgässer. In: A 4 (1995) S. 174–188.

Bock, Sigrid: Die Farbe der Sonne und der Nacht. Gespräch mit Lenka Reinerova. In: A 3 (1994) S. 127–139.

Brandes, Ute: Auf dem Weg zu Anna Seghers. Biographie als Annäherung. In: A 4 (1995) S. 267–271.

– Anna Seghers' Politics of Affirmation. In: ASP. S. 175–197.

Dorgerloh, Annette: Der »Schöpfer-Künstler« und sein Gegenstand. Anna Seghers' Dissertation im Kontext der Rembrandt-Rezeption nach 1900. In: A 5 (1996) S. 113–117.

Einhorn, Barbara: Jüdische Identität und Frauenfragen im Werk von Anna Seghers. In: A 6 (1997) S. 290–306.

Fehervary, Helen: Die Seelenlandschaft der Netty Reiling, die Stimmen der Jeanne d'Arc und der Chiliasmus des Kommunarden László Radványi. In: A 5 (1996) S. 118–136.

Fluchtort Mexiko. Ein Asylland für die Literatur. Hrsg. von Martin Hielscher. Hamburg/Zürich 1992.

Frauenlob-Gymnasium 1889–1989. Festschrift zum 100jährigen Bestehen. Mainz 1989.

Haller-Nevermann, Marie: Jude und Judentum im Werk Anna Seghers'. Untersuchungen zur Bedeutung jüdischer Traditionen und zur Thematisierung des Antisemitismus in den Romanen und Erzählungen von Anna Seghers. Frankfurt a. M. 1997.

Hilzinger, Sonja: Seghers-Kontexte. In: Horizonte. Rheinland-Pfälzisches Jahrbuch für Literatur. Bd. 3. Hrsg. von Sigfrid Gauch, Sonja Hilzinger und Josef Zierden. Frankfurt a. M. 1996. S. 200–213.

– »Wenn es keine Zukunft mehr gibt, ist das Vergangene umsonst gewesen.« Anna Seghers und die beiden deutschen Diktaturen. In: Literatur in der Diktatur. Schreiben im Nationalsozialismus und DDR-Sozialismus. Hrsg. von Günther Rüther. Paderborn [u. a.] 1997. S. 195–214.

– Anna Seghers und Heinrich Heine: Begegnung im Exil. In: Wort-Brüche. Rheinland-Pfälzisches Jahrbuch für Literatur. Bd. 5. Hrsg. von Sigfrid Gauch, Sonja Hilzinger und Anne Stegat. Frankfurt a. M. 1998. S. 224–229.

– Gedächtnis der Verluste. Zu Anna Seghers' Erzählung *Überfahrt*. In: Juni (Sommer 2000) [i. Vorb.].

Horch, Hans Otto / Spies, Bernhard: Zur Faszination chiliastischen Denkens nach dem Ersten Weltkrieg. László Radvanyis Dissertation *Der Chiliasmus* (1923) und das literarische Werk von Anna Seghers. In: A 8 (1999) S. 164–181.

Kaufmann, Eva: Lebensanspruch und Kraftentfaltung. Anna Seghers (1900 bis 1983). Ein Portrait. In: Deutsche Literatur von Frauen. Hrsg. von Gisela Brinker-Gabler. Bd. 1. München 1988. S. 352–364.

Keim, Anton M.: Das jüdische Mainz im Zeichen der Emanzipation und Gleichberechtigung. In: A 6 (1997) S. 139–148.

Kießling, Wolfgang: Exil in Lateinamerika. Frankfurt a. M. 1981. (Kunst und Literatur im antifaschistischen Exil 1933–1945. 4.)

– Brücken nach Mexiko. Traditionen einer Freundschaft. Berlin 1989.

– Partner im »Narrenparadies«. Der Freundeskreis um Noel Field und Paul Merker. Berlin 1994.

Mayer, Hans: Anna Seghers. In: H. M.: Der Widerruf. Über Deutsche und Juden. Frankfurt a. M. 1994. S. 271–285.

Patka, Marcus G.: Zu nahe der Sonne. Deutsche Schriftsteller im Exil in Mexiko. Berlin 1999.

Pohle, Fritz: Das mexikanische Exil. Ein Beitrag zur Geschichte der politisch-kulturellen Emigration aus Deutschland [1937–1946]. Stuttgart 1986.

Radvanyi, Pierre: Einige Erinnerungen. In: A 3 (1994) S. 185–192.

Radvanyi, Pierre: Anna Seghers, citoyenne du monde. In: A 6 (1997) S. 324.
– Jeanne Stern zum Gedenken. In: A 8 (1999) S. 409–411.
Reinerova, Lenka: Es begann in der Melantrichgasse. Erinnerungen an Weiskopf, Kisch, Uhse und Seghers. Berlin/Weimar 1984.
Scheuer, Helmut: Biographik und Literaturwissenschaft. Konstruktion und Dekonstruktion: Anna Seghers und ihre Biographen. In: A 4 (1995) S. 245–262.
Schrade, Andreas: Biographie und Werkanalyse. In: A 4 (1995) S. 272–275.
Schütz, Friedrich: Die Familie Seghers-Reiling und das jüdische Mainz. In: A 2 (1993) S. 151–173.
Spira-Ruschin, Steffie: Trab der Schaukelpferde. Aufzeichnungen im Nachhinein. Berlin/Weimar 1984.
– Begegnungen mit Anna Seghers. In: A 4 (1995) S. 163–166.
Stephan, Alexander: »Ich habe das Gefühl, ich bin in die Eiszeit geraten . . .« Zur Rückkehr von Anna Seghers aus dem Exil. In: The Germanic Review 62 (1987) S. 143–152.
– Anna Seghers im Exil. Essays, Texte, Dokumente. Bonn 1993.
– Im Visier des FBI. Deutsche Exilschriftsteller in den Akten amerikanischer Geheimdienste. Stuttgart 1995.
– Flucht aus Frankreich. Der Weg von Anna Seghers nach Mexiko. In: Zweimal verjagt. Die deutschsprachige Emigration und der Fluchtweg Frankreich – Lateinamerika 1933–1945. Hrsg. von Anne Saint Sauveur-Henn. Berlin 1998. S. 78–89.
Stern, Jeanne: Die Dame mit dem Turban. Anna Seghers zum 19. November 1980. Berlin 1980.
Wagner, Frank: Deportation nach Piaski. Letzte Stationen der Passion von Hedwig Reiling. In: A 3 (1994) S. 117–126.
– Materialien für eine Biographie: Anna Seghers. Eine Biographie in Bildern. In: A 4 (1995) S. 276–278.
– Eine Frau und ihr Name. – Du Wentang: Wer war Hu Lanqi? – Li Shixun: Die letzten Lebensjahre von Hu Lanqi. In: A 5 (1996) S. 275–282.
– Zwischen Rückkehr und Heimkehr. In: A 7 (1998) S. 103–110.
Walter, Hans Albert: Anna Seghers. In: Es ist ein Weinen in der Welt. Hommage für deutsche Juden. Hrsg. von Hans Jürgen Schultz. Stuttgart 1990. S. 407–429.
Wolf, Christa: Gesichter der Anna Seghers. Zu einem Bildband. In: neue deutsche literatur 40 (1992) H. 12. S. 68–74.
– Ein Versuch über Nachbarschaft und Unvereinbarkeit. Anmer-

kungen zu Elisabeth Langgässer. In: A 8 (1999) S. 227–239. [Zit. als: 1999a.]

– Fragen an Anna Seghers (1959), Das siebte Kreuz (1964), Ein Gespräch mit Anna Seghers (1965), Glauben an Irdisches (1969), Anmerkungen zu Geschichten (1970), Bei Anna Seghers (1972). In: C. W.: Essays, Gespräche, Reden, Briefe 1959–1974. Hrsg. von Sonja Hilzinger. München 1999. (Werke. 4.) [Zit. als: 1999b.]

– Fortgesetzter Versuch (1975), Die Dissertation der Netty Reiling (1981), Zeitschichten (1983), Transit: Ortschaften (1986). In: C. W.: Essays, Gespräche, Reden, Briefe 1975–1986. Hrsg. von Sonja Hilzinger. München 2000. (Werke. 8.)

Wolf, Lore: Ein Leben ist viel zu wenig. Frankfurt a. M. 1986.

Zehl Romero, Christiane: Anna Seghers. Schwierigkeiten mit der Biographie. In: A 4 (1995) S. 263–266.

– Anna Seghers und Simone de Beauvoir: Littérature engagée von Frauen. Berlin – Paris. In: A 5 (1996) S. 153–170.

– »Armer und lieber Sagetete« – Anna Seghers and Franz Carl Weiskopf. In: ASP. S. 29–63.

»Ziehharmonika.« Literatur – Widerstand – Exil. 15 (1998). [Zum Exil in Mexiko.]

5. Zu einzelnen Werken oder Werk-Aspekten

Albrecht, Friedrich: Die Erzählerin Anna Seghers 1926–1932. Berlin 1975.

– Woher sie kommen, wohin sie gehen. Zu Problemen der Menschengestaltung bei Anna Seghers. In: Weimarer Beiträge 35 (1989) S. 5–31.

– Gespräch mit Pierre Radvanyi. In: Sinn und Form 42 (1990) S. 510–525.

– Zwischen den Grenzpfählen der Wirklichkeit. Zur Todesproblematik bei Anna Seghers. In: Weimarer Beiträge 36 (1990) S. 118–139.

– Anna Seghers in der Literaturkritik des Exils. In: Die deutsche Literaturkritik im europäischen Exil 1933–1940. Hrsg. von Michel Grunewald. Berlin/Berlin [u. a.] 1993. S. 181–201.

– Versteinerte Welt. Zu Anna Seghers' Novelle Der Führer. In: A 8 (1999) S. 144–163.

Albrecht, Friedrich / Emmerich, Wolfgang / Langermann, Martina / Mehnert, Elke / Wagner, Frank: *Der gerechte Richter* von Anna Seghers. In: Weimarer Beiträge 36 (1990) S. 1793–1807.

Anna Seghers-Arbeitsgruppe: Anna Seghers' Erzählung *Der Ausflug der toten Mädchen.* Eine surrealistische Komposition aus Traum und Wirklichkeit. In: Exil 15 (1995) S. 65–74.

Argonautenschiff. Jahrbuch der Anna-Seghers-Gesellschaft Berlin und Mainz e. V. Berlin/Weimar 1992 ff.

Arnold, Heinz Ludwig: Widerstand, Utopie, Macht. Anna Seghers: *Das Vertrauen.* In: Verrat an der Kunst? Rückblicke auf die DDR-Literatur. Hrsg. von Karl Deiritz und Hannes Krauss. Berlin 1993. S. 160–166.

Aron, Thomas: L'inscription de l'histoire. A propos *L'Excursion des Jeunes filles qui ne sont plus* d' Anna Seghers, suivi du texte original de la nouvelle en allemand, de la version française de Joel Lefèbvre et d'une note d'Aimé Guedj. Paris 1984.

Barkhoff, Jürgen: Erzählung als Erfahrungsrettung. Zur Ich-Perspektive in Anna Seghers' Exilroman *Transit.* In: Exilforschung. Ein internationales Jahrbuch 9 (1991) S. 218–235.

Barkowski, Anette: Im Schnittpunkt von Geschichte und weiblicher Identität. Anna Seghers' Erzählung *Auf dem Wege zur amerikanischen Botschaft.* In: Acta Germanica. Jahrbuch des Germanistenverbandes im südlichen Afrika 19 (1988) S. 96–113.

Bauer, Gerhard: Die sensible, kompetente und lahmgelegte Arbeiterklasse. Zu Anna Seghers' Arbeitslosenroman *Die Rettung.* In: Diskussion Deutsch 1986. S. 147–164.

Behn-Liebherz, Manfred: Der Schriftsteller als Gedächtnis der Revolution. Die *Karibischen Geschichten* von Anna Seghers. In: text + kritik 38 (1982) S. 87–96.

Beicken, Peter: Eintritt in die Geschichte: Anna Seghers' Frauen als Avantgarde. In: die horen 26 (1981) H. 2. S. 79–91.

– Anna Seghers: *Das siebte Kreuz.* Das Abenteuer vom gefährlichen und gewöhnlichen Leben. In: Romane des 20. Jahrhunderts. Bd. 1. Stuttgart 1993. S. 322–365.

Bense Elisabeth / Schulte, Klaus: Trouvaille! Zu einem bemerkenswerten Essay über Anna Seghers' *Ausflug der toten Mädchen* von Thomas Aron, »L'inscription de l'histoire«. In: A 6 (1997) S. 329–341.

Bock, Sigrid: Wirklichkeitsanalyse und Realismusgewinn. Zu Anna Seghers' Roman *Der Weg durch den Februar.* In: Weimarer Beiträge 21 (1975) H. 11. S. 21–34.

Bock, Sigrid: Erziehungsfunktion und Romanexperiment. Anna
    Seghers: *Die Toten bleiben jung.* In: Erfahrung Exil. Antifaschi-
    stische Romane 1933–1945. Analysen. Hrsg. von Sigrid Bock und
    Manfred Hahn. Berlin/Weimar 1979.
– Die Erzählerin Anna Seghers. In: Anna Seghers – Mainzer Weltli-
    teratur. Beiträge aus Anlaß des 80. Geburtstags. Mainz 1981.
– Anna Seghers liest Kafka. In: Weimarer Beiträge 30 (1984) H. 6.
    S. 900–915.
– Nachzudenken über die Kraft der Liebe. Anna Seghers' *Über-
    fahrt.* In: Besprechungen zur Gegenwartsliteratur. Für Deutsch-
    lehrer der Klassen 8–12. Berlin 1985.
– Seghers in der DDR oder vom Lob des Erzählens. In: Exil und
    Rückkehr. Ludwig Berger, Rudolf Frank, Anna Seghers und Carl
    Zuckmayer. Mainz 1986. S. 121–135.
– Anna Seghers: Begegnungen mit mexikanischer Wandmalerei. In:
    Exil. Literatur und die Künste nach 1933. Hrsg. von Alexander
    Stephan. Bonn 1990. S. 15–27.
– Die Last der Widersprüche. Erzählen für eine gerechte, friedliche,
    menschenwürdige Welt, trotz alledem. In: Weimarer Beiträge 36
    (1990) H. 10. S. 1554–1571.
– Sprechen in Andeutungen. Bemerkungen zu Anna Seghers.
    In: Literatur der DDR: Rückblicke. München 1991. (Sonderbd.
    text + kritik.) S. 72–84.
– Der Roman *Die Toten bleiben jung.* Entstehung – Intention –
    Wirkung. In: A 7 (1998) S. 153–168.
Bourke, Eion: *Post ins Gelobte Land* – a Vindication. In: ASP.
    S. 135–164.
Brandt, Marion: Vorfassungen zu Anna Seghers' Erzählung *Stein-
    zeit.* Beschreibung und Kommentar in bezug auf eine mögliche
    Intepretation. In: Zeitschrift für Germanistik (Berlin) 2 (1992)
    H. 1. S. 138–148.
Butler, G.P.: Pro captu interpretis … James A. Galston and the
    Road to Fame. In: ASP. S. 93–100. [Zur amerikanischen Übersetz-
    zung von *Das siebte Kreuz.*]
Degemann, Christa: Anna Seghers in der westdeutschen Literatur-
    kritik 1946–1983. Eine literatur-soziologische Analyse. Mit
    einem Vorw. von Frank Benseler. Köln 1985.
– Westdeutsche Lesarten zu Anna Seghers. In: A 5 (1996) S. 218–
    229.
Diersen, Inge: Seghers-Studien. Interpretationen aus den Jahren
    1926–1935. Berlin 1965.

Diersen, Inge: Anna Seghers: *Das siebte Kreuz*. In: Weimarer Bei-
träge 18 (1972) H. 12. S. 96–120.
– Seghers-Philologie. In: Zeitschrift für Germanistik (1988) H. 1.
S. 80–84.
– Jason 1948 – Problematische Heimkehr. In: A 1 (1992) S. 106–
128. [Zu *Das Argonautenschiff.*]
– »Immer bleiben die Engel aus am Ende« (Heiner Müller). Zur
Thematik der verlorenen Revolution bei Anna Seghers. In: A 2
(1993) S. 44–56. [V. a. zu *Karibische Geschichten.*]
– Erfahrung Mexiko. Die lateinamerikanische Spur im Schaffen
Anna Seghers'. In: A 3 (1994) S. 145–154. [Zit. als: 1994a.]
– Vom Goldenen Zeitalter. Utopieverlust und Gegenbild bei Anna
Seghers. In: neue deutsche literatur 42 (1994) H. 1. S. 136–139.
[V. a. zu *Heimkehr des verlorenen Volkes.* Zit. als: 1994b.]
Doane, Heike A.: Die Unzulänglichkeit der neuen Zeit. Zu Anna
Seghers' Novelle *Der gerechte Richter*. In: Neues zu Altem. No-
vellen der Vergangenheit und der Gegenwart. Hrsg. von Sabine
Cramer. München 1996. S. 165–184.
Einhorn, Barbara: Jüdische Identität und Frauenfragen im Werk
von Anna Seghers. In: A 6 (1997) S. 290–306.
Elsner, Ursula: Anna Seghers – die Frau mit dem »männlichen
Blick«. Zur Festschreibung eines Klischees in der westdeutschen
Seghers-Rezeption. In: A 5 (1996) S. 171–183.
– Hedda Zinners Hörspiel *Das siebte Kreuz* von 1955. Anmerkung
zur Adaption des Romans in der DDR. In: A 8 (1999) S. 137–
143.
Exil in Frankreich. Frankfurt a. M. 1981 (= Kunst und Literatur im
antifaschistischen Exil 1933–1945. 7.)
Fehérvary, Helen: Anna Seghers' ›Gothic‹ Realism and the Re-
demptive Moment in Heiner Müllers *Die Umsiedlerin*. In: Hei-
ner Müller. Con›texts‹ and ›history‹. A Collection of Essays from
The Sydney German Studies Symposium 1994 »Heiner Müller:
Theater – History – Performance«. Hrsg. von Gerhard Fischer.
Tübingen 1995. S. 21–39. [Dt. Fass. in: A 5 (1996) S. 87–105.]
– Anna Seghers' »Seelenmalerei« and the Mannerism of Heiner
Müller's Theatre. In: Responsability and Commitment. Ethi-
sche Postulate der Kulturvermittlung. Festschrift für Jost Her-
mand. Hrsg. von Klaus L. Berghahn. Frankfurt a. M. [u. a.] 1996.
S. 225–241.
– Brecht, Seghers and »the Trial of Jeanne d'Arc«. With a Pre-
viously Unpublished Letter of 1952 from Seghers to Brecht. In:

Brecht Yearbook 21 (1996) S. 21–47. [U. a. zum Hörspiel *Der Prozess der Jeanne d'Arc zu Rouen 1431.*]

– Die Seelenlandschaft der Netty Reiling, die Stimmen der Jeanne d'Arc und der Chiliasmus des Kommunarden László Radványi. In: A 5 (1996) S. 118–136.

– »Die gotische Linie«. Altdeutsche Landschaften und Physiognomien bei Seghers und Müller. – Landschaften eines Auftrags. – Manierismus, Modernismus, Müller. »In der Zeit des Verrats / Sind die Landschaften schön.« In: Jost Hermand / Helen Fehervary: Mit den Toten reden. Fragen an Heiner Müller. Köln/Weimar/Wien 1999. S. 113–135; 160–175; 176–189. [U. a. zu *Das Licht auf dem Galgen.*]

Gargano, Antonella: Die Morphologie des ›Wirklichen Blaues‹. Zu Anna Seghers Erzählung. In: Studi Germanici 33 (1995) H. 1. S. 79–90.

Greiner, Bernhard: Der Bann der Zeichen. Anna Seghers' Entwürfe der Identitätsfindung. In: Probleme deutscher Identität. [...] Hrsg. von Gerhard Klussmann und Heinrich Mohr. Bonn 1983. S. 131–155. (Jahrbuch zur Literatur in der DDR. 3.)

– »Sujet barré« und Sprache des Begehrens. Die Autorschaft ›Anna Seghers‹. In: Literaturpsychologische Studien und Analysen. Hrsg. von Walter Schönau. Amsterdam 1983. (Amsterdamer Beiträge zur Neueren Germanistik. 17.) S. 319–352.

– Subjekt und Symbol: Anna Seghers' literarische Diskursbegründung. In: Germanistik und Deutschunterricht im Zeitalter der Technologie. Vorträge des Germanistentages Berlin 1987. Bd. 3. Hrsg. von Norbert Oellers. Tübingen 1988. S. 77–95. [V. a. zu *Die Toten auf der Insel Djal.*]

– »Kolonien liebt, und tapfer Vergessen der Geist«. Anna Seghers' zyklisches Erzählen. In: A 3 (1994) S. 155–17. [Zu *Karibische Geschichten.*]

Grenville, Anthony: Anna Seghers Confronts the Holocaust. The Jewish Dimension to *Der Ausflug der toten Mädchen.* In: ASP. S. 117–133.

Gutzmann, Gertraud: Eurozentrisches Welt- und Menschenbild in Anna Seghers' *Karibischen Geschichten.* In: Frauen, Literatur, Politik. Hrsg. von Annegret Pelz [u. a.]. Hamburg 1988. S. 189–204.

– Zum Stellenwert des Spanischen Bürgerkriegs in Anna Seghers' Romanen *Die Entscheidung* und *Das Vertrauen.* In: »Wen kümmert's, wer spricht«. Zur Literatur und Kulturgeschichte von

Frauen aus Ost und West. Hrsg. von Inge Stephan, Sigrid Weigel und Kerstin Wilhelms. Köln/Wien 1991. S. 195–210.

– Der lateinamerikanische Kontinent in Anna Seghers' publizistischem Schaffen. In: »Neue Welt« / »Dritte Welt«. Interkulturelle Beziehungen Deutschlands zu Lateinamerika und der Karibik. Hrsg. von Sigrid Bauschinger und Susan L. Cocalis. Tübingen/Basel 1994. S. 155–183.

Haas, Erika: Ideologie und Mythos. Studien zur Erzählstruktur und Sprache im Werk von Anna Seghers. Stuttgart 1975.

– *Post ins Gelobte Land*. Ein Requiem. In: A 4 (1995) S. 139–150.

– Anna Seghers und der Messianismus Ernst Blochs. Ein Denktypus und seine literarische Erscheinungsweise. In: A 6 (1997) S. 275–289.

– Heimat und Vaterland. Beobachtungen und Überlegungen zum Stellenwert im Werk von Anna Seghers. In: A 8 (1999) S. 117–130.

Haller-Nevermann, Marie: Jude und Judentum im Werk Anna Seghers'. Untersuchungen zur Bedeutung jüdischer Traditionen und zur Thematisierung des Antisemitismus in den Romanen und Erzählungen von Anna Seghers. Frankfurt a. M. 1997.

Hilzinger, Sonja: Die »Blaue Blume« und das »Wirkliche Blau«. Zur Romantikrezeption in den Erzählungen *Das wirkliche Blau* und *Die Reisebegegnung* von Anna Seghers. In: Literatur für Leser (1988) S. 260–271.

– Im Spannungsfeld zwischen Exil und Heimkehr. Funktionen des Schreibens in der Novelle *Der Ausflug der toten Mädchen*. In: Weimarer Beiträge 36 (1990) S. 1572–1581. [Zit als: 1990a.]

– »Jetzt sind wir hier. Was jetzt geschieht, geschieht uns.« Anna Seghers' Roman *Das siebte Kreuz*. In: *Das siebte Kreuz* von Anna Seghers. Texte, Daten, Bilder. Hrsg. von Sonja Hilzinger. Hamburg 1990. S. 7–33. [Zit als: 1990b.]

– Antifaschistische Zeitromane von Schriftstellerinnen. In: Exil 12 (1992) S. 30–45.

– Opfer, Täter und Richter. Versuch einer Annäherung an die Novelle *Der gerechte Richter*. In: A 1 (1992) S. 50–64.

– »Seghers will, daß der Leser Stellung bezieht und selbst aktiv wird«. Studierende lesen *Das siebte Kreuz*. In: A 2 (1993) S. 247–259.

– Frauenbilder, Faschismusanalyse und Exilerfahrung in antifaschistischen Zeitromanen von Schriftstellerinnen der dreißiger und vierziger Jahre. In: Von Poesie und Politik. Zur Geschichte

einer dubiosen Beziehung. Hrsg. von Jürgen Wertheimer. Tübingen 1994. S. 138–170.
– Frauen – Literatur – Exil. Überlegungen zum Thema Exilliteratur unter geschlechtsspezifischen Aspekten. In: Mitteilungen des Deutschen Germanistenverbandes 42 (1995) H. 4. S. 61–70.
– Anna Seghers: *Der Ausflug der toten Mädchen*. In: Erzählungen des 20. Jahrhunderts. Bd. 2. Stuttgart 1996. S. 30–40.
– Seghers-Kontexte. In: Horizonte. Rheinland-Pfälzisches Jahrbuch für Literatur. Bd. 3. Hrsg. von Sigfrid Gauch, Sonja Hilzinger und Josef Zierden. Frankfurt a. M. 1996.
– »Wenn es keine Zukunft mehr gibt, ist das Vergangene umsonst gewesen.« Anna Seghers und die beiden deutschen Diktaturen. In: Literatur in der Diktatur. Schreiben im Nationalsozialismus und DDR-Sozialismus. Hrsg. von Günther Rüther. Paderborn [u. a.] 1997. S. 195–214.
– Anna Seghers und Heinrich Heine: Begegnung im Exil. In: Wort-Brüche. Rheinland-Pfälzisches Jahrbuch für Literatur. Bd. 5. Hrsg. von Sigfrid Gauch, Sonja Hilzinger und Anne Stegat. Frankfurt a. M. 1998. S. 224–229.
– From the Revolution Lost to the Revolution Betrayed. Anna Seghers' *Karibische Geschichten*. In: ASP. S. 165–173.
– Gedächtnis der Verluste. Zu Anna Seghers' Erzählung *Überfahrt*. In: Juni (Sommer 2000) [i. Vorb; zit. als: 2000.]
– Nachwort. In: Anna Seghers: Der gerechte Richter und andere Erzählungen. Berlin 2000. [Zu *Der Führer*, *Der gerechte Richter*, *Die Heimkehr des verlorenen Volkes*.]
Horch, Hans Otto / Spies, Bernhard: Zur Faszination chiliastischen Denkens nach dem Ersten Weltkrieg. László Radvanyis Dissertation *Der Chiliasmus* (1923) und das literarische Werk von Anna Seghers. In: A 8 (1999) S. 164–181.
Horn, Annette: Reisen in der vierten Dimension. Anna Seghers' Subversion der objektiven Zeit in der Erzählung *Die Reisebegegnung*. In: Acta Germanica 21 (1992) S. 121–143.
Hotz, Karl: Anna Seghers, *Der Ausflug der toten Mädchen*. Materialien und Arbeitsvorschläge. Bamberg 1993.
Kändler, Klaus: Anna Seghers: *Die Gefährten*. In: Berliner Begegnungen. Ausländische Künstler in Berlin 1918–1933. Berlin 1987. S. 531–538.
Kane, Martin: Existentialism or Ideology? The Early Works of Anna Seghers. In: ASP. S. 7–27.
Kappeler, Sima: Historical Visions. Anna Seghers on the Revolution

in Haiti. In: Insiders and Outsiders. Jewish and Gentile Culture in Germany and Austria. Hrsg. von Dagmar C. Lorenz und Gabriele Weinberger. Detroit 1994. S. 66–72.

Karlavaris-Bremer, Ute: Frauen in Anna Seghers' Erzählung *Das wirkliche Blau.* In: A 5 (1996) S. 204–209.

Kaufmann, Eva: Lebensanspruch und Kraftentfaltung. Anna Seghers (1900–1983). Ein Portrait. In: Deutsche Literatur von Frauen. Hrsg. von Gisela Brinker-Gabler. Bd. 1. München 1988. S. 352–364.

– Vertrackte Geschichte(n). In: A 2 (1993) S. 83–97. [U. a. zu *Transit.*]

– Schöne Räubergeschichte. In: A 4 (1995) S. 117–126. [Zu *Die schönsten Sagen vom Räuber Woynok.*]

– Frauenbilder und männlicher Blick. In: A 5 (1996) S. 196–203. [U. a. zu *Sagen von Artemis.*]

Kerekes, Gábor: Anna Seghers' Hörspiel *Der Prozess der Jeanne d'Arc zu Rouen 1431.* In: Germanistisches Jahrbuch DDR–UVR [Budapest] 5 (1986) S. 45–56.

Klotz, Volker: Kollektiv als Hauptperson: Wie es sich erzählen und lesen läßt. Zu Anna Seghers' *Aufstand der Fischer von St. Barbara.* In: Erzählung und Erzählforschung im 20. Jahrhundert. Hrsg. von R. Kloepfer und G. Janetzke-Dillner. Stuttgart [u. a.] 1981. S. 327–340.

LaBahn, Kathleen J.: Anna Seghers's Exile Literature. The Mexican Years (1941–1947). Bern [u. a.] 1986.

Lyons, Mary: »Ein Urwald von Dossiers«: Kafkaesque Imagery in *Transit.* In: ASP. S. 101–115.

Milfull, John: Juden, Frauen, Mulatten, Neger. Probleme der Emanzipation in Anna Seghers' *Karibischen Geschichten.* In: Frauenliteratur. Autorinnen, Perspektiven, Konzepte. Hrsg. von Manfred Jurgensen. Berlin / Frankfurt a. M. 1983.

Müncheberg, Hans: Adaptieren heißt nicht nur: anpassen. Ein Arbeitsbericht. In: A 2 (1993) S. 233–237. [Zu den Verfilmungen.]

Nehring, Alfried: Dafür sind die Kinos da. Anna Seghers und der Film. In: A 2 (1993) S. 218–232.

Ohl, Hans-Willi: Anna Seghers, Darmstadt und der Georg Büchner-Preis 1947. In: A 7 (1998) S. 54–66.

Pallus, Walter: »Der Schriftsteller wächst mit der Teilnahme seiner Leser.« Weiterführung und Neuansatz epischer Gestaltung bei Anna Seghers. In: Neuanfänge. Studien zur frühen DDR-Literatur. Hrsg. von Walter Pallus und Gunnar Müller-Waldeck. Berlin 1986. S. 172–225, 353–359.

Petersen, Vibeke Rützou: Revolution or Colonization. Anna Seghers' *Drei Frauen aus Haiti*. In: The German Quarterley 65 (1992) S. 396–406.

– Zillich's End. The Formation of a Fascist Character in Anna Seghers' *Das Ende*. In: Seminar 29 (1993) S. 370–381.

Pohle, Fritz: Kriegsexil in Mexiko und mexikanische Stoffe bei Anna Seghers. Vom *Ausflug der toten Mädchen* (1943/44) zum *Wirklichen Blau* (1967). In: Wildes Paradies – Rote Hölle. Das Bild Mexikos in Literatur und Film der Moderne. Hrsg. von Friedhelm Schmidt. Bielefeld 1992. S. 111–129. [Zit. als: 1992a.]

– Vorbereitung für die nächste Deutschstunde und mehr: *Der Ausflug der toten Mädchen* (1943/44). In: A 1 (1992) S. 41–49. [Zit. als: 1992b.]

– Frankreich in Lateinamerika? Frankreichbezüge im mexikanischen Exil der Anna Seghers. In: Zweimal verjagt. Die deutschsprachige Emigration und der Fluchtweg Frankreich – Lateinamerika 1933–1945. Hrsg. von Anne Saint Sauveur-Henn. Berlin 1998. S. 90–97.

Quilitzsch, Frank: Vom Ritter über Jesaja bis zu Odysseus. Anna Seghers' Triptychon *Die drei Bäume*. In: A 2 (1993) S. 114–122.

Rapisarda, Cettina: Women and Peace in Literature and Politics. The Example of Anna Seghers. In: German Writers and the Cold War 1945. Hrsg. von Rhys W. Williams. Manchester 1992. S. 159–179.

Richter, Hans: Der Kafka der Seghers. In: Sinn und Form 35 (1983) S. 1171–1179.

Roggausch, Werner: Das Exilwerk von Anna Seghers. München 1979.

Rotermund, Erwin: Soziales Engagement und Dichtung der ›Unmittelbarkeit‹. Ein Blick über das Früh- und Exilwerk von Anna Seghers. In: E. R.: Artistik und Engagement. Aufsätze zur deutschen Literatur. Hrsg. von Bernhard Spies. Würzburg 1994. S. 174–185.

Sannà, Simonetta: Schreiben im Widerspruch. Der Fall *Der gerechte Richter* von Anna Seghers. In: Zeitschrift für Germanistik (Berlin) 2 (1992) S. 269–283.

– Anna Seghers. In: Deutsche Dichter des 20. Jahrhunderts. Berlin 1994. S. 439–451.

– Die Sehnsucht nach einem friedlichen Deutschland. Das Schicksal deutscher Frauen zwischen kriegerischer Geschichte und stiller

Landschaft in Anna Seghers' *Der Ausflug der toten Mädchen*. In: A 5 (1996) S. 184–195.

Schiller, Dieter: Anna Seghers' Publizistik zwischen Exil und Heimkehr. In: A 7 (1998) S. 169–182.

– Anna Seghers und der Bund proletarisch-revolutionärer Schriftsteller im Pariser Exil (1933–1934). In: A 7 (1998) S. 251–269.

– Etwas Anständiges, das auch Wind macht. Zu Anna Seghers' Briefwechsel mit der Redaktion der Zeitschrift *Das Wort*. In: Exilforschung. Ein internationales Jahrbuch 16 (1998) S. 87–104.

Schlenstedt, Silvia: Überlegungen zu Anna Seghers' *Frauen und Kinder in der Emigration*. In: A 2 (1993) S. 123–131.

Schloßbauer, Frank: Schreiben als Erinnern, Sehen als Schau. Anna Seghers' *Der Ausflug der toten Mädchen* zwischen Requiem und Utopie. In: Zeitschrift für deutsche Philologie 113 (1994) H. 4. S. 578–597.

Schrade, Andreas: Entwurf einer ungeteilten Gesellschaft. Anna Seghers' Weg zum Roman nach 1945. Bielefeld 1994.

Schuhmann, Klaus: Das Bild der Revolution bei Anna Seghers, Heiner Müller und Volker Braun. Beobachtungen an drei Autoren der DDR-Literatur. In: Studien zur DDR-Literatur. Hrsg. von Norbert Honsza und Sławomir Tryc. Warschau 1994. S. 98–106.

– Eigentlich ging der Kleist-Preis an zwei: Anna Seghers und Marieluise Fleisser. In: Studien zur DDR-Literatur. Hrsg. von Norbert Honsza und Sławomir Tryc. Warschau 1994. S. 33–42.

Spies, Bernhard: Anna Seghers: *Das siebte Kreuz*. Frankfurt a. M. 1993.

– Anna Seghers – Lektüre jenseits von Denunziation und Legitimation. In: A 2 (1993) S. 101–113.

Stephan, Alexander: »... ce livre a pour moi une importance spéciale«. *Das siebte Kreuz*. Entstehungs- und Manuskriptgeschichte eines Exilromans. In: Exil 5 (1985) H. 2. S. 12–24. [Zit. als: 1985a.]

– Ein Exilroman als Bestseller. Anna Seghers' *The Seventh Cross* in den USA. In: Exilforschung. Ein internationales Jahrbuch 3 (1985) S. 238–259. [Zit. als: 1985b.]

– Vom Fortleben der Avantgarde im Exil. Das Beispiel Anna Seghers. In: Blätter der Carl Zuckmayer-Gesellschaft 11 (1985) S. 42–51.

– »Ich habe das Gefühl, ich bin in die Eiszeit geraten ...« Zur

Rückkehr von Anna Seghers aus dem Exil. In: The Germanic Review (1987) S. 143–152.

- Anna Seghers: *The Seventh Cross*. Ein Exilroman über Nazi-Deutschland als Hollywood-Film. In: Exilforschung. Ein internationales Jahrbuch 6 (1988) S. 214–229.
- Alltag im Dritten Reich. Anna Seghers' Roman *Das siebte Kreuz*. In: Zwischen gestern und morgen. Schriftstellerinnen der DDR aus amerikanischer Sicht. Berlin [u. a.] 1992. S. 119–141.
- Anna Seghers im Exil. Essays, Texte, Dokumente. Bonn 1993. [Zit. als: 1993a.]
- Geschichte von unten. Täglicher Faschismus und Widerstand in Anna Seghers' Roman *Das siebte Kreuz*. In: Wider den Faschismus. Exilliteratur als Geschichte. Hrsg. von Sigrid Bauschinger und Susan L. Cocalis. Tübingen 1993. S. 191–219. [Zit. als: 1993b.]
- Zu einer wiedergefundenen Erzählung von Anna Seghers. In: A 3 (1994) S. 108–114.
- Nachrichten aus Laramie, Wyoming. Zu zwei verschollenen Theaterfassungen von Anna Seghers' Roman *Das siebte Kreuz*. In: A 5 (1996) S. 61–73.
- Anna Seghers: *Das siebte Kreuz*. Welt und Wirkung eines Romans. Berlin 1997.
- *Flucht durch den Wald* und *Der Skalp*. Zwei wiederentdeckte Erzählungen von Anna Seghers? In: A 6 (1997) S. 106–113.

Straub, Martin: Über den schwierigen Umgang mit Zeitgeschichte. Zu Anna Seghers' Romanen *Die Entscheidung* und *Das Vertrauen*. In: Weimarer Beiträge 36 (1990) S. 1582–1592.

- »Gewiß, jeder ist schuld an dem, was er schreibt«. Anna Seghers' Erzählung *Die Reisebegegnung*. In: A 2 (1993) S. 64–78.
- »Sie bauten ihr furchtbar geschlagenes Land auf, selbst furchtbar geschlagen.« Anna Seghers' Erzählung *Der Mann und sein Name* (1952). In: A 8 (1999) S. 103–116.

Swaffar, Janet / Wilkinson, Eileen: Aesthetics and Gender. Anna Seghers as a Case Study. In: Monatshefte 87 (1995) H. 4. S. 457–472.

Tereaoka, Arlene A.: Race, Revolution and Writing. Carribean Texts by Anna Seghers. In: The Internalized Revolution. German Reactions to the French Revolution 1789–1989. Hrsg. von Ehrhard Bahr and Thomas P. Saine. New York 1992. S. 219–237.

Thielking, Sigrid: Warten – erzählen – überleben. Vom Exil aller

Zeiten in Anna Seghers' Roman *Transit*. In: A 4 (1995) S. 127–138.

Trapp, Frithjof: Zeitgeschichte und fiktionale Wirklichkeit: *Transit*. In: Exil 13 (1993) H. 1. S. 5–14.

– Der existentialistische Grundzug im Werk von Anna Seghers. In: Exil 17 (1997) H. 1. S. 33–44.

Uerlings, Herbert: Poetiken der Interkulturalität. Haiti bei Kleist, Seghers, Müller, Buch und Fichte. Tübingen 1997.

Vogt, Jochen: Geschichten eines Adjektivs. Was man mit einem kleinen Text von Anna Seghers machen kann. In: Der Deutschunterricht 49 (1997) H. 4. S. 20–27. [Zu *Zwei Denkmäler*. Zit. als: 1997a.]

– Was aus dem Mädchen geworden ist. Kleine Archäologie eines Gelegenheitstextes von Anna Seghers. In: A 6 (1997) S. 121–136. [Zu *Zwei Denkmäler*. Zit. als: 1997b.]

Waine, Anthony: Persecution and Faith in Anna Seghers' Radio Play *Der Prozeß der Jeanne d'Arc zu Rouen 1431*. In: ASP. S. 75–91.

Wallace, Ian: »Andere Lösung Quatsch«: Anna Seghers und der Film *Die Toten bleiben jung*. In: A 5 (1996) S. 74–86.

– Anna Seghers and the Appeal of Socialist Realism. In: In the Party Spirit. Socialist Realism and Literary Practice in the Soviet Union, East Germany and China. Hrsg. von Hilary Chung. Amsterdam [u. a.] 1996. S. 78–87.

– Anna Seghers. A Reputation to be Reassessed? In: Retrospect and review. Aspects oft the Literature of the GDR 1976–1990. Hrsg. von Robert Atkins, Martin Kane. Amsterdam 1997. S. 126–140.

– Anna Seghers – The British Dimension. In: ASP. S. 65–74.

Walter, Hans-Albert: Anna Seghers' Metamorphosen. *Transit*. Erkundungsversuche in einem Labyrinth. Frankfurt a. M. 1984.

– Eine deutsche Chronik. Das Romanwerk von Anna Seghers aus den Jahren des Exils. In: Exil und Rückkehr. Hrsg. von Anton M. Keim. Mainz 1986. S. 85–119.

– Anna Seghers. In: Es ist ein Weinen in der Welt. Hommage für deutsche Juden. Hrsg. von Hans Jürgen Schultz. Stuttgart 1990. S. 407–429.

Warner, Marina: Joan d'Arc: The Image of Female Heroism. London 1991.

Weigel, Sigrid: »Ein neues Alphabet schreiben auf andre Leiber«. Fortschreibung und Umschrift tradierter Revolutionsmythen in den »Karibischen Geschichten« von Seghers, Buch und Müller. In: S. W.: Bilder des kulturellen Gedächtnisses. Beiträge zur Gegenwartsliteratur. Dülmen-Hiddingsel 1994. S. 163–177.

Weinzierl, Ulrich: Anna Seghers und der Februar 34. In: Exil: Wirkung und Wertung. Ausgewählte Beiträge zum 5. Symposium über deutsche und österreichische Exilliteratur. Hrsg. von D. G. Daviau, C. M. Fischer. Columbia (SC) 1995. S. 71–104.

Wende, Waltraud: Fragmentarische Systemkritik einer überzeugten Sozialistin. Anna Seghers: *Der gerechte Richter*. In: Zeitschrift für Literaturwissenschaft und Linguistik 26 (1996) H. 103. S. 148–159.

Wolf, Christa: Gesichter der Anna Seghers. Zu einem Bildband. In: neue deutsche literatur 40 (1992) H. 12. S. 68–74.

– Ein Versuch über Nachbarschaft und Unvereinbarkeit. Anmerkungen zu Elisabeth Langgässer. In: A 8 (1999) S. 227–239. [Zit. als: 1999a.]

– Fragen an Anna Seghers (1959), Das siebte Kreuz (1964), Ein Gespräch mit Anna Seghers (1965), Glauben an Irdisches (1969), Anmerkungen zu Geschichten (1970), Bei Anna Seghers (1972). In: C. W.: Essays, Gespräche, Reden, Briefe 1959–1974. Hrsg. von Sonja Hilzinger. München 1999. (Werke. 4.) [Zit. als: 1999b.]

– Fortgesetzter Versuch (1975), Die Dissertation der Netty Reiling (1981), Zeitschichten (1983), Transit: Ortschaften (1986). In: C. W.: Essays, Gespräche, Reden, Briefe 1975–1986. Hrsg. von Sonja Hilzinger. München 2000. (Werke. 8.)

Zehl Romero, Christiane: Seghers-Material bei Heiner Müller und Volker Braun. In: Studies in GDR Culture and Society 9 (1990) S. 57–83. [U. a. zu *Das Licht auf dem Galgen*.]

– »Erinnerung an eine Zukunft«. Anna Seghers, Christa Wolf und die Suche nach einer weiblichen Tradition des Schreibens in der DDR. In: »Wen kümmert's, wer spricht«. Zur Literatur und Kulturgeschichte von Frauen aus Ost und West. Hrsg. von Inge Stephan, Sigrid Weigel und Kerstin Wilhelms. Köln/Wien 1991. S. 211–224.

– Eine weibliche Tradition schaffen: Anna Seghers und Christa Wolf. In: Ute Brandes (Hrsg.): Zwischen gestern und morgen. Schriftstellerinnen der DDR aus amerikanischer Sicht. Berlin [u. a.] 1992. S. 143–167.

– Anna Seghers: Schwierigkeiten mit der Biographie. In: A 4 (1995) S. 263–266.

Zehl Romero, Christiane: Anna Seghers und Simone de Beauvoir: littérature engagée von Frauen, Berlin – Paris. In: A 5 (1996) S. 153–170.

– »Armer und lieber Sagetete« – Anna Seghers and Franz Carl Weiskopf. In: ASP. S. 29–63.

»Ziehharmonika.« Literatur – Widerstand – Exil. 15 (1998). [Zum Exil in Mexiko.]

Zimmermann, Werner: Anna Seghers: *Der Ausflug der toten Mädchen.* In: W. Z.: Deutsche Prosadichtungen unseres Jahrhunderts. Bd. 2. Düsseldorf 1969. S. 329–343.

Verzeichnis der Abbildungen

Der Verlag Philipp Reclam jun. dankt für die Reproduktionsgenehmigung den Rechteinhabern. In einigen Fällen waren die Inhaber der Rechte nicht festzustellen; hier ist der Verlag bereit, nach Anforderung rechtmäßige Ansprüche abzugelten.

Namenregister

Titelregister

Dank

Dieses Buch wäre nicht zustande gekommen ohne meine Freundinnen in Berlin, die seine Entstehung mit Empathie, Kritik und Fragen, mit streitbaren Diskussionen und langen Gesprächen und vor allem mit praktischer Unterstützung begleitet haben.

Sie haben, jede auf ihre Weise, ihre Spuren in diesem Buch hinterlassen, und dafür danke ich ihnen – vor allem Gabriele Mittag, Christiane Zehl Romero und Andrea Krauß.

Zur Autorin

SONJA HILZINGER, Jahrgang 1955, studierte Germanistik, Kunstgeschichte und Publizistik. Promotion 1985, Habilitation 1997, Privatdozentin für Neuere deutsche Literaturwissenschaft an der Universität Mainz. Lebt als Autorin und Hochschullehrerin in Berlin, z. Zt. Gastprofessorin an der Technischen Universität Berlin.

Arbeitsschwerpunkte: Geschlechterverhältnisse in der Literatur, Literatur von Autorinnen, Literatur der Weimarer Republik, des Exils und der DDR, deutschjüdische Literatur. Herausgeberin der Werkausgabe Christa Wolfs. Gründungs- und langjähriges Vorstandsmitglied der Anna-Seghers-Gesellschaft Berlin und Mainz. Zahlreiche Veröffentlichungen zum Werk von Anna Seghers.